[학교 문법 중심]

국어의 음운 이론과 표준 발음법

[학교 문법 중심]

국어의 음운 이론과 표준발음법

나찬연·나벼리 지음

머리말

현행의 〈표준어 규정〉은 1988년에 문교부 고시 제88-2호로 고시되었는데, 이 규정은 제1부인 〈표준어 사정 원칙〉과 제2부인 〈표준 발음법〉으로 짜여 있다. 여기서 제2부인 〈표준 발음법〉은 국어를 사용하는 사람들이 표준어를 정확하게 발음하도록 표준을 정한 규정이다.

〈표준 발음법〉의 제1항에서는 "국어의 표준 발음은 표준어의 '실제 발음'을 따르되, '국어의 전통성'과 '국어의 합리성'을 고려해서 정한다."라고 규정하고 있다. 따라서 국어의 '표준 발음'을 익히려면, 먼저 국어의 음운 이론(음운론)에 대한 기본 지식을 갖춘 뒤에, 이를 토대로 실제의 표준어를 정확하게 발음하는 연습을 수행해야 한다.

그런데 현재 간행된 〈표준 발음법〉에 관한 교재를 살펴보면, 대부분의 교재에서 〈표준 발음법〉의 규정에 대한 해설만 하고 있다. '국어의 합리성'에 대한 음운의 이론적인 지식을 제공하지 못하고 개별 규정에 대한 해설만 제공하고 있다. 더구나 〈표준 발음법〉이 제정된 지가 꽤 오랜 시간이 지났기 때문에, 〈표준 발음법〉에 사용된 학술 용어나 설명 방식이 현대 국어의 음운 이론을 제대로 반영하지 못하고 있다.

'2022년 개정 국어과 교육과정'에 따른 〈화법과 언어〉에서는 기존의 '음운(말소리)'에 관련한 성취기준을 바꾸어서 "표준 발음을 이해하고 정확하게 발음하는 국어생활을 한다."로 설정하고 있다. 이에 따라서 현행의 『고등학교 화법과 언어』(2025)의 검정 교과서에는 이전에 설정하였던 '음운론(말소리)'의 단원 명칭을 모두 '표준 발음법'으로 바꾸어서 설정하고 있다. 이는 국어 수업의 현장에서 학습자들이 표준어를 표준 발음법에 맞게 정확하게 구사할 수 있는 실제적인 능력을 기르도록 교육 내용을 구성한 것이다.

지은이들은 기존의 표준어 규정 해설에 나타난 문제점을 보완하고 현행의 국어과 교육과정이 지향하는 성취기준과 교육 방법을 감안하여, 『국어의 음운 이론과 표준 발음법』의 이름으로 교재를 간행하였다.

이 책에서는 첫째로 '2022년 개정 교육과정'에 따른 『고등학교 화법과 언어』(2025)에 수록된 음운 교육의 내용을 심화하고 보충하였다. 둘째로 〈표준 발음법〉에 수록된 모든 규정에 대하여 상세한 해설을 더하였는데, 이들 해설은 학교 문법의 교육 내용에 기반하여 기술하였다.

이 책은 제1부와 제2부, 그리고 [부록]의 세 부분으로 엮었다. 이 책의 제1부에서는 『고등학교 화법과 언어』(2025)의 교과서에서 기술한 교육 내용에 따라서 '국어의 음운 이론'을 다루었다. 제1장 '음성의 기본적 이해', 제2장 '음운과 음절의 체계', 제3장 '음운의 변동'으로 내용을 구성하였다. 그리고 제2부에서는 〈표준 발음법〉의 세부 규정을 수록하고, 제1부에서 기술한 국어의 음운 이론을 바탕으로 각 규정의 내용을 자세하게 풀이하였다. 끝으로 [부록]에서는 '단원 정리 문제'와 '풀이'를 제시하여 학습자들이 제1부와 제2부에서 익힌 음운 이론과 표준 발음법의 지식을 단원 정리 문제를 통하여 내면화할 수 있게 하였다. [부록]에서 제시한 '단원 정리 문제'는 중 · 고등학교에서 수행되는 교수-학습 과정에서 '형성 평가 문제'나 '정규 시험 문제로 활용할 수 있을 것이다.

지은이들은 다음과 같은 원칙에 따라서 이 책을 기술하였다. 첫째, 음운 이론에 사용된 용어와 내용은 '2022년 개정 국어과 교육과정'에 따른 『고등학교 화법과 언어』(2025)와 〈표준 발음법〉(1988)에 제시된 것을 따랐다. 둘째, 이 책의 내용을 객관적으로 기술하기 위하여 지은이들의 개인적인 견해는 가급적 반영하지 않았다. 다만, 본문의 내용에 대하여 보충할 내용은 글상자으로 형식으로 제시하였다.

이 책은 『화법과 언어』(2025)의 교육 내용을 중심으로 한 음운 이론과 〈표준 발음법〉의 규정을 익히는 이들에게 직접적으로 도움이 될 것이다. 먼저 초 · 중등학교의 학생을 대상으로 국어 문법을 교육하는 교사를 비롯하여, '한국어 교육 능력 검정 시험'을 준비하는 한국어 교사들에게 도움이 될 것이다. 그리고 대학교의 국어국문학과나 국어교육과의 학부 1 · 2학년 학생들이나 '국어과 중등 교사 임용 시험'을 준비하는 이들에게는 국어의 음운 이론과 〈표준 발음법〉의 규정을 이해하는 입문서로 활용될 수 있을 것이다.

끝으로 이 책을 흔쾌히 발간해 주신 경진출판의 양정섭 대표님께 감사의 뜻을 전한다.

2026년 1월에

지은이들 씀

차례

제2부 표준 발음법

[부록] 단원 정리 문제 및 풀이 173

국어의 음운 이론

제1장 음성의 이해

1.1. 음성의 개념
1.2. 발음 기관
1.3. 음성 분류의 기준
1.4. 국어 음성의 분류

제2장 음운과 음절의 체계

2.1. 음운의 체계
2.2. 음절의 체계

제3장 음운의 변동

3.1. 음운 변동의 개념
3.2. 음운 변동의 종류

제1장 음성의 이해

인간은 말소리를 매개로 의사소통을 수행하는데, 제한된 수의 말소리로써 수많은 언어적 표현을 한다. 이러한 일은 말소리의 기본적인 단위인 음운이 일정한 체계를 이루고 있기 때문에 가능하다.

1.1. 음성의 개념

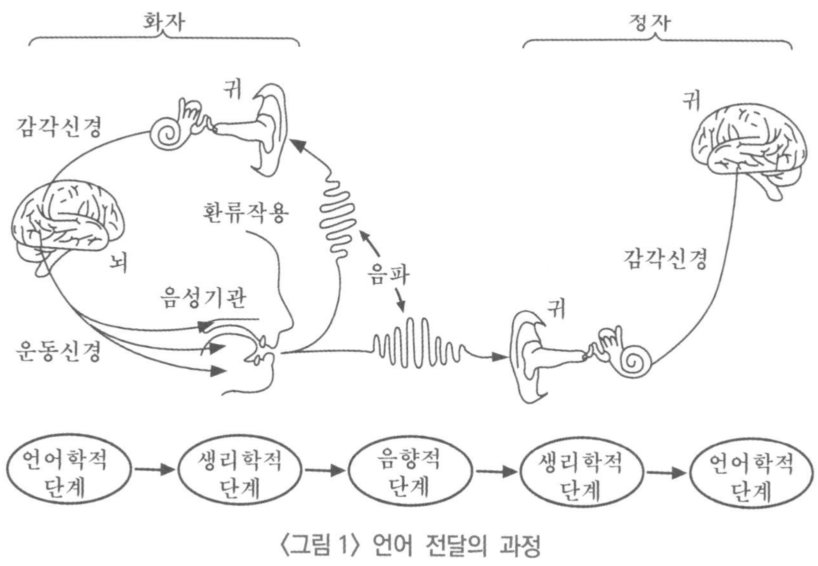

〈그림 1〉 언어 전달의 과정

〈 언어의 전달 과정 〉 인간의 언어가 전달되는 과정은 앞에서 제시한 〈그림 1〉과 같다. 언어 전달 과정의 출발점은 화자(화자)의 머릿속이다. 언어 전달의 첫 번째 단계는 **'언어학적 단계'**로서, 화자의 머릿속에서 '개념(槪念)'이라고 하는 의식 속의 사실이 언어 기호의 표상인 '청각 영상(시니피앙)'과 맺어진다. 두 번째 단계는 **'생리학적인 단계'**로서, 뇌수(腦髓)가 음성 기관에 대하여 이러한 영상에 맞는 자극을 전달하여 음성을 생성한다. 세 번째 단계는 **'음향학적 단계'**로서, 음성이 일으키는 음파가 화자의 입으로부터 청자(청자)의 귀로 전해진다. 이와 같은 순환이 반대되는 방향으로 차례로 계속된다.(구현정·전영옥 2005:34, 허웅 1981:30 참조)

[화자] [청자]

[개념 → 청각 영상 → 음성 발화] … 음파 …… 음파 … [음성 청취 → 청각 영상 → 개념]

언어의 전달은 인간의 머릿속에서 일어나는 과정을 제외하면, 화자가 음성을 발화하는 데에서 시작하여 음파를 통해서 청자에게 전달된 음성을 청취하기까지의 과정이다. 이처럼 인간의 언어 전달은 말소리(음성)를 통해서 이루어지는 것이다.

〈 음성의 개념 〉 이 세상에는 수많은 소리가 있다. 이들 소리 가운데서 인간의 발음 기관을 통하여 생성되어서 인간의 언어를 구성하는 소리를 **'음성**(音聲, phone)**'**이라고 한다. 음성은 자음과 모음으로 나누어지는 특징이 있는데, 이러한 특징을 음성 언어의 '분절성(分節性)'이라고 한다. 그리고 인간의 언어를 구성하는 음성 이외의 자연계의 모든 소리를 **'음향**(音響, sound)**'**이라고 하여 '음성'과 구분하는데, 이러한 음향은 자음과 모음으로 구분되지 않는 '비분절적 소리'이다.

1.2. 발음 기관

〈 발음 기관의 종류와 기능 〉 사람의 말소리(음성)는 다음과 같은 세 단계를 거쳐서 만들어진다.

첫 번째 단계는 **'발동**(發動, initiation)**'**의 단계로서, 음파의 생성에 필요한 기류를 일으키는 작용을 한다. 이러한 작용은 허파(肺)가 담당하므로 허파를 **'발동부**(發動部, initiator)**'**라고 한다.[1)]

1) 발동부는 언어를 생성하기 위하여 허파(폐)에서 공기를 공급해 주는 기능을 하지만, '흐느끼는

두 번째 단계는 '발성(發聲, phonation)'의 단계로서, 허파에서 나온 소리를 1차적으로 변형하여 말소리의 기본 성격(유성음, 무성음)을 형성하는 과정이다.

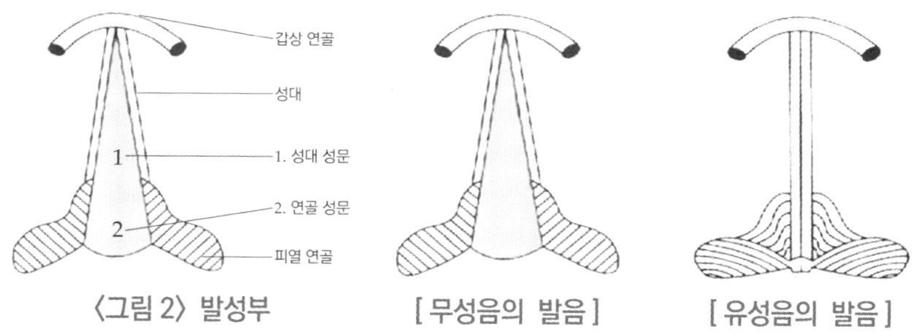

〈그림 2〉 발성부 [무성음의 발음] [유성음의 발음]

허파에서 생성된 공기는 기관(氣管)을 통하여 후두(喉頭) 안에 있는 성문(聲門)[2]를 지나면서 성대(목청, 聲帶)을 떨어 울리거나 울리지 않게 되는데, 성문의 이러한 작용에 따라서 유성음(voice)과 무성음(voiceless)이 생성된다. 이처럼 목청의 울림을 통하여 유성음과 무성음을 만들어내는 목청을 **'발성부(發聲部, organs of voice)'**라고 한다.[3]

성문의 상태	성대의 움직임	소리의 유형	발음 방법에 따른 소리의 종류
성문의 개방	성대의 진동 없음	무성음	파열음, 마찰음, 파찰음
성문의 좁힘	성대의 진동 있음	유성음	모음, 비음, 유음

〈표 1〉 발성부의 기능

세 번째 단계는 '조음(調音, articulation)'의 단계로서, 성문을 통과한 공기가 '인두강(咽頭腔, 목안, pharyngeal), 구강(口腔, 입안), 비강(鼻腔, 코안), 순강(脣腔)'을 통하여 입 밖으로 나오면서 개개의 음성이 만들어진다. 이처럼 구체적인 소리를 만들어 내는 입안이나 코안의 기관들을 **'조음부(調音部, articulator)'**라고 한다. 조음부에 속하는 기관으로는 '혀'를 비롯하여 '입술, 이, 잇몸, 입천장, 코안, 인두' 등이 있다. 조음부에 속하는 발음 기관의 모양과 명칭을 대략적으로 보이면 다음의 〈그림 3〉과 같다.

소리, 코고는 소리, 놀랄 때에 내는 소리' 등의 말소리를 내는 데에 작용하기도 한다.

2) 성대가 열려 있는 틈을 '성문(聲門)'이라고 하는데, 성문을 통하여 허파에서 나온 공기가 조음부인 입안으로 들어간다.

3) 후두의 주된 역할은 유성음과 무성음을 만드는 것이다. 그러나 자음 중에서 [h]는 성대 사이에서 소리가 만들어지므로, [h]를 만들 때에는 후두가 조음부의 역할을 한다.

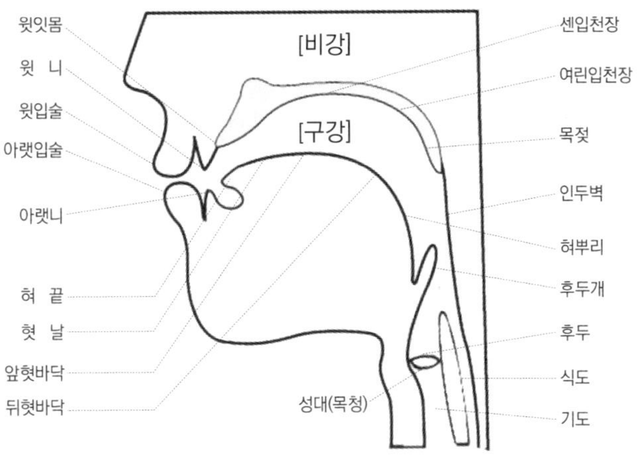

〈 고정부 〉	〈 능동부 〉
■ 윗입술	■ 아랫입술
■ 윗니	■ 아랫니
■ 윗잇몸(치조, alveolar ridge)	■ 혀끝(설단, tip of tongue)
	■ 혀날(blade of tongue)
■ 센입천장(경구개, hard palate)	■ 앞혓바닥(전설, front of tongue)
■ 여린입천장(연구개, soft palate)	■ 뒤혓바닥(후설, back of tongue)
■ 목젖(구개수, uvula)	■ 혀뿌리(설근, root of tongue)

〈그림 3〉 조음부의 얼개

조음부의 기관 중에서 공깃길을 기준으로 위쪽에 있는 '윗입술, 윗니, 윗잇몸, 센입천장(경구개), 여린입천장(연구개)' 등은 조음할 때에 움직이지 않으므로 '**고정부**(固定部, point of articulation)'라고 한다. 반면에 공깃길의 아랫쪽에 있는 '혀, 아랫입술, 아랫니' 등은 조음할 때에 적극적으로 움직이므로 이들 기관을 '**능동부**(能動部, articulator)'라고 한다. 개별 음성은 주로 능동부가 고정부로 향하는 상하 운동에 의해서 조음된다.

1.3. 음성 분류의 기준

대부분의 말소리(음성)는 '발성부'와 '조음부'의 작용에 따라서 분류되는데, 특히 조음부의 작용에 따라서 음성을 크게 '모음'과 '자음'으로 분류한다.[4)]

---

4) 발동부인 폐(허파)에서 나는 소리는 날숨과 들숨으로 구분할 수 있는데, 대부분의 정상적인 말소리는 '날숨 폐소리(pulmonic egressive sound)'로 발음된다. 반면에 '들숨 폐소리(pulmonic ingressive sound)'로는 놀라 때에 내는 소리나 딸꾹질 소리와 같은 특수한 소리가 있다.

〈 조음부의 작용에 따른 분류 〉 음성은 조음 기관의 능동부가 고정부에 작용하는 방식을 기준으로 하여 '**모음**'과 '**자음**'으로 분류한다.

첫째, '**모음**(母音, 홀소리, vowel)'은 조음 기관의 장애가 없이, 성대의 울림이 입안에서 공명(共鳴)을 얻어서 나는 소리이다.

(1) ㄱ. [ㅣ], [ㅔ], [ㅐ], [ㅟ], [ㅚ] ; [ㅡ], [ㅓ], [ㅏ], [ㅜ], [ㅗ]
　 ㄴ. [ㅖ], [ㅒ], [ㅕ], [ㅑ], [ㅠ], [ㅛ] ; [ㅞ], [ㅙ], [ㅝ], [ㅘ], [ㅟ], [ㅚ] ; [ㅢ]

(ㄱ)과 (ㄴ)의 모음은 모두 발음이 일어나는 동안에 공깃길이 막히거나 마찰되는 일이 없다. 오직 '입이 벌어지는 정도(혀의 최고점의 높낮이)'와 '혀의 최고점의 전후 위치', 그리고 '입술의 모양'에 따라서 각각 다른 소리가 생긴다.

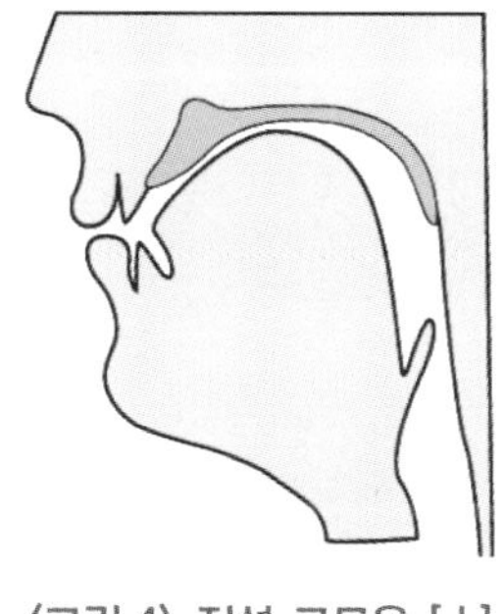

〈그림 4〉 전설 고모음 [ㅣ]

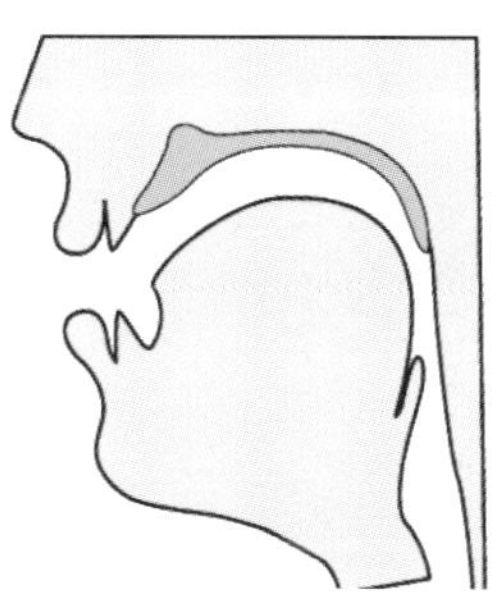

〈그림 5〉 중설 저모음 [ㅏ]

〈그림 4〉는 전설 고모음인 [ㅣ]를 발음할 때의 입 모양이고, 〈그림 5〉는 중설 저모음인 [ㅏ]를 발음할 때의 입 모양이다. 〈그림 4〉와 〈그림 5〉에서 나타나는 입안 모양의 차이로 말미암아서 [ㅣ]와 [ㅏ]의 음성이 달라지는 것이다.

둘째, '**자음**(子音, 닿소리, consonant)'은 조음 기관의 어떤 능동부가 고정부에 가서 닿거나 아주 가까이 다가가서 나는 소리이다.

(2) [ㅂ], [ㄷ], [ㄱ], [ㅃ], [ㄸ], [ㄲ], [ㅍ], [ㅌ], [ㅋ] ; [ㅅ], [ㅆ], [ㅎ] ; [ㅈ], [ㅉ], [ㅊ] ; [ㅁ], [ㄴ], [ㅇ] ; [ㄹ]

(2)에 제시된 음성은 자음으로서, 능동부가 고정부에 가서 닿거나 아주 다가가서 나는 소리이다. 이들 자음 음성은 다음의 〈그림 6〉과 〈그림 7〉처럼 조음 위치와 조음 방법에 따라서 소리가 구분된다.

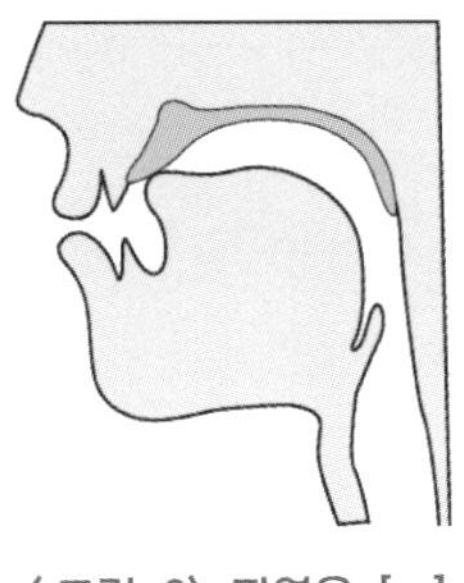

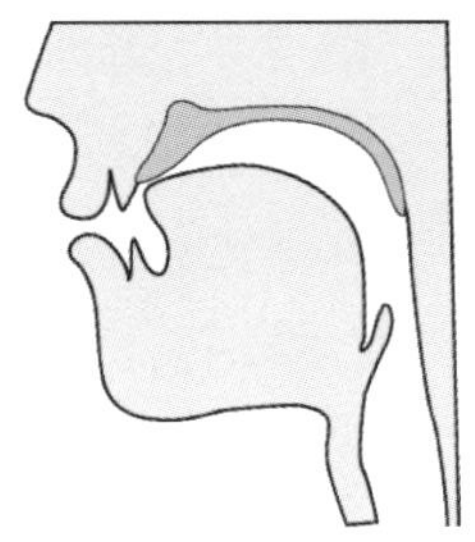

〈그림 6〉 파열음 [ㄷ]　　〈그림 7〉 마찰음 [ㅅ]

〈그림 6〉에서 [ㄷ]의 음성은 혀끝을 윗잇몸에 닿게 해서 공깃길을 완전히 막았다가 압축된 공기를 터트려서 내는 '파열음'이다. 반면에 〈그림 7〉에서 [ㅅ]의 음성은 혀끝을 윗잇몸에 아주 가까이 다가가게 해서 그 틈으로 공기를 스쳐서 내는 '마찰음'이다.

〈공깃길의 차이에 따른 소리의 분류〉 조음부를 통과해서 나오는 소리가 통과하는 공깃길에 따라서 '구강음'과 '비강음'으로 구분하기도 한다.

(3) ㄱ. **구강음** : 모음 ; [ㅂ], [ㄷ], [ㄱ], [ㅃ], [ㄸ], [ㄲ], [ㅍ], [ㅌ], [ㅋ] ; [ㅅ], [ㅆ], [ㅎ] ; [ㅈ], [ㅉ], [ㅊ] ; [ㄹ]

ㄴ. **비강음** : [ㅁ], [ㄴ], [ㅇ] ; 비모음([ã], [ɛ̃], [œ̃])

(ㄱ)의 **'구강음**(口腔音, oral sound)'은 발음할 때에 능동부인 목젖(구개수, 口蓋垂)이 고정부인 인두벽을 막아서 소리가 입을 통하여 나오는 소리이다. 반면에 (ㄴ)의 **'비강음**(鼻腔音, nasal sound)'은 발음할 때에 목젖이 비강 통로를 막지 않아서 공기가 코로 나는 소리다.

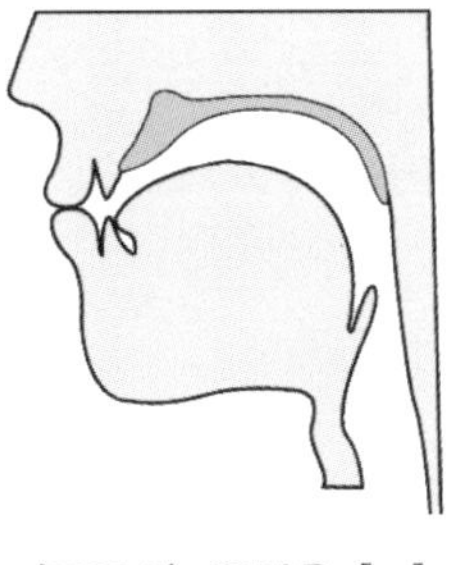

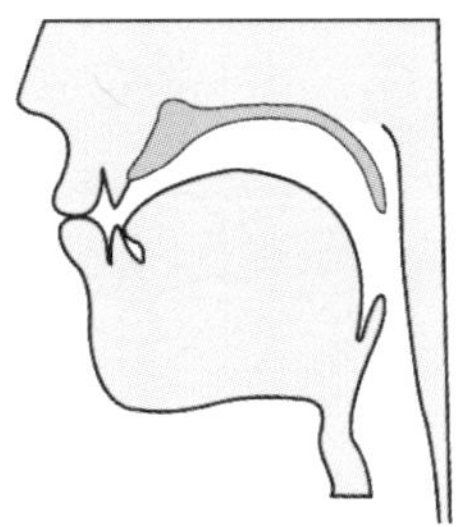

〈그림 8〉 구강음 [ㅂ]　　〈그림 9〉 비강음 [ㅁ]

구강음인 [ㅂ]은 〈그림 8〉처럼 목젖이 비강으로 통하는 공깃길(인두벽)을 막아서 입안으로 공기가 빠져나간다. (3ㄱ)의 파열음, 마찰음, 파찰음, 유음 등의 자음과 국어의 모음은 구강음이다. 반면에 비강음인 [ㅁ]은 〈그림 9〉처럼 비강으로 통하는 공깃길이 열려서 코안으로 공기가 빠져나간다. (3ㄴ)에 제시된 비음인 [ㅁ], [ㄴ], [ㅇ]이나, 불어의 비모음인 [ɑ̃], [ɛ̃], [œ̃] 등이 비강음에 해당된다.

1.4. 국어 음성의 분류

국어에서 실현되는 모음과 자음의 음성은 다음과 같이 분류될 수 있다.

1.4.1. 모음의 분류

허파에서 나는 날숨이 입안에서 장애를 받지 않고 성대(목청) 사이를 지나면서, 목청이 떨어 울리면서 나는 유성음(有聲音)을 **'모음**(母音, 홀소리)'[5]이라고 한다.

이러한 모음은 발음하는 과정에서 입의 모양이 변하지 않는 '단모음'과 발음하는 과정에서 입의 모양이 변하는 '이중 모음'으로 구분된다.

(가) 단모음

〈단모음의 종류와 음가〉 '단모음(單母音)'은 발음하는 도중에, 입술이나 혀가 고정되어서 움직이지 않으면서 발음되는 모음이다.

(4) ㄱ. **고모음** : [ㅣ], [ㅟ], [ㅡ], [ㅜ]
ㄴ. **중모음** : [ㅔ], [ㅚ], [ㅓ:], [ㅗ]
ㄷ. **저모음** : [ㅐ], [ㅏ], [ㅓ][6]

(5) ㄱ. 일 [il], 쥐 [tɕy], 글 [kɨl], 우리 [uɾi]
ㄴ. 게 [ke], 꾀 [k'ø], 멀다 [mə:lda], 오리 [oɾi]
ㄷ. 애꾸 [ɛk'u], 아버지 [abədʑi], 허리 [hʌɾi]

---

5) 모음은 자음과는 달리 홀로 발음될 수 있기 때문에 단독으로 음절을 구성할 수 있다. 이렇게 음절을 구성하는 소리를 '성절음(成節音)'이라고 하는데, '모음(母音)'의 딴이름인 '홀소리'라는 용어에 이러한 '성절성'의 뜻이 들어 있다.

6) 국어의 〈표준 발음법〉의 규정에 따르면 'ㅓ'는 음성 차원에서는 긴 소리인 [ㅓ:]와 짧은 소리인 [ㅓ]로 다르게 발음된다. 긴 소리인 'ㅓ'는[ə:]의 음가이며 짧은 소리의 'ㅓ'는 [ʌ]의 음가이다.

(ㄱ)에서 '일, 길'의 'ㅣ'는 [i]로 발음하며, '쥐, 취나물'의 'ㅟ'는 [y]로 발음한다. '글, 그것, 흐르다'의 'ㅡ'는 [ɨ]로 발음하며, '우리, 이웃, 굴'의 'ㅜ'는 [u]로 발음한다. (ㄴ)에서 '게, 넷, 셋'의 'ㅔ'는 [e]로 발음하며, '꾀, 되, 쇠'의 'ㅚ'는 [ø]로 발음한다. 그리고 '멀다, 없다, 거리'에 실현된 긴 소리 'ㅓ'는 [əː]로 발음하며, '오리, 고리, 돌'의 'ㅗ'는 [o]로 발음한다. (ㄷ)에서 '애꾸, 애기, 개'의 'ㅐ'는 [ɛ]로 발음하며, '아버지, 오빠'의 'ㅏ'는 [a]로 발음한다. 그리고 '허리, 머리, 어머니'에 실현된 짧은 소리 'ㅓ'는 [ʌ]로 발음한다.

〈 단모음의 종류와 음가 〉 단모음은 발음할 때의 '혀의 최고점의 높이', '혀의 최고점의 앞뒤 위치', '입술의 모양'의 세 가지 조건에 따라서 개별 음성이 달라진다. 음성의 단계에서 모음의 조음 위치를 '**모음 사각도**'로 나타내면 다음과 같다.

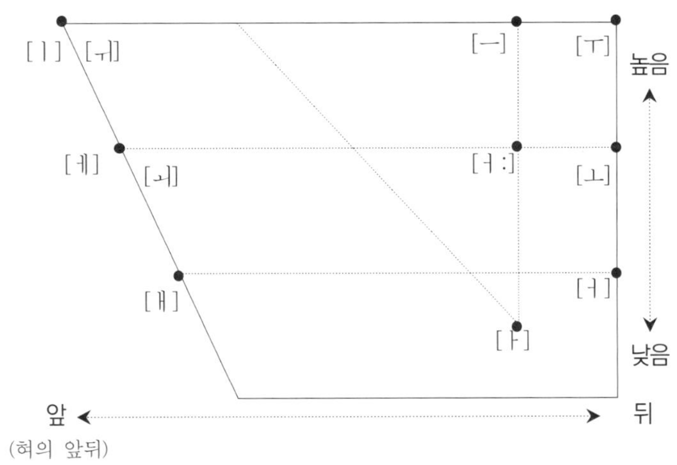

〈그림 10〉 국어 단모음 음성의 모음 사각도

첫 번째 조건은 '**혀의 최고점의 높이**'인데, 이는 모음을 발음할 때에 입을 벌리는 정도인 개구도(開口度)를 말한다. 입을 거의 닫고 발음하는 소리를 '**고모음**(高母音, 폐모음)'이라고 하며, 입을 완전히 벌리고 발음하는 소리를 '**저모음**(低母音, 개모음)'이라고 한다. 입을 거의 닫고 발음하는 고모음에는 (4ㄱ)의 [ㅣ], [ㅟ], [ㅡ], [ㅜ]가 있으며, 입을 완전히 벌리고 발음하는 저모음에는 (4ㄷ)의 [ㅐ], [ㅏ], [ㅓ]가 있다. 고모음과 저모음의 중간에 드는 소리가 '**중모음**(中母音)'인데, (4ㄴ)의 [ㅔ], [ㅚ], [ㅓː], [ㅗ]가 중모음에 속한다.

두 번째 조건은 '**혀의 최고점의 앞뒤 위치**'이다. 이는 발음을 할 때에 입천장과 혀 사이의 거리가 가장 좁혀지는 점을 기준으로 전후의 위치를 정한 것이다. 곧 혀의 앞쪽을 가장 좁혀서 발음하는 모음을 '**전설 모음**(前舌 母音)'이라고 하고, 혀의 뒤쪽을 가장 좁혀서 발음하는 모음을 '**후설 모음**(後舌 母音)'이라고 한다. 그리고 전설 모음과 후설 모음의 사이를 가장 좁혀서 발음하는 모음을 '**중설 모음**(中舌 母音)'이라고 한다. 전설 모음에는 [ㅣ], [ㅔ], [ㅐ], [ㅟ], [ㅚ]가 있고, 중설 모음에는 [ㅡ], [ㅓː], [ㅏ]가 있으며, 후설 모음에는 [ㅜ], [ㅗ], [ㅓ]가 있다.

세 번째 조건은 모음을 발음할 때에 형성되는 '**입술의 모양**'이다. 곧, 입술이 자연스럽게 펴진 모양으로 발음하는 모음을 '**평순 모음**(平脣 母音)'이라고 하고, 입술이 동그랗게 모아져서 앞으로 튀어나온 모양으로 발음하는 모음을 '**원순 모음**(圓脣 母音)'이라고 한다. 평순 모음에는 [ㅣ], [ㅔ], [ㅐ], [ㅡ], [ㅓː], [ㅏ], [ㅓ]가 있고, 원순 모음에는 [ㅟ, ㅚ, ㅜ, ㅗ]가 있다.

(나) 이중 모음

〈 이중 모음의 개념 〉 모음 중에는 혀가 일정한 자리에서 다른 자리로 옮겨 가면서 발음되는 소리가 있는데, 이를 '**이중 모음**(二重 母音)'이라고 한다.

(6) ㄱ. [ㅑ], [ㅕ], [ㅕː], [ㅛ], [ㅠ], [ㅒ], [ㅖ]
　ㄴ. [ㅘ], [ㅝ], [ㅝː], [ㅙ], [ㅞ]
　ㄷ. [ㅢ]

(6)의 모음은 처음에는 [j], [w], [ɰ]의 '반모음'으로 소리가 나다가 나중에는 단모음으로 소리가 나는 이중 모음이다.

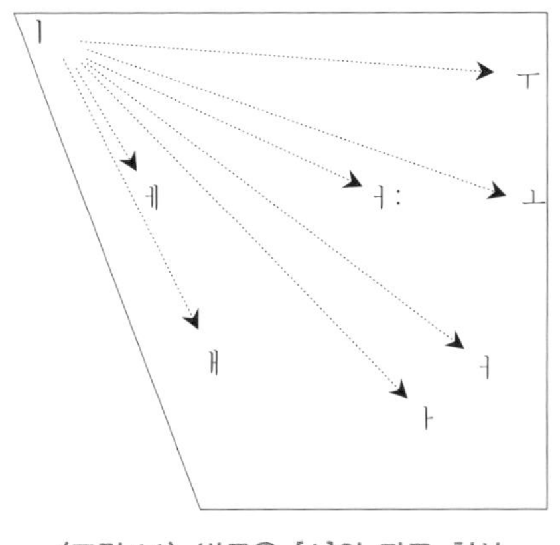

〈그림 11〉 반모음 [j]의 과도 현상

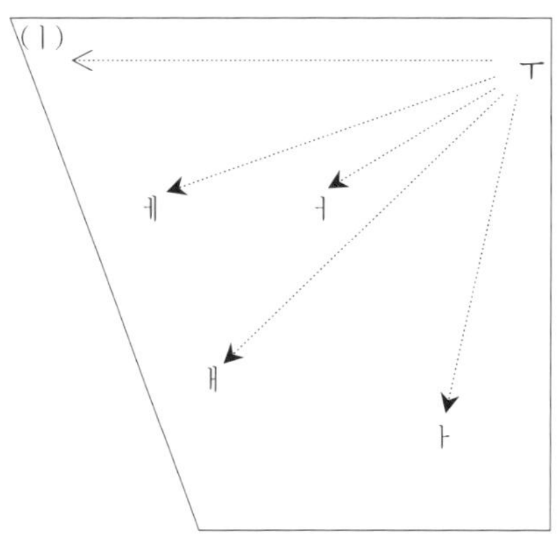

〈그림 12〉 반모음 [w]의 과도 현상

이중 모음의 예로서 [ㅑ]는 극히 짧은 순간 동안에 [ㅣ]를 발음하고 곧이어 단모음인 [ㅏ]를 발음하는 이중 모음인데, 이때에 혀가 [ㅣ]의 자리에서 [ㅏ]의 자리로 이동하면서 나는 과도음이 반모음인 [j]이다. 그리고 [ㅘ]는 혀가 [ㅜ]의 자리에서 [ㅏ]의 자리로 이동하면서 내는 이중 모음인데, 이 과정에서 혀가 [ㅜ]의 자리에서 [ㅏ]의 자리로 이동하면서 나는 과도음이 반모음인 [w]이다.[7)]

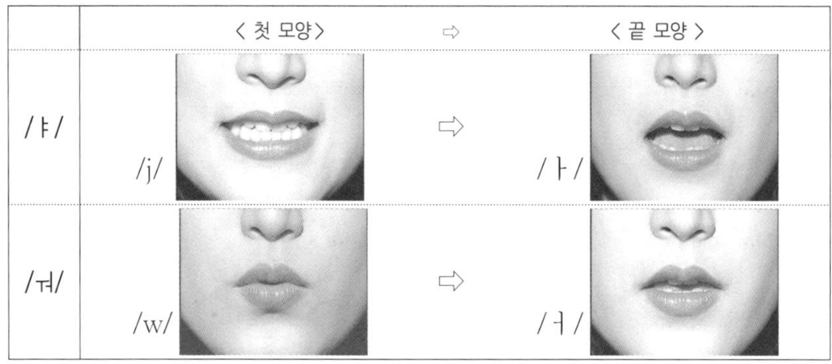

〈그림 13〉 이중 모음의 입 모양

국어에 쓰이는 이중 모음의 종류와 이들이 쓰인 단어를 보기로 들면 다음과 같다.

(7) ㄱ. 얍체 [jamtɕ^{h}e], 여자 [jʌdʑa], 연구 [jəː ngu], 요리 [jori], 유리 [juri], 얘기 [jɛː gi], 예닐곱 [jeɲilgop˥],

ㄴ. 완장 [wandʑaŋ], 워낙 [wʌnak˥], 원망 [wəː nmaŋ], 왜[wɛ], 웬일 [wenɲil]

ㄷ. 의사 [ɰisa] / [ɨjsa]

(ㄱ)의 단어는 'ㅣ' 계 이중 모음의 예이다. '얍체, 이야기'의 'ㅑ'는 [ja]로, '여자, 남녀'의 'ㅕ'는 [jʌ]로, '연구(研究), 영원(永遠)'의 'ㅕ'는 [jəː]로, '유리, 종류'의 'ㅠ'는 [ju]로, '요리, 비료, 목욕탕'의 'ㅛ'는 [jo]로 발음된다. 그리고 '얘기'의 'ㅒ'는 [jɛ]로, '예닐곱, 예순'의 'ㅖ'는 [je]로 발음된다. (ㄴ)의 단어는 'ㅜ' 계 이중 모음의 예이다. '완장, 장화'의 'ㅘ'는 [wa]로, '워낙, 소원'의 'ㅝ'는 [wʌ]로, '원망, 망원경'의 'ㅝ'는 [wəː]로, '왜, 쾌속'의 'ㅙ'는

7) 반모음인 [j]와 [w], [ɰ]는 조음 기관이 주모음을 발음하기 위한 자세로 옮아가는 도중에 나는 소리라는 뜻으로 '과도음(過渡音)'이라고도 한다. 혹은 순간적으로 주모음을 향해 나는 미끄러지듯이 짧게 나는 소리라는 뜻에서 '활음(滑音)'이라고 부르기도 한다.(임지룡 외 2015:91) 반모음은 반드시 다른 모음(단모음)에 붙어서만 발음되고, 스스로 음절을 구성하지 못한다는 점에서는 자음과 비슷하다. 그러나 이들 소리는 조음할 때에 막음이나 마찰이 일어나지 않는다는 점에서는 모음과 비슷하다. 그리고 반모음인 [j], [w], [ɰ]를 한글로 표기할 때에는 [ǐ], [ǔ], [ɨ̆]로 적는다.

[wɛ]로, '웬일, 웽웽'의 'ㅞ'는 [we]로 발음된다. 끝으로 (ㄷ)에서 '의사, 의논'에서 'ㅢ'는 각각 [ɯi]나 [ɨj]로 발음된다.

〈 이중 모음의 유형 〉 국어의 이중 모음은 반모음의 종류에 따라서 다음의 세 가지 유형으로 나뉜다.

첫째, '**ㅣ계 이중 모음**'인 [ㅑ], [ㅕ], [ㅕː], [ㅛ], [ㅠ], [ㅒ], [ㅖ]는 처음에는 [ㅣ]의 입 모양을 하고 있다가, 나중에는 각각 [ㅏ], [ㅓ], [ㅓː], [ㅗ], [ㅜ], [ㅐ], [ㅔ]의 입 모양으로 옮겨 가면서 내는 소리이다. 이들 'ㅣ'계 이중 모음은 각각 [ja], [jʌ], [jəː], [jo], [ju], [jɛ], [je]로 발음된다.

둘째, '**ㅜ계 이중 모음**'인 [ㅘ], [ㅝ], [ㅝː], [ㅙ], [ㅞ]는 처음에는 [ㅜ]의 입 모양을 하고 있다가, 나중에는 각각 [ㅏ], [ㅓ], [ㅓː], [ㅐ], [ㅔ]의 입 모양으로 옮겨 가면서 내는 소리이다. 이들 'ㅜ'계 이중 모음은 각각 [wa], [wʌ], [wəː], [wɛ], [we]로 발음된다.

셋째, **[ㅢ]**도 이중 모음으로 발음되는데, [ㅢ]의 음가에 대하여는 두 가지 견해가 있다. 첫 번째 견해는 [ㅢ]는 반모음인 [ɰ]으로 시작하여 단모음인 [ㅣ]로 발음되는 상향 이중 모음인 [ɰi]로 발음되는 것으로 본다. 두 번째 견해는 단모음인 [ɨ]로 발음한 뒤에 반모음인 [j]로 발음하는 하향 이중 모음인 [ɨj]로 발음되는 것으로 본다.

〈 이중 모음의 특징 〉 '이중 모음'은 음절의 주모음(主母音)과 부모음(副母音)이 결합하는 선후 관계에 따라서 '상향 이중 모음'과 '하향 이중 모음'으로 나누어진다. '**상향 이중 모음**(上向 二重母音)'은 반모음이 단모음의 앞에 있는 이중 모음이다. 그리고 '**하향 이중 모음**(下向 二重母音)'은 반모음이 단모음의 뒤에 있는 이중 모음이다.

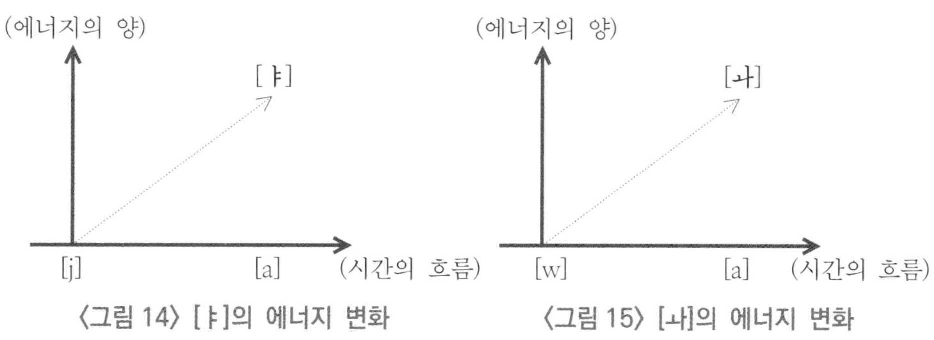

〈그림 14〉 [ㅑ]의 에너지 변화 **〈그림 15〉 [ㅘ]의 에너지 변화**

그런데 현대 국어의 이중 모음은 거의 대부분이 '상향 이중 모음'이라는 특징이 있다.

(8) ㄱ. [j] + [a] → [ㅑ], [ja]
　　ㄴ. [j] + [ʌ] → [ㅕ], [jʌ]

(9) ㄱ. [w]+ [a] → [ㅘ], [wa]
　　ㄴ. [w]+ [ʌ] → [ㅝ], [wʌ]

ㄷ. [j] + [o] → [ㅛ], [jo]
ㄹ. [j] + [u] → [ㅠ], [ju]
ㅁ. [j] + [ɛ] → [ㅒ], [jɛ]
ㅂ. [j] + [e] → [ㅖ], [je]

ㄷ. [w]+ [ɛ] → [ㅙ], [wɛ]
ㄹ. [w]+ [e] → [ㅞ], [we]

(10) ㄱ. [ɰ]+ [i] → [ㅢ], [ɰi]
ㄴ. [ɨ] + [j] → [ㅢ], [ɨj]

(8)과 (9)의 이중 모음은 모두 '반모음 + 단모음'의 순서로 연결되는 '상향 이중 모음'이다. 다만 (10)의 'ㅢ'은 (ㄱ)의 [ɰ i]처럼 상향 이중 모음으로 처리하거나, (ㄴ)의 [ɨj]처럼 하향 이중 모음으로 처리할 수도 있다. 그리고 'ㅢ'는 음가 자체가 불안정하여 '민주주의의 의의'는 [민주주<u>의의</u> <u>의의</u>], [민주주<u>이</u>의 의의], [민주주의<u>에</u> 의의], [민주주의의 의<u>이</u>] 등으로 다양하게 발음될 수 있다. 따라서 'ㅢ'는 상향 이중 모음으로 단정하거나 하향 이중 모음으로 단정하기는 어렵다.8)

참고로 영어에서는 국어와는 달리 상향과 하향의 이중 모음이 모두 나타난다.

(11) ㄱ. came [kejm], how [haw]
ㄴ. yes [jes], wash [wɑʃ]

영어에서는 (ㄱ)의 [kejm]과 [haw]처럼 하향 이중 모음으로도 실현되고, (ㄴ)의 [jes], [wɑʃ]처럼 상향 이중 모음으로도 실현된다.9)

〈'ㅟ'와 'ㅚ'의 발음〉 〈표준 발음법〉에서는 'ㅟ'와 'ㅚ'를 원칙적으로 전설의 원순 모음인 단모음으로 규정한다. 그러나 〈표준 발음법〉의 제4항 [붙임]에서는 'ㅟ'와 'ㅚ'를 이중 모음으로 발음하는 것을 허용한다.10)

---

8) 만일 'ㅢ'를 상향 이중 모음으로 보면 (10ㄱ)처럼 반모음 [ɰ]의 뒤에 단모음인 [i]가 뒤따르는 [ɰi]로 발음되는 것으로 처리할 수도 있다.

9) 15세기 국어의 [ㅐ, ㅔ]나 [ㅚ, ㅟ] 등은 현대 국어와는 달리 [aj, əj]와 [oj, uj]처럼 하향 이중 모음으로 발음되었다. 따라서 15세기 국어에서는 [ㅑ, ㅕ, ㅛ, ㅠ] 등의 상향 이중 모음과 [ㅐ, ㅔ; ㅚ, ㅟ] 등의 하향 이중 모음이 모두 쓰였다. 그러나 이들 하향 이중 모음은 18세기 중엽 이후에 모두 단모음으로 바뀐 결과, 현대 국어에는 상향 이중 모음만 남게 되었다.

10) 'ㅟ'와 'ㅚ'를 단모음인 [y]와 [ø]로 발음하는 사람은 경기도나 충청도의 토박이 화자 중에서 70세 이상의 사람에 한정된다. 이들 이외의 화자들은 'ㅟ'와 'ㅚ'를 이중 모음인 [wi]와 [we]로 발음한다. 다만, 현재의 〈표준 발음법〉의 제4항에서는 'ㅟ'와 'ㅚ'의 원칙적인 발음을 단모음으로 처리하고, 이중 모음으로 발음하는 것을 허용하고 있다.

{ 기본 모음 }

자음은 능동부가 고정부에 닿거나 다가가는 것을 쉽게 알 수 있기 때문에 음가를 기술해 내기가 쉽다. 반면에 모음은 능동부와 고정부가 분명하지 않아서, 자음과는 다른 방식으로 소리를 기술한다. 곧, 모음은 '혀의 최고점의 위치'와 '입술의 모양'에 따라서 발음이 달라지기 때문에, 특정한 모음의 음가는 이 두 가지 기준으로 기술한다.

〈 기본 모음 사각도 〉 영국의 음성학자인 다니엘 존스(Daniel Jones)는 모음을 측정하고 기술(記述)하는 데에 기준이 되는 여덟 개의 '1차적 기본 모음'을 설정했다.

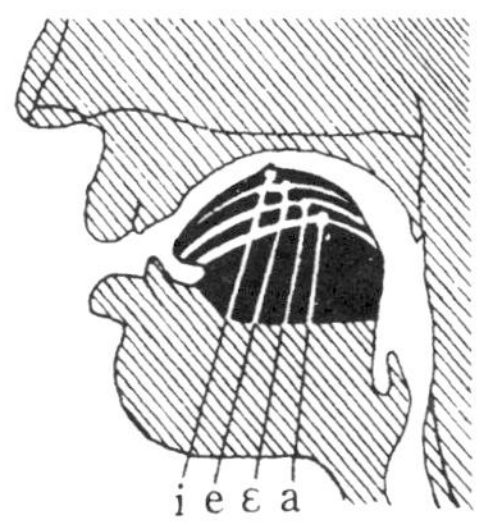

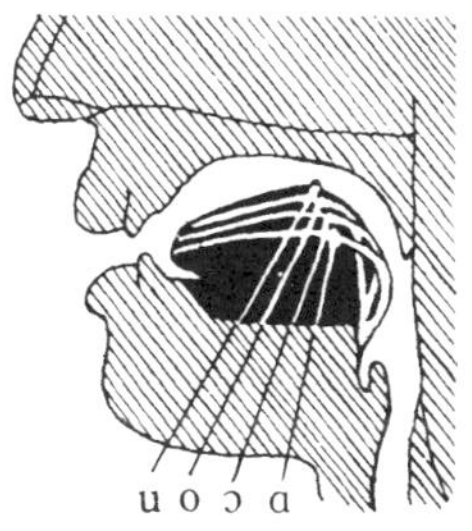

〈그림 1〉 혀의 최고점의 위치

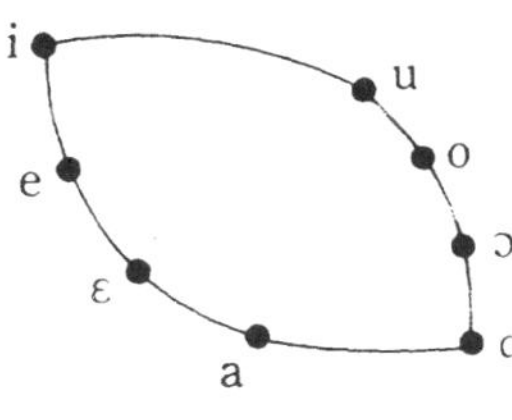

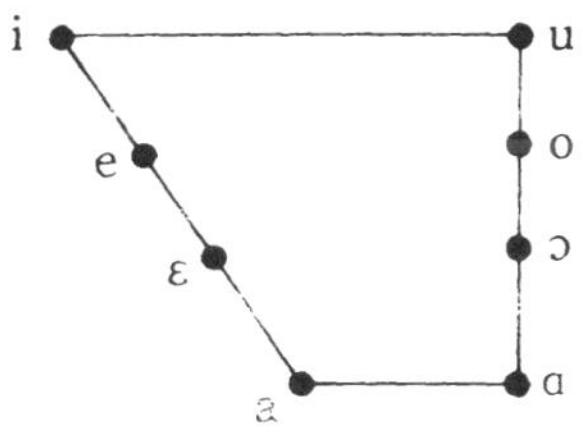

〈그림 2〉 기본 모음 사각도

기본 모음인 [i, e, ɛ, a, ɑ, ɔ, o, u]를 조음(調音)할 때 X선으로 혀의 모양을 촬영하여 확인해 보면 혀의 위치가 〈그림 1〉과 같다. 〈그림 1〉을 단순화하여 표현한 것이 〈그림 2〉이다.(Daniel Jones 1918:32, 36 참조) 먼저 기본 모음 중에서 첫 번째 소리인 [i]는 개구도(開口度)가 가장 작은 '전설 고모음(前舌高母音)'이며, 다섯 번째 소리인 [ɑ]는 개구도가 가장 큰 '후설 저모음(後舌 低母音)'이다. 그리고 [e, ɛ, a]는 [i]와 [ɑ]의 중간에 위치한 전설 모음으로서 [i]-[e], [e]-[ɛ], [ɛ]-[ɑ]의 음향적 간격이 거의 같도록 정한 것이며, [ɔ, o, u]는 후설 모음으로서 전설 모음과 같은 방법으로 정한 것이다. 여기서 [i, e, ɛ, a, ɑ]는 입술을 펴고 발음하는 평순 모음이며, [ɔ, o, u]는 입술을 둥글게 하고 발음하는 원순 모음이다. 그리고 1차적 기본 모음과 입술의 모양이 대립되는 모음으로 2차적 기본 모음인 [y, ø, œ, ɶ, ɒ, ɤ, ʌ, ɯ]를 설정하였다.

〈기본 모음의 유형〉 일반 음성학에서는 모음의 음성이 발음될 때에 나타나는 '혀의 최고점의 위치'와 '입술의 모양'을 기준으로 하여 기본 모음을 분류한다.

첫째, 혀의 최고점의 위치는 최고점의 '높이'와 최고점의 '앞뒤'의 위치로 나뉜다. 먼저 '최고점의 높이'에 따라 '고모음, 중고모음, 중저모음, 저모음'이 분류된다. '**고모음**(폐모음, close)으로는 [i, y, ɨ, u, ɯ]가 있고, '**중고모음**(반폐모음, half close)'으로는 [e, ø, ə, o, ɤ]가 있으며, '**중저모음**(반개모음, half open)'으로는 [ɛ , œ, ɔ, ʌ]가 있고, '**저모음**(개모음, open)'으로는 [a, ɶ, ɑ, ɒ]가 있다. 다음으로 '최고점의 앞뒤 위치'에 따라 '전설 모음, 중설 모음, 후설 모음'으로 구분할 수 있다. '**전설 모음**(front)'은 앞혀가 센입천장으로 올라가면서 내는 모음으로서 [i, e, ɛ , a ; y, ø, œ, Æ]가 있으며, '**중설 모음**(mid)'은 혀의 가운데 부분을 입천장의 중간으로 올려서 내는 모음으로서 [ɨ, ə]가 있으며, '**후설 모음**(back)'으로는 뒤혀를 여린입천장으로 올려서 내는 모음으로서 [u, o, ɔ, ɑ ; ɯ, ɤ, ʌ, ɒ]가 있다.

둘째, 입술의 모양에 따른 유형으로서는 '**평순 모음**(비원순 모음, unrounded, vowel)'인 [i, e, ɛ, a, ɯ, ɤ, ʌ, ɑ]와 '**원순 모음**(rounded vowel)'인 [y, ø, œ, ɶ ; u, o, ɔ, ɒ]이 있다.

{ 초분절음 }

자음과 모음은 도막도막으로 끊어서 발음할 수 있으므로 이를 '**분절음**(分節音, segmental)'이라고 한다. 반면에 단독으로는 실현되지 못하고 반드시 모음과 함께 실현되어서 단어나 문장의 뜻에 영향을 주는 소리가 있는데, 이러한 소리를 '**초분절음**(suprasegmental)'이라고 한다.

초분절음인 소리의 '장단, 강약, 고저, 억양' 등은 절대적인 소릿값을 가지지 않고 모음에 얹혀서 실현되는 것이 특징이다. 따라서 '초분절음'을 '자립 분절적 요소(autosegmental feature)', '운율적 자질(prosodic feature)', '얹힘 자질(suprasegmental features)', '뜨내기 소리 바탕' 등으로 부르기도 한다.

첫째, 국어의 표준 발음에서는 '**소리의 길이**(長短, length)'가 긴 것과 짧은 것이 있다.

(1) ㄱ. (目) [눈] — [눈 :] (雪)
ㄴ. (馬) [말] — [말 :] (言)
ㄷ. (夜) [밤] — [밤 :] (栗)

(1)의 단어는 각각 자음과 모음의 음소는 동일하지만 모음의 장단에 따라서 단어의 뜻이 구분된다.

둘째, 영어나 프랑스어, 독일어 등의 언어에서는 '**소리의 세기**(强弱, stress)'가 강한 것과 약한 것이 있다.

(2) ㄱ. export ['ekspɔ：t] — export [ek'pɔ：t]
ㄴ. billow ['bilou] — below [bi'lou]

(2)에서 세기의 실현 양상에 따라서 영어 'export ['ekspɔ：t]'와 'billow['bilou]'는 명사로 쓰이고, 'export [eks'pɔ：t]'와 'below[bi'lou]'는 동사로 쓰인다.

셋째, **'소리의 높이**(高低, pitch)'는 한 단어 안에서 나타나는 소리의 높낮이(高低)를 이르는데, 이러한 소리의 높낮이가 낮은 것과 높은 것이 있다. 이러한 높낮이를 '**성조**(聲調, toneme)'라고 하는데, 대표적인 성조 언어로는 중국어를 들 수 있다.

(3) ㄱ. 媽 [mā]： 제1성(낮은 소리)
ㄴ. 麻 [má]： 제2성(높은 소리)
ㄷ. 馬 [mǎ]： 제3성(낮았다가 높아진 소리)
ㄹ. 罵 [mà]： 제4성(높았다가 급하게 낮아진 소리)

중국어에서는 동일한 [ma]의 소리로 표현되는 단어도 媽[mā], 麻[má], 馬[mǎ], 罵[mà]의 네 가지 성조로 구분되어서 쓰인다. 국어에서는 함경 방언과 경상 방언에서 성조가 나타난다.

이처럼 초분절음은 분절음(음소)에 함께 실현되어서 단어나 문장의 뜻을 구분하는 데에 관여하기도 하고, 단순히 정서적인 의미를 나타내거나 잉여적으로 쓰이기도 한다. 예를 들어서 '잘한다'를 '자알한다'와 같이 발음하여서 반어적인 뜻을 표현하거나, '좋지'를 '조오치'로 발음하여서 상대방의 의견에 매우 동의한다는 정서인 의미를 나타내기도 한다.

음운론에서는 특히 운소가 어휘적인 대립에 이용되어서 단어의 뜻을 분화하거나, 운소가 통사적인 대립에 이용되어서 문법적인 뜻을 분화화는 데에 관여하는 현상에 관심을 둔다.

1.4.1. 자음의 분류

'**자음**(닿소리)'은 발음할 때에 목 안이나 입안의 어느 부분이 막히거나 좁혀져서, 밖으로 나가는 공기의 흐름이 장애를 받아서 나는 소리이다. 자음은 발음할 때에 능동부가 고정부에 작용하는 위치와 발음하는 방법에 따라서 분류된다.

(가) 조음 방법에 따른 자음의 분류

공깃길의 특정한 위치에서 장애를 일으키는 방법을 '**조음 방법**'이라고 한다. 자음은 기본적 조음 방법에 따라서 '파열음, 마찰음, 파찰음, 비음, 유음' 등으로 나뉜다. 그리고 이 중에서 '파열음, 마찰음, 파찰음'은 부차적으로 '소리의 세기'에 따라서 각각 '예사소리, 된소리, 거센소리'로 다시 구분된다.

〈조음 방법에 따른 분류〉 자음은 기본적인 조음의 방법에 따라서 '파열음, 마찰음, 파찰음, 비음, 유음' 등으로 분류할 수 있다.

(12) ㄱ. 파열음 : [ㅂ], [ㅃ], [ㅍ] ; [ㄷ], [ㄸ], [ㅌ] ; [ㄱ], [ㄲ], [ㅋ]
ㄴ. 마찰음 : [ㅅ], [ㅆ]; [ㅎ]
ㄷ. 파찰음 : [ㅈ], [ㅉ], [ㅊ]
ㄹ. 비 음 : [ㅁ], [ㄴ], [ㅇ]
ㅁ. 유 음 : [ㄹ]

첫째, '**파열음**(破裂音, plosive)'은 허파에서 나오는 공기의 흐름을 일단 막았다가 그 막은 자리를 터트리면서 내는 소리이다. 국어의 파열음으로는 (ㄱ)의 [ㅂ, ㅃ, ㅍ; ㄷ, ㄸ, ㅌ; ㄱ, ㄲ, ㅋ]이 있다. 둘째, '**마찰음**(摩擦音, fricative)'은 입안이나 성대 사이의 통로를 좁히고 공기를 그 좁은 틈 사이로 내보내어 마찰을 일으키면서 내는 소리인데, (ㄴ)의 [ㅅ, ㅆ; ㅎ]이 있다. 셋째, '**파찰음**(破擦音, affricative)'은 허파에서 나오는 공기를 막았다가 서서히 터트리면서 마찰을 일으켜서 내는 소리인데, (ㄷ)의 [ㅈ, ㅉ, ㅊ]이 있다. 넷째, '**비음**(鼻音, nasal)'은 여린입천장에 붙어 있는 목젖을 내려서 콧길을 열어 놓은 상태에서, 입안의 통로를 막아서 코로 공기를 내보내면서 내는 소리이다. 이러한 비음으로는 (ㄹ)의 [ㅁ, ㄴ, ㅇ]이 있다. 다섯째, '**유음**(流音, liquid)'은 '우리'의 [ㄹ]처럼 혀끝을 잇몸에 가볍게 대었다가 떼어서 '탄설음'인 [ɾ]로 발음하거나, 혹은 '달'의 [ㄹ]처럼 혀끝을 윗잇몸에 댄 채 공기를 그 양 옆으로 흘려 보내어서 '설측음'인 [l]로 발음하는 소리이다.

{ 파열음의 형성 과정 }

'**파열음**(터짐소리, plosive, stop)은 목젖을 인두벽에 밀착시켜서 콧길을 막고, 입길의 어떤 자리를 막거나 또는 막은 자리를 나오는 숨으로 터뜨리는 방법으로 내는 소리이다. 국어의 [ㅂ, ㄷ, ㄱ ; ㅃ, ㄸ, ㄲ ; ㅍ, ㅌ, ㅋ] 소리와 영어의 [p, t, k; b, d, g] 소리 등은 모두 파열음이다.

〈 파열의 3단계 〉 파열음이 생성되는 과정으로서 '막음, 지속, 개방'의 '파열(터짐)의 3단계'가 있다.

첫째로 '**막음**(approach)'의 단계는 공깃길을 막아서 공기의 흐름을 중단시키는 단계이며, 둘째로 '**지속**(hold)'의 단계는 막았던 공기를 일정 시간 동안 머금어서 입안에서 공기의 압력을 높이는 단계이다. 마지막으로 '**개방**(release)'의 단계는 지속의 단계를 통해서 압력이 올라간 공기를 터뜨려서 발음을 하는 단계이다.

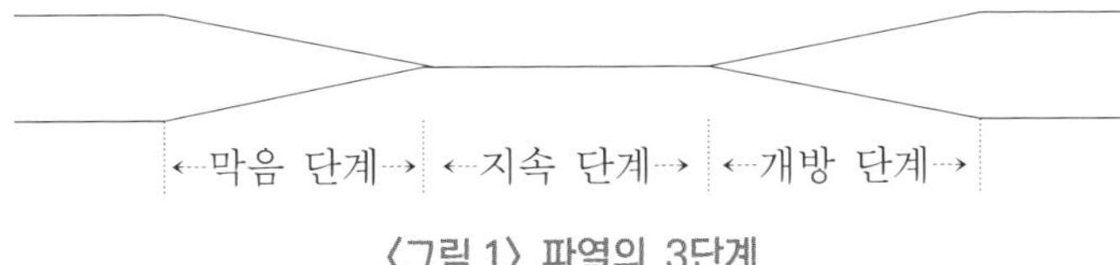

〈그림 1〉 파열의 3단계

〈 외파음과 미파음 〉 파열의 3단계가 실현되는 양상에 따라서, 파열음을 외파음과 미파음으로 구분하기도 한다. '**외파음**(外破音, explosive)'은 개방의 단계가 있는 소리이며 '**미파음**(未破音, implosive)'은 개방의 단계가 없는 파열음이다.

(1) **외파음**
　ㄱ. [막음 – 지속 – 개방] 형 : 바<u>다</u> [pada]의 [d]
　ㄴ. [× – 지속 – 개방] 형 : <u>바</u>다 [pada]의 [p]

(2) **미파음**
　○ [막음–지속– ×] 형 : '박$^{\#}$, 입$^{\#}$, 뜯$^{\#}$'의 끝소리 [k^{ㄱ}, p^{ㄱ}, t^{ㄱ}]

(1)에서 '바<u>다</u>'의 [d]는 '막음–지속–개방'의 세 단계로 발음되는 외파음이며, '<u>바</u>다'의 [p]는 '지속–개방'의 두 단계로 발음되는 외파음이다. 이에 반해서 (2)에서 '박, 입, 뜯'의 끝소리인 [k^{ㄱ}, p^{ㄱ}, t^{ㄱ}]는 '막음–지속'의 두 단계로만 발음되면서 '개방'의 단계가 없는 미파음이다.

〈 '밥보'의 발음 〉 참고로 국어의 '밥보'는 [밥뽀]로 소리나는데, 이 [밥뽀]에서 실현되는 세 가지 양순 파열음은 각각 파열의 방식에서 차이가 있다.

(3) 밥보 [밥뽀]
　ㄱ. 첫 음절의 초성 [ㅂ]: [막음 – 지속 – 개방]
　ㄴ. 첫 음절의 종성 [ㅂ]: [막음 – 지속 – ×]
　ㄷ. 둘째 음절의 초성 [ㅃ]: [× – 지속 – 개방]

[밥뽀]에서 첫 음절의 초성 [ㅂ]은 '막음'의 과정이 없이 두 입술의 '지속–개방'의 두 단계를 거쳐서 발음된다. 이에 반해서 첫음절의 종성 [ㅂ]은 그 뒤에 잇따라서 발음되는 둘째 음절의 초성 때문에 두 입술 '개방'의 단계가 없는 미파음으로 발음된다. 그리고 둘째 음절의 초성 [ㅃ]은 앞서서 발음된 첫음절의 종성 [ㅂ] 때문에, 첫음절의 초성과 마찬가지로 두 입술 '막음'의 단계가 없이 발음된다.

여기서 (3ㄴ)처럼 파열음에서 개방 단계가 나타내지 않는 현상을 '**불파음화**(不破音化)' 혹은 '**미파음화**(未破音化)'라고 한다. 이러한 불파음화 현상은 파열음의 가장 큰 특징인 개방의 단계가 없다는 점에서 국어의 자음에서 일어나는 음운 변동 현상에 큰 영향을 미친다.

예를 들어서 '평파열음화', '비음화(鼻音化)', 그리고 '된소리되기(硬音化)' 등은 모두 앞 형태소가 불파음화하기 때문에 생기는 변동 현상이다.(이문규 2013:35 참조)

〈소리의 세기에 따른 분류〉 자음 중에서 '파열음, 마찰음, 파찰음'은 다시 소리의 세기에 따라서 '예사소리, 된소리, 거센소리'로 구분된다.

(13) ㄱ. **예사소리**(평음) : [ㅂ], [ㄷ], [ㄱ] ; [ㅅ] ; [ㅈ]
ㄴ. **된 소 리**(경음) : [ㅃ], [ㄸ], [ㄲ] ; [ㅆ] ; [ㅉ]
ㄷ. **거센소리**(격음) : [ㅍ], [ㅌ], [ㅋ] ; [ㅊ]

첫째로 '**예사소리**(平音, lax)'는 (ㄱ)의 [ㅂ, ㄷ, ㄱ; ㅅ; ㅈ]처럼 발음할 때에 입속의 기압이나 발음 기관의 긴장도가 가장 낮아서 약하게 발음되는 소리이다. 둘째로 '**된소리**(硬音, fortis)'는 (ㄴ)의 [ㅃ, ㄸ, ㄲ ; ㅆ ; ㅉ]처럼 파열음, 마찰음, 파찰음을 낼 때에, 막혔거나 좁혀졌던 공깃길을 여는 순간에 성문에 힘을 주어서 내는 소리이다. 된소리로 발음하면 성대의 근육이 긴장되면서 밖으로 나가는 공기의 양이 매우 적은 상태로 나가게 되는 것이 특징이다. 셋째로 '**거센소리**(激音, 有氣音, aspirated)'는 (ㄷ)의 [ㅍ, ㅌ, ㅋ; ㅊ]처럼, 파열음이나 파찰음을 발음할 때에 막혔던 공깃길을 개방하는 순간 성문이 넓게 열리고, 그 사이로 강한 기류가 빠져나가면서 [ㅎ]과 비슷하게 나는 소리이다.

국어의 무성 파열음 중에서 '된소리, 예사소리, 거센소리'는 '개방 후 무성의 기간(VOT)'의 차이로 결정된다. 먼저 된소리인 [p'a]는 개방 후 무성의 기간이 제일 짧으며(공기량이 적음), 다음으로 예사소리인 [pa]가 그 중간이고(공기량이 중간), 끝으로 거센소리인 [pʰ]는 무성의 기간이 제일 길다.(공기량이 많음)

{거센소리, 예사소리, 된소리의 차이}

국어에서 장애음인 '파열음, 마찰음, 파찰음'은 다시 소리의 세기에 따라서 '예사소리, 된소리, 거센소리'로 구분된다.

이 세 가지 소리를 발음할 때 입 밖으로 나오는 공기의 양이 다르다. 입 밖으로 나오는 공기의 양은 '거센소리 〉 예사소리 〉 된소리'의 순서이다. 이는 발음할 때에 손바닥을 입 가까이 대고 [파], [바], [빠]의 소리를 발음해 보면, 손바닥에 직접 닿는 공기의 세기가 다르다는 사실을 확인할 수 있다. 이러한 실험을 통해서 공기의 유출량을 측정하면, 거센소리인 [파]가 가장 많고, 예사소리인 [바]가 그 다음이고, 된소리인 [빠]가 가장 적다.

거센소리, 예사소리, 된소리'에 나타나는 공기량의 차이는 '개방 후 무성 시간'인 '성대 진동의 시작 시간(VOT, voice onset time)'을 측정한 결과와 동일하다. **'성대 진동의 시작 시간(VOT)'**은 막혔던 공깃길을 여는 때에서 그 뒤에 실현되는 모음(유성음)을 발음하기 위해서 성대(목청)가 떨리기 시작하는 때까지 경과하는 시간을 말한다. 곧 모음을 발음할 때에 일어나는 성대의 떨림은 자음이 발음된 뒤에 공깃길에 열리는 순간부터 바로 시작되지 않고, 잠시 동안 무성의 시간을 거치게 된다. 이 기간의 길이는 공기를 터트리는 순간에 입 밖으로 나오는 공기의 양과 비례한다.

다음의 〈그림 1〉은 '된소리, 예사소리, 거센소리'의 VOT를 측정한 실험 결과이다.

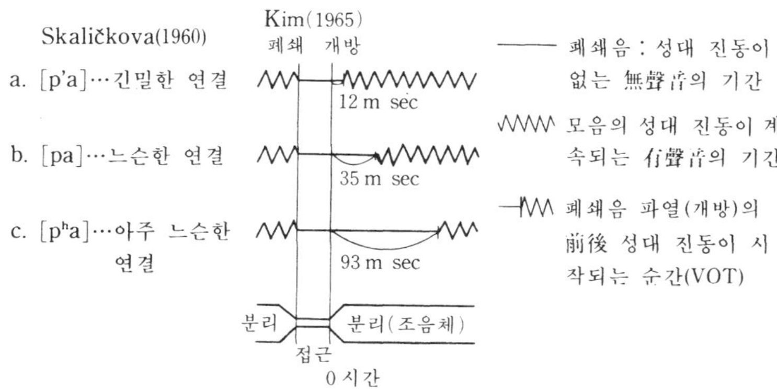

〈그림 1〉 된소리, 예사소리, 거센소리의 VOT

〈그림 1〉은 국어의 입술에서 파열되는 [빠], [바], [파]의 음파를 분석한 실험 결과이다. 이 결과를 보면 된소리인 [p'a]는 개방 후 무성의 기간이 제일 짧으며, 예사소리인 [pa]가 그 중간이고, 거센소리인 [pʰa]는 무성의 기간이 제일 길다. 이러한 실험 결과를 보면 국어의 무성 파열음인 '된소리, 예사소리, 거센소리'는 '성대 진동의 시작 시간(VOT)'의 차이로 결정되는 것을 알 수 있다. 이와 같은 결과로 같은 조음 자리에서 발음되는 장애음의 '성대 진동의 시작 시간'은 '거센소리 〉 예사소리 〉 된소리'의 순서가 된다.

결과적으로 동일한 조음 위치에서 실현되는 장애음의 조음 시간은 '거센소리'가 가장 길고 그 다음이 예사소리이며 된소리가 가장 짧다. 그런데 이러한 조음 시간의 차이는 이들 자음을 조음할 때에 나오는 공기의 양에 비례한다.

〈 성대의 울림에 따른 분류 〉 자음을 발음할 때에 성대의 울림이 있느냐 없느냐에 따라서, '유성 자음'과 '무성 자음'으로도 구분할 수 있다.

(14) ㄱ. **유성 자음** : 비음, 유음, 파열음[b, d, g]

ㄴ. **무성 자음** : 파열음[p, t, k ; p', t', k' ; pʰ, tʰ, kʰ], 마찰음[s, s'], 파찰음[tɕ, tɕ', tɕʰ]

자음 중에서 비음인 [ㅁ, ㄴ, ㅇ], 유음인 [ㄹ], 유성 파열음은 발음할 때에, 성대가 떨어 울려서 입안이나 코안에서 공명을 얻어서 나는 소리이므로, 이들은 '**유성 자음**(有聲子音, voiced consonant)'에 속한다. 반면에 나머지의 소리인 파열음, 마찰음, 파찰음 등은 성대가 떨어 울리지 않으면서 발음되므로, 이들은 '**무성 자음**(無聲子音, voiceless consonant)'에 속한다.

(나) 조음 위치에 따른 자음의 분류

자음을 발음을 할 때에는 조음부를 통과하는 공기의 흐름이 막히거나 공깃길이 좁아지는데, 이처럼 공기의 흐름에 장애가 일어나는 자리를 '**조음 위치**'라고 한다. 곧, 조음 위치는 '아랫입술'이나 '혀'와 같은 능동부가 '윗입술, 윗니, 윗잇몸, 센입천장, 여린입천장'과 같은 특정한 고정부에 작용하는 자리이다.

자음은 능동부가 고정부에 작용하는 조음 위치에 따라서, '입술소리, 잇몸소리, 센입천장소리, 여린입천장소리, 목청소리' 등으로 나눌 수 있다.

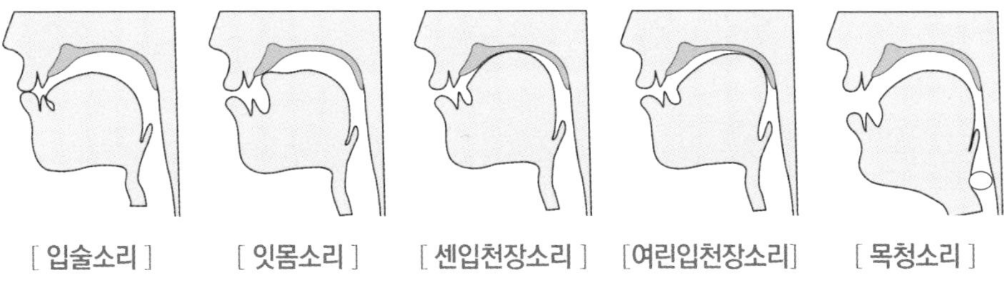

[입술소리]　[잇몸소리]　[센입천장소리]　[여린입천장소리]　[목청소리]

자음의 분류		입술소리 (양순음)	잇몸소리 (치조음)	센입천장소리 (경구개음)	여린입천장소리 (연구개음)	목청소리 (후음)
조음 위치	고정부	윗입술	윗잇몸	센입천장	여린입천장	목청(성대)
	능동부	아랫입술	혀끝	앞혓바닥(전설)	뒤혓바닥(후설)	목청(성대)

〈표 2〉 조음 위치에 따른 자음의 분류

〈 입술소리 〉 '**입술소리**(양순음, 兩脣音, bilabial)'는 아랫입술이 윗입술에 닿아서 나는 소리이다. 이러한 입술소리는 조음 방법에 따라서 파열음, 마찰음, 비음으로 나뉜다.

(15) ㄱ. **파열음** : [p, b, p˺] (예사소리) , [p'] (된소리), [pʰ] (거센소리)
ㄴ. **마찰음** : [ɸ] (무성음), [β] (유성음)
ㄷ. **비 음** : [m]

ⓐ **파열음** : 파열음으로 발음되는 입술소리로는 예사소리인 [p, b, p˺]와 된소리인 [p']와 거센소리인 [pʰ]가 있다.

(16) ㄱ. [p] 불, 비, <u>바</u>람
ㄴ. [b] 강<u>보</u>, 냄<u>비</u>, 간<u>밤</u>
ㄷ. [p˺] 갑#, 입#, <u>곱</u>다, <u>덥</u>다

(17) ㄱ. [p'] 뿔, 고<u>삐</u>
ㄴ. [pʰ] 풀, 팔

(16)은 예사소리로 발음되는 파열음이다. (ㄱ)에서 '불, 비, <u>바</u>람'의 첫소리 'ㅂ'은 무성 자음인 [p]로 소리 난다. (ㄴ)에서 '강<u>보</u>, 냄<u>비</u>, 간<u>밤</u>'의 두 번째 음절의 첫소리 'ㅂ'은 유성음과 유성음 사이에서 실현되었는데, 이는 유성 자음인 [b]로 소리 난다. (ㄷ)의 '갑#, 입#'과 '<u>곱</u>다, <u>덥</u>다'처럼 단어의 끝이나 자음 앞에서 실현되는 'ㅂ'은 미파음(未破音)인 [p˺]로 소리 난다. (17ㄱ)에서 '뿔, 고<u>삐</u>'의 'ㅃ'은 된소리인 [p']로 소리 나며, (17ㄴ)에서 '풀, 팔'의 'ㅍ'은 거센소리인 [pʰ]로 소리 난다.

ⓑ **마찰음** : 마찰음으로 발음하는 입술소리로는 유성음인 [β]와 무성음인 [ɸ]이 있다.

(18) ㄱ. [β] (유성음) 우<u>비</u>, 두<u>부</u>, 부<u>부</u>, 갈<u>비</u>, 울<u>보</u>
ㄴ. [ɸ] (무성음) <u>회</u>의, <u>휘</u>파람

(ㄱ)에서 '우<u>비</u>, 두<u>부</u>, 부<u>부</u>, 갈<u>비</u>, 울<u>보</u>'처럼 유성음과 유성음 사이에 실현되는 'ㅂ'은, 화자의 개인적 습관에 따라서 두 입술을 아주 닫지 않고 마찰음이 들릴 정도로 접근시켜서 내는 울림소리로 발음할 수도 있다. 이렇게 두 입술 사이에서 나는 유성 마찰음은 [β]로 소리 난다. (ㄴ)에서 '<u>회</u>의, <u>휘</u>파람'의 'ㅎ'을 분명하게 소리를 내면, 두 입술을 가까이 접근시켜서 무성의 마찰음으로 내는 [ɸ]의 소리가 된다.

ⓒ **비음** : 비음으로 발음하는 입술소리로는 [m]이 있다.

(19) [m] 문, 물, 몸, 마음, 가<u>뭄</u>

'문, 물, 몸, 마음, 가뭄' 등에서 'ㅁ'은 입술을 닫고 성대의 울림이 있는 유성(有聲)의

공기를 코안으로 내는 [m]로 소리 난다.

〈잇몸소리〉 '잇몸소리(치조음, 齒槽音, alveolar)'는 혀끝이 윗잇몸에 닿거나 접근하여서 나는 소리인데, 조음 방법에 따라서 파열음, 마찰음, 비음으로 나뉜다.

(20) ㄱ. 파열음 : [t, d, t˺] (예사소리), [t'] (된소리), [tʰ] (거센소리)
ㄴ. 마찰음 : [s] (예사소리), [s'] (된소리)
ㄷ. 비 음 : [n]
ㄹ. 유 음 : [ɾ] (탄설음), [l] (설측음)

ⓐ 파열음 : 파열음으로 발음되는 잇몸소리로는 예사소리인 [t, d, t˺], 된소리인 [t'], 거센소리인 [tʰ]가 있다.

(21) ㄱ. [t] 달, 돌, 들
ㄴ. [d] 바<u>다</u>, 반<u>달</u>, 옹<u>달</u>샘, 남<u>도</u>, 잘<u>다</u>
ㄷ. [t˺] 닫#, 돋#, 낟# ; <u>돋</u>보기, <u>닫</u>다, <u>돋</u>다

(22) ㄱ. [t'] 딸, 또, 굴<u>뚝</u>, 껄<u>떡</u>거리다
ㄴ. [tʰ] 탈, 한<u>톨</u>

(21)은 예사소리로 발음되는 파열음이다. (ㄱ)에서 '달, 돌, 들'의 첫소리 'ㄷ'은 무성 자음인 [t]로 소리 난다. (ㄴ)의 '바<u>다</u>, 반<u>달</u>, 옹<u>달</u>샘, 남<u>도</u>, 잘<u>다</u>'의 두 번째 음절의 첫소리인 'ㄷ'은 유성음과 유성음 사이에 실현되었는데, 이와 같은 'ㄷ'은 유성 자음인 [d]로 소리 난다. (ㄷ)에서 '닫#, 돋#, 낟#'과 '<u>돋</u>보기, <u>닫</u>다, <u>돋</u>다'처럼 단어의 끝이나 자음 앞에서 실현되는 'ㄷ'은 미파음인 [t˺]로 소리 난다. (22ㄱ)에서 '딸, 또, 굴<u>뚝</u>, 껄<u>떡</u>거리다'의 'ㄸ'은 된소리인 [t']로 소리 나며, (22ㄴ)에서 '탈, 한<u>톨</u>'의 'ㅌ'은 거센소리인 [tʰ]로 소리 난다.

ⓑ 마찰음 : 마찰음으로 발음되는 잇몸소리로는 [s], [s']가 있다.

(23) ㄱ. [s] 사람, 소, 새
ㄴ. [s'] 쌀, <u>쏘</u>다, 쑥

(ㄱ)에서 '사람, 소, 새'의 'ㅅ'은 예사소리의 무성 마찰음인 [s]로 소리 난다. 그리고 (ㄴ)에서 '쌀, 쏘다, 쑥'의 'ㅆ'은 된소리의 마찰음인 [s']로 소리 난다.

ⓒ **비음** : 비음으로 발음되는 잇몸소리는 혀끝을 윗잇몸에 댄 채로 성대의 울림을 띤 공기를 코안으로 내는 소리이다.

(24) [n] 날, 눈, 하나, 손, 만

(24)에서 '날, 눈, 하나, 손, 만'에 실현된 'ㄴ'은 [n]으로 소리 난다.

ⓓ **유음** : 유음의 잇몸소리로는 탄설음의 [ɾ], 그리고 설측음의 [l]과 [ll]이 있다.

(25) ㄱ. [ɾ] 하루, 다리, 가루, 노래
ㄴ. [l] 달, 물 ; 불고기, 살구
ㄷ. [ll] 달라, 흘러

(ㄱ)에서 '하루, 다리, 가루, 노래'의 'ㄹ'은 모음과 모음 사이에서 단독으로 실현되었다. 이때의 'ㄹ'은 혀끝을 윗잇몸에 가볍게 한 번 두들기는 '탄설음(彈舌音, flap)'으로서 [ɾ]로 소리 난다. (ㄴ)에서 '달, 물'과 '불고기, 살구'의 'ㄹ'은 단어의 끝소리나 자음 앞에서 실현되었다. 이때의 'ㄹ'은 혀끝을 윗잇몸에 대고 혀의 옆으로 성대의 울림을 띤 공기를 흘려서 내는 '설측음(舌側音)'으로서, [l]로 소리 난다. (ㄷ)에서 '달라, 흘러'처럼 모음과 모음 사이에서 겹쳐서 실현되는 설측음 'ㄹ'은 [ll]로 소리 난다.

〈 센입천장소리 〉 '센입천장소리(경구개음, 硬口蓋音, palatal)'는 능동부인 앞혓바닥(前舌)이 고정부인 센입천장(硬口蓋)에 닿아서 나는 소리이다. 센입천장소리는 조음 방법에 따라서 파찰음, 마찰음, 비음, 유음의 음성으로 나뉜다.

(26) ㄱ. **마찰음** : [ɕ] 예사소리, [ɕ'] 된소리, [ç] 거센소리
ㄴ. **파찰음** : [tɕ, dʑ] 예사소리, [tɕ'] 된소리, [tɕʰ] 거센소리
ㄷ. **비　음** : [ɲ]
ㅁ. **유　음** : [ʎ] 설측음

ⓐ **마찰음** : 마찰음으로 발음되는 센입천장소리로는 [ɕ]과 [ɕ'], [ç]이 있다.

(27) ㄱ. [ɕ] 실, 신
ㄴ. [ɕ'] 씨름, 날씨
ㄷ. [ç] 혀, 효도, 휴식, 향토, 현상

(ㄱ)에서 '사람, 소, 새, 가수' 등에 실현된 'ㅅ'은 잇몸소리로 발음된다. 그런데 '실, 신'에서처럼 'ㅅ'이 모음인 [ㅣ]의 앞에 실현될 때에는, [ㅣ]가 조음되는 자리(=센입천장)에 이끌려서 센입장소리인 [ɕ]로 소리 난다. (ㄴ)에서, '씨름, 날씨'의 'ㅆ'은 센입천장소리의 마찰음인 [ɕ']로 소리 난다. (ㄷ)에서, '혀, 효도, 휴식, 향토, 현상'의 'ㅎ'은 그 뒤에 이어서 발음되는 [ㅣ]나 [j]의 조음 자리에 이끌려서, 목청소리인 [ㅎ, h]보다는 앞쪽이면서 [시, ɕ]보다는 약간 뒤쪽에서 발음되는 [ç]로 소리 난다.

ⓑ **파찰음**: 파찰음으로 발음되는 센입천장소리로는 예사소리인 무성의 [tɕ]와 유성의 [dʑ], 된소리인 [tɕ'], 거센소리인 [tɕʰ]가 있다.

(28) ㄱ. [tɕ] 자다, 주다, 잠, 좀
ㄴ. [dʑ] 감자, 공주, 가지, 구조

(29) ㄱ. [tɕ'] 짜다, 가짜, 한쪽
ㄴ. [tɕʰ] 차다, 기차, 밤차

(28)은 예사소리로 발음되는 파찰음이다. (ㄱ)에서 '자다, 주다, 잠, 좀'처럼 'ㅈ'이 단어의 첫머리에서 실현될 때에는 무성음인 [tɕ]로 소리 난다. (ㄴ)에서 '감자, 공주, 가지, 구조'처럼 'ㅈ'이 유성음과 유성음 사이에서 실현될 때에는 유성음인 [dʑ]로 소리 난다. (29ㄱ)에서 '짜다, 가짜, 한쪽'에 실현된 'ㅉ'은 된소리인 [tɕ']로 소리 나며, (29ㄴ)에서 '차다, 기차, 밤차'에 실현된 'ㅊ'은 거센소리인 [tɕʰ]로 소리 난다.

ⓒ **비음**: 비음으로 발음되는 센입천장소리로는 [ɲ]이 있다.

(30) [ɲ] 돈냥, 남녀, 공룡[공뇽], 갑류[감뉴]

'돈냥, 남녀, 공룡, 갑류'에서 'ㄴ'은 그 뒤에 실현되는 [ㅣ]와 반모음 [j]의 조음 자리에 이끌려서 발음된다. 곧, 이런 환경에서 실현되는 'ㄴ'은 앞혓바닥과 센입천장을 막고, 유성(有聲)의 공기를 코로 내게 되는데, 센입천장소리로 바뀌어서 [ɲ]로 소리 난다.

ⓓ **유음**: 유음으로 발음되는 센입천장소리로는 설측음인 [ʎ]이 있다.

(31) [ʎʎ] 흘려, 달력, 개잘량, 달려라

'흘려, 달력, 개잘량, 달려라'의 'ㄹㄹ'은 그 뒤의 [ㅣ]와 반모음 [j]의 조음 자리(=경구개)에 이끌려서 발음된다. 곧, 이 소리는 센입천장과 앞혓바닥의 가운데를 막고 유성의 공기를 혀옆(舌側)으로 흘려서 [ʎʎ]로 소리 난다.

〈 여린입천장소리 〉 '여린입천장소리(연구개음, 軟口蓋音, soft palatal)'는 능동부인 뒤혓바닥이 고정부인 여린입천장에 닿아서 나는 소리이다. 여린입천장소리는 조음 방법에 따라서, 파열음과 마찰음, 비음으로 구분된다.

(32) ㄱ. **파열음** : [k, ɡ, k˺] 예사소리 , [k'] 된소리, [kʰ] 거센소리
ㄴ. **마찰음** : [ɣ] 예사소리, [x] 거센소리
ㄷ. 비 음 : [ŋ]

ⓐ **파열음** : 파열음으로 발음되는 여린입천장소리로는 예사소리인 [k], [ɡ], [k˺]와 된소리인 [k'], 거센소리인 [kʰ] 등이 있다.

(33) ㄱ. [k] 갈대, 김, 감
ㄴ. [ɡ] 아기, 감기, 인가, 공기
ㄷ. [k˺] 물독#, 수박#

(34) ㄱ. [k'] 까다, 꿈, 일깨우다, 일꾼
ㄴ. [kʰ] 콩, 칼, 일컫다, 칼칼하다

(33)은 예사소리로 발음되는 파열음이다. (ㄱ)에서 '갈대, 김, 감' 등과 같이 단어의 첫머리에 실현되는 'ㄱ'은 무성음인 [k]로 소리 난다. (ㄴ)에서 '아기, 감기, 인가, 공기'처럼 유성음과 유성음의 사이에 실현된 'ㄱ'은 [ɡ]로 소리 난다. (ㄷ)에서 '물독#, 수박#'처럼 단어의 끝에 실현되는 'ㄱ'은 미파음인 [k˺]로 소리 난다. (34)에서 (ㄱ)의 '까다, 꿈, 일깨우다, 일꾼'에 실현된 'ㄲ'은 된소리인 [k']로 소리 나며, (ㄴ)의 '콩, 칼, 일컫다, 칼칼하다'에 실현된 'ㅋ'은 거센소리인 [kʰ]로 소리 난다.

ⓑ **마찰음** : 마찰음으로 발음되는 여린입천장소리로는 [ɣ]와 [x]가 있다.

(35) ㄱ. [ɣ] 먹어, 바가지
ㄴ. [x] 흑흑, 흙, 흘러

(ㄱ)에서 '먹어, 바가지'처럼 모음 사이에 실현되는 'ㄱ'은 일반적으로는 '용기, 친구'의 'ㄱ'처럼 [ɡ]로 소리 난다. 그러나 이와 같은 음운론적인 환경에서, 화자의 발음 습관에 따라서는 'ㄱ'이 유성의 마찰음인 [ɣ]로 소리 나기도 한다. (ㄴ)에서 '흑흑, 흙, 흘러'처럼 단어의 첫소리이면서 모음 [ㅡ]의 앞에 실현되는, 'ㅎ'은 여린입천장에서 무성의 마찰음인 [x]로 소리 난다.

ⓒ **비음** : 비음으로 발음되는 여린입천장소리로는 [ㅇ]이 있다.

(36) [ŋ]　콩, 종이, 성에

'콩, 종이, 성에'의 'ㅇ'은 뒤혀를 올려서 여린입천장을 막고 유성의 공기를 코로 흘려서 내는 비음인 [ŋ]으로 소리 난다.

〈 목청소리 〉 '목청소리(후음, 喉音, glottal)'는 성대(목청)의 사이에서 나는 마찰음인데, 이와 같은 목청소리로는 [h], [ɦ]가 있다.

(37) ㄱ. [h] (무성음) 하나, 허파, 호박
　　ㄴ. [ɦ] (유성음) 여행, 영향, 좋은

(ㄱ)에서 '하나, 허파, 호박'처럼 단어의 첫소리에서 실현되는 'ㅎ'은 무성의 목청소리인 [h]로 소리 난다. 반면에 (ㄴ)에서 '여행, 영향, 좋은'처럼 'ㅎ'이 유성음과 유성음 사이에 실현될 때에는 유성의 목청소리(=유성 후두 마찰음)인 [ɦ]로 소리 난다.

'조음 위치'와 '조음 방법'으로 자음의 음성 체계를 정리하면 다음의 〈표 3〉과 같다.

조음 방법 \ 조음 위치			입술소리	잇몸소리	센입천장소리		여린입천장소리	목청소리
					앞	뒤		
파열음	예사소리	무성	p, p˺	t, t˺			k, k˺	
		유성	b	d			g	
	된 소 리		p'	t'			k'	
	거센소리		p^h	t^h			k^h	
마찰음	예사소리	무성	ɸ	s	ɕ	ç	x	
		유성	β				ɣ	ɦ
	된 소 리			s'	ɕ'			
파찰음	예사소리	무성			tɕ			
		유성			dʑ			
	된 소 리				tɕ'			
	거센소리				$tɕ^h$			
비 음			m	n	ɲ		ŋ	
유 음	설측음			l	ʎ			
	탄설음			ɾ				

〈표 3〉 현대 국어의 자음 음성

제2장 음운과 음절의 체계

사람은 머릿속에 들어 있는 추상적인 소리를 발음 기관을 이용하여 실제의 물리적인 소리로 입 밖으로 발화함으로써 의사를 전달한다. 이때에 실제로 쓰이는 물리적인 소리를 '**음성**(音聲)'이라고 하고, 사람의 머릿속에 들어 있는 추상적인 소리를 '**음운**(音韻)'이라고 한다. 모국어 화자의 머릿속에는 음운의 목록이 조직적으로 저장되어 있는데, 이를 '**음운의 체계**'라고 한다.

2.1. 음운의 체계

음운의 개념과 특징, 그리고 음운의 하위 요소로서 음소와 운소에 대해 알아본다.

2.1.1. 음운의 개념

(가) 물리적인 소리와 인식의 소리

사람이 만들어 내는 음성은 사람마다 다르며, 같은 사람이라고 하여도 특정한 음성을 발화할 때마다 각각 다르게 발음한다.

(1) '가곡' — [kagok˺]

예를 들어서 (1)의 '가곡'이라는 단어 속에는 'ㄱ'의 소리가 세 번 쓰였는데, 각각의 소리들은 그것이 쓰이는 음성적 환경에 따라서 [k]와 [g]와 [k˺]로 각각 다르게 실현된다. 곧 우리나라 사람들이 머릿속에서 인식하는 소리는 모두 /ㄱ/이지만 실제로 실현되는 물리적인 소리는 [k], [g], [k˺]의 세 가지 소리인 것이다.

그런데 특정 언어를 모국어로 쓰는 사람에 따라서는 이러한 물리적인 소리를 인식하는 방법이 다를 수가 있다.

(2) ㄱ. 불 [pul] — 뿔 [p'ul] — 풀 [pʰul]
ㄴ. peel [pi : l] — feel [fi : l]

한국인들은 (ㄱ)의 [ㅂ], [ㅃ], [ㅍ] 소리가 다르다는 것을 분명하게 인식하지만, 영어를 모국어로 쓰는 사람들은 이들 세 소리의 차이를 인식하지 못한다. 반면에 한국인들은 영어를 모국어로 쓰는 사람들이 분명하게 차이를 인식하는 (ㄴ)의 [p]와 [f]의 차이를 인식하지 못한다. 이처럼 실제로 실현되는 물리적인 소리와 사람의 머릿속에서 인식되는 소리는 다를 수가 있다.

(나) 음운의 개념과 특징

〈 음운의 개념 〉 말소리는 실제 세계에서 실현되는 물리적인 소리인 '음성'과 사람의 머릿속에서 인식되는 소리인 '음운'으로 구분할 수 있다. 여기서 '음성'은 개인이 부려쓰는 물리적인 소리인 '빠롤(parole)'로서의 소리이며, '음운'은 언중의 머릿속에서 형성된 소리인 '랑그(langue)'로서의 소리이다.(나찬연 2010ㄱ:13 이하 참조) 곧, '음운(音韻, phoneme)'은 사람들이 머릿속에서 같은 소리로 인식하는 추상적인 말소리로서, 단어의 의미적인 차이를 가져오는 '소리의 최소 단위'이다.

〈 음성과 음운의 차이 〉 음성과 음운은 언중들이 소리를 인식하는 능력과, 단어의 뜻을 분화하는 기능, 그리고 그것이 실현되는 분포에서 차이가 있다.

첫째, 음운의 차이는 인식하지만, 한 음운에 속하는 음성의 차이는 인식하지 못한다.

(3) ㄱ. 도토리 — [totʰori], cf. 고기 — [kogi]
ㄴ. 우리 — [uɾi], cf. 달 — [tal]

(ㄱ)에서 '도토리'는 [totʰori]의 음성으로 발음되는데, 이때 우리나라 사람은 '도'의 [t]와

'토'의 [tʰ]에서 나타나는 차이를 분명하게 인식한다. 반면에 '고기'는 [kogi]의 음성으로 발음되는데, 우리나라 사람은 '고'의 [k]와 '기'의 [g]가 다르다는 것을 인식하지 못한다. 그리고 우리나라 사람은 (ㄴ)의 '우리 [uɾi]'에서 [ɾ]의 음성과 '달 [tal]'에서 [l]의 음성을 구분하지 못하지만, 미국 사람은 [ɾ]과 [l]의 음성이 다르다는 것을 분명하게 인식한다.[1) 이처럼 특정한 언어를 쓰는 사람들은, 그 언어에서 나타나는 음운적인 차이는 분명하게 인식하지만 한 음운에 속하는 음성의 차이는 인식하지 못한다.

둘째, 낱낱의 음운은 단어의 뜻을 구분하는 힘이 있지만, 한 음운에 속하는 음성은 단어의 뜻을 구분하는 힘이 없다.

(4) (물 : 불), (물 : 말)

'물(水)'과 '불(火)'은 자음 음소인 /ㅁ/과 /ㅂ/의 차이로써 단어의 뜻이 분화되었으며, '물(水)'과 '말(言)'은 모음 음소인 /ㅜ/와 /ㅏ/의 차이로써 단어의 뜻이 분화되었다.[2)

이처럼 음소는 단어의 뜻을 분화하지만, 한 음소에 속하는 음성들은 단어의 뜻을 분화시키는 힘이 없다.

(5) ㄱ. 바보 : [pabo] — [babo]
ㄴ. 도다리: [todaɾi] — [dodaɾi]

(ㄱ)에서 '바보'를 [pabo] 대신에 [babo]로 발음하거나 '도다리'를 [todaɾi] 대신에 [dodaɾi]로 발음하여도, 우리나라 사람은 이들을 다른 단어로 인식하지는 않는다.

셋째, 한 음소에 속하는 음성들은 그것이 나타날 수 있는 음성적인 위치(분포)가 다르지만, 개개의 음소들은 동일한 위치에 나타날 수 있다.

(6) ㄱ. 바둑 [paduk˺], 안부 [anbu], 장갑 [tɕaŋkap˺]
ㄴ. 다리 [taɾi], 달 [tal]

---

1) 우리나라 사람은 [t]와 [tʰ]의 소리를 각각 별개의 음소로 인식하는 반면에, 미국 사람은 이 두 소리를 같은 소리(변이음)로 인식하는 것이다. 이와는 달리 미국 사람은 [ɾ]과 [l]을 각각 별개의 음소로 인식하지만 우리나라 사람은 이 두 소리를 같은 소리로 인식하고 있다.

2) '물'과 '불'이나 '물'과 '말', '가다'와 '기다'처럼 동일한 위치에 나타나는 하나의 음소로써 말의 뜻이 달라진 단어의 쌍을 **'최소 대립쌍**(minimal pair)'이나 **'준동음어**(準同音語, quasi-homonyme)'라고 한다. '최소 대립쌍'을 확인할 때에는 음소의 수가 서로 같은 단어끼리 비교해야 하며, '자음, 단모음, 반모음, 운소' 등의 동일한 음운 단위끼리 비교해야 한다.

(ㄱ)에서 [p]와 [b]와 [p˺]는 그것이 실현되는 음성적인 위치가 각각 다르다. 곧 무성의 외파음인 [p]는 '바둑'의 'ㅂ'처럼 단어의 첫머리에 실현되며, 유성의 외파음인 [b]는 '안부'의 'ㅂ'처럼 유성음과 유성음 사이에서만 실현되며, 무성의 미파음인 [p˺]는 '장갑'의 종성 'ㅂ'처럼 음절의 끝에서만 실현된다. [p]와 [b]와 [p˺]는 그것이 실현되는 위치가 각각 정해져 있어서 같은 자리에서 실현되는 일이 없다.[3] 그리고 '다리[tari]'와 '달[tal]'에서 'ㄹ'은 각각 탄설음(彈舌音)인 [ɾ]과 설측음(舌側音)인 [l]로 다르게 발음된다.[4] 이들 중 [ɾ]의 음성은 모음과 모음 사이에서 실현되고 [l]은 음절의 끝에서 발음된다.

하나의 음소에 속하는 음성들이 서로 다른 위치에서만 나타나는 데에 반하여, 개개의 음소는 동일한 위치에서 나타날 수 있다.

(7) ㄱ. 불(火) : 뿔(角) : 풀(草) cf. ㅂ /p/ : ㅃ /p'/ : ㅍ /pʰ/
ㄴ. 물(水) : 말(馬) cf. ㅜ /u/ : ㅏ /a/
ㄷ. 감(柿) : 간(肝) : 각(各) : 강(江) cf. ㅁ /m/ : ㄴ /n/ : ㄱ /k/ : ㅇ /ŋ/

(ㄱ)의 '불, 뿔, 풀'에서 /ㅂ/, /ㅃ/, /ㅍ/의 음소는 모두 음절의 첫자리에 실현되었으며, (ㄴ)의 '물'과 '말'에서 /ㅜ/와 /ㅏ/의 음소는 모두 음절의 가운뎃자리에 실현되었다. 그리고 (ㄷ)의 '감, 간, 각, 강'에서 /ㅁ/, /ㄴ/, /ㄱ/, /ㅇ/의 음소들은 모두 음절의 끝자리에 실현되었다.

위에서 살펴본 '차이의 인식', '뜻의 분화', '분포'의 세 가지 특성은 서로 밀접하게 관련되어 있다.

	차 이	뜻 분화	분 포
개별 음소	차이를 인식	단어의 뜻 분화	동일한 분포
한 음소에 속한 음성	차이를 인식하지 못함	단어의 뜻 미분화	상보적 분포

〈표 1〉 음소와 음성의 차이

언중들이 바로 구분해 내지 못하는 소리(음성)들은 그 분포가 상보적이며, 단어의 뜻을

3) 이처럼 각 음성이 나타나는 자리가 배타적인 것을 가리켜서 서로 '**배타적 분포**(排他的 分布)', 또는 '**상보적 분포**(相補的 分布, complementary distribution)'라고 한다.

4) 탄설음(彈舌音, flap)인 [ɾ]은 혀끝으로 윗잇몸을 가볍게 한 번 쳐서 내는 소리이다. 반면에 설측음(舌側音, lateral)인 [l]은 혀끝을 윗잇몸에 아주 붙이고, 혀 양쪽의 트인 데로 날숨을 흘려 내는 소리이다.

분화하지 못한다. 반면에 언중들이 구분할 수 있는 소리(음운)들은 그 분포가 동일하며, 단어 속의 특정한 자리에서 실현되어서 단어의 뜻을 분화할 수 있다.

〈음운의 종류〉 단어의 뜻을 구별해 주는 최소의 단위인 '**음운**(音韻)'은 소리의 성질에 따라서 음소와 운소로 나눈다. 여기서 '**음소**(音素, phoneme)'는 자음과 모음과 같은 분절적(分節的)인 음운이며, '**운소**(韻素, prosodeme)'는 장단(길이, 長短), 고저(높낮이, 高低), 강세(세기, 强勢), 억양(抑揚) 등의 초분절적인 음운이다.

(8) 음운 ─┬─ 음소(분절적 음운) : 자음, 모음
　　　　　└─ 운소(비분절적 음운) : 장단, 고저, 강세, 억양

이들 음운 중에서 현대 국어에서는 자음과 모음 등의 음소와 장단의 운소가 단어의 뜻을 구분하는 기능을 한다.

(다) 음소와 변이음

음운은 음운론적 환경에 따라서 여러 가지 음성으로 실현될 수 있다. 예를 들어서 국어에서 /ㄱ/의 음소는 그것이 실현되는 환경에 따라서 세 가지 종류의 음성으로 실현된다.

(9) '가곡' — [kagok˺]

'가곡'에서 /ㄱ/의 음소는 단어의 첫머리에서는 [k]로, 유성음 사이에서는 [g]로, 단어의 끝에서는 [k˺]로 실현된다. 곧 국어의 음성 [k]와 [g]와 [k˺]는 서로 배타적인 분포를 하면서 단어의 뜻을 분화하는 데에 기여하지 못하므로, [k]와 [g]와 [k˺]는 독립된 음운이 아니라 하나의 음운인 /k/의 변이음(變異音, allophone)이 된다. 이와 같은 현상을 역으로 말하면, 특정한 음운은 그것을 구성하고 있는 변이음의 집합으로 볼 수 있다.

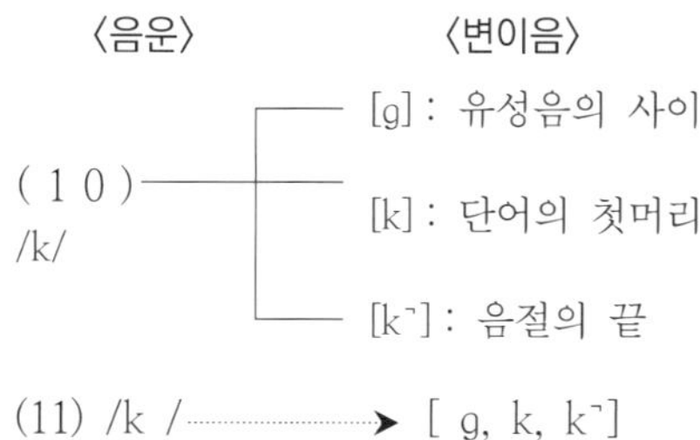

(11) /k/ ········➤ [g, k, k˺]

하나의 음소인 /k/는 그것이 쓰이는 환경에 따라서 [g], [k], [k˺]의 음성으로 실현되는데, 이들 음성을 음소 /k/의 변이음이라고 한다.5) 곧 변이음은 언중의 머릿속에 존재하는 추상적인 단위인 음소가 실제로 쓰이는 환경에 따라서 다르게 실현된 음성으로 생각할 수 있다.

음운은 변이음의 묶음이므로 음운을 표기할 때에는 (11)처럼 변이음(음성)을 묶어서 [k, g, k˺]과 같은 방법으로 표기한다. 그런데 이러한 방식으로 음소를 표시하면 [ ] 안에 들어갈 변이음의 수가 많아서, 음소를 기술할 때에 번거로워질 수가 있다. 음운론에서는 이러한 번거로움을 피하기 위해서 변이음 중에서 하나의 '대표음'을 선정하여 / / 안에 넣어서 음소를 표기하는 방법을 취한다. 이때 대표음은 변이음들 가운데에서 쓰이는 빈도가 가장 높은 것을 선택하게 된다. 예를 들어서 'ㄱ'의 음소는 [g, k, k˺] 중에서 그것이 쓰이는 환경이 덜 제한된 [k]로 정하여서 /k/로 표시한다.

2.1.2. 모음의 체계

허파에서 나는 날숨이 입안에서 아무런 장애를 받지 않고 목청(성대) 사이를 지나면서, 목청이 떨어 울리면서 나는 소리를 '**모음**(母音, vowel)'이라고 한다.

(가) 모음의 분류

'모음'은 공기가 혀의 위치나 입술의 모양에 따라서 각각 다르게 형성된 입안(구강)을 통과하면서 공명이 일어나서 여러 가지의 모음으로 분화된다. 곧, 모음에는 발음하는 도중에 입술이나 혀가 고정되어서 움직이지 않는 '**단모음**(單母音, monophthong)'과, 발음하는 도중에 혀가 일정한 자리에서 시작하여 다른 자리로 옮겨 가는 '**이중 모음**(二重母音, diphthong)'이 있다. 국어의 모음 중에서 단모음과 이중 모음의 예를 보이면 다음과 같다.

(12) ㄱ. 단 모 음(10개) : /ㅣ/, /ㅔ/, /ㅐ/, /ㅟ/, /ㅚ/ ; /ㅡ/, /ㅓ/, /ㅏ/ ; /ㅜ/, /ㅗ/
ㄴ. 이중 모음(11개) : /ㅑ/, /ㅕ/, /ㅛ/, /ㅠ/, /ㅒ/, /ㅖ/ ; /ㅘ/, /ㅝ/, /ㅙ/, /ㅞ/ ; /ㅢ/6)

(ㄱ)의 모음은 모두 발음할 때에 발음 기관의 움직임이 처음이나 나중에도 그대로 유지

5) [k], [g], [k˺]의 세 가지 음성이 나타나는 분포를 '상보적 분포(相補的 分布)' 혹은 '배타적 분포(排他的 分包)'라고 한다.

6) 단, 〈표준 발음법〉에 따라서 'ㅟ'를 단모음인 /ø/로 처리하여 이중 모음의 목록에서 제외했다. 'ㅟ'를 이중 모음으로 처리하면 /wi/로 발음되며, 이중 모음의 수는 12개가 된다.

되는 단모음이다. 반면에 (ㄴ)의 모음은 처음에는 반모음인 /j/나 /w/, /ɰ/의 모양으로 소리를 내다가 나중에는 단모음으로 내는 이중 모음이다.

(나) 단모음의 체계

〈 단모음의 체계 〉 사람이 인식하는 소리인 음소 단계에서 국어의 단모음은 서로 대립하는 체계를 이룬다. 곧 국어의 단모음은 '혀의 최고점의 높이'를 기준으로 삼으면 '고모음, 중모음, 저모음'으로 대립하며, '혀의 최고점의 앞뒤'를 기준으로 삼으면 '전설 모음'과 '후설 모음'으로 대립한다. 그리고 전설 모음과 후설 모음은 입술의 모양에 따라서 각각 '평순 모음'과 '원순 모음'으로 대립한다. 이러한 단모음의 체계를 반영하여 음소 단계에서 모음이 대립하는 양상을 제시하면 〈표 2〉와 같다.(단모음, 총 10개)

혀의 위치 / 혀의 높이	전 설 모 음		후 설 모 음	
	평 순	원 순	평 순	원 순
고 모 음	/ㅣ/ /i/	/ㅟ/ /y/	/ㅡ/ /ɨ/	/ㅜ/ /u/
중 모 음	/ㅔ/ /e/	/ㅚ/ /ø/	/ㅓ/ /ə/	/ㅗ/ /o/
저 모 음	/ㅐ/ /ɛ/		/ㅏ/ /a/	

〈표 2〉 국어 단모음 음소의 대립 관계

〈표 2〉를 통해서 단모음이 서로 대립하는 양상을 확인할 수 있다. 첫째로 /ㅣ/는 전설 고모음이면서 평순 모음이다. /ㅣ/는 먼저 혀의 최고점의 높이를 기준으로 중모음인 /ㅔ/나 저모음인 /ㅐ/와 대립한다. 그리고 /ㅣ/는 혀의 최고점의 앞뒤를 기준으로 후설 모음인 /ㅡ/와 대립하며, 입술 모양으로는 원순 모음인 /ㅟ/와 대립한다. 둘째로 /ㅗ/는 후설 중모음이면서 원순 모음이다. /ㅗ/는 먼저 최고점의 높이를 기준으로 고모음인 /ㅜ/와 대립한다. 그리고 /ㅗ/는 최고점의 앞뒤를 기준으로는 /ㅚ/와 대립하며, 입술 모양으로는 평순 모음인 /ㅓ/와 대립한다.

〈 /ㅓ/의 변이음 〉 국어의 모음 음소는 일반적으로 변이음이 실현되지 않는다. 그러나 모음의 중에 /ㅓ/에는 두 가지의 변이음이 있다. 곧 짧게 발음되는 /ㅓ/는 [ʌ]로 실현되며 길게 발음되는 /ㅓ/는 [əː]로 실현되는데, /ㅓ/의 대표음은 [əː]이다.

(13) ㄱ. [ʌ] : 거리, 어머니, 먹어, 너, 머리, 더욱

ㄴ. [əː] : 멀다, 넘다, 널, 덥다

(ㄱ)의 단어에서 /ㅓ/는 짧게 발음되는 [ʌ]로 실현되며, (ㄴ)의 단어에서 /ㅓ/는 길게 발음되는 [əː]로 실현된다.

(다) 이중 모음의 체계

모음 중에는 혀가 일정한 자리에서 다른 자리로 옮겨 가면서 발음되는 소리가 있는데, 이를 '이중 모음(二重母音, diphthong)'이라고 한다.

(14) ㄱ. /ㅑ/, /ㅕ/, /ㅛ/, /ㅠ/, /ㅒ/, /ㅖ/
ㄴ. /ㅘ/, /ㅝ/, /ㅙ/, /ㅞ/
ㄷ. /ㅢ/

(14)의 소리들은 처음에는 /j/나 /w/, /ɯ/의 '반모음'의 모양으로 소리를 내다가 나중에는 단모음으로 내는 이중 모음이다. 현대 국어의 이중 모음은 단모음에 덧붙은 반모음에 따라서 세 가지 유형으로 나뉜다.

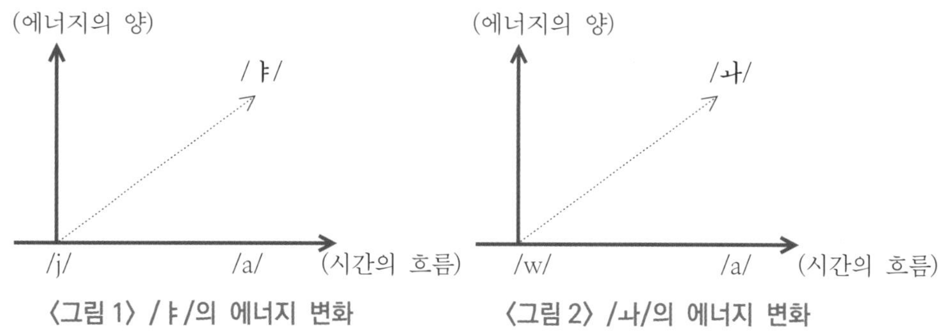

〈그림 1〉 /ㅑ/의 에너지 변화 **〈그림 2〉 /ㅘ/의 에너지 변화**

국어의 이중 모음은 모두 11개인데, 반모음의 종류에 따라서 세 가지 유형으로 나뉜다. 첫째, '**ㅣ계 이중 모음**'인 /ㅑ/, /ㅕ/, /ㅛ/, /ㅠ/, /ㅒ/, /ㅖ/는 처음에는 /j/의 입 모양을 하고 있다가 나중에는 각각 /ㅏ/, /ㅓ/, /ㅗ/, /ㅜ/, /ㅐ/, /ㅔ/의 입 모양으로 옮겨 가면서 내는 '상향 이중 모음'이다. 둘째, '**ㅗ/ㅜ계 이중 모음**'인 /ㅘ/, /ㅝ/, /ㅙ/, /ㅞ/는 처음에는 /w/의 입 모양을 하고 있다가 나중에는 /ㅏ/, /ㅓ/, /ㅐ/, /ㅔ/의 입 모양으로 옮겨 가면서 내는 '상향 이중 모음'이다. 셋째, **/ㅢ/**도 이중 모음으로 발음된다. /ㅢ/는 반모음인 /ɯ/으로 시작하여 단모음인 /ㅣ/로 발음되는 '상향 이중 모음'인 /ɯi/로 보기도 하고, 단모음인 /ㅡ/로 발음한 뒤에 반모음인 /j/로 발음하는 '하향 이중 모음'인 /ɨj/로 보기도 한다.

2.1.3. 자음의 체계

'자음(닿소리)'은 발음할 때에 목 안이나 입안의 어느 부분이 막히거나 좁혀지거나 하여, 밖으로 나가는 공기의 흐름이 장애를 받아서 나는 소리이다.

(15) ㄱ. /ㅂ/, /ㄷ/, /ㄱ/, /ㅅ/, /ㅈ/, /ㅎ/ [예사소리]
ㄴ. /ㅃ/, /ㄸ/, /ㄲ/, /ㅆ/, /ㅉ/ [된소리]
ㄷ. /ㅍ/, /ㅌ/, /ㅋ/, /ㅊ/ [거센소리]
ㄹ. /ㅁ/, /ㄴ/, /ㅇ/ [비음]
ㅁ. /ㄹ/ [유음]

〈표준 발음법〉의 제2항에서는 표준어에서 나타나는 자음의 음소를 모두 19개로 정했다.

자음 음소 19개는 각각 여러 가지의 변이음으로 실현될 수 있다. 자음의 음소는 '소리를 내는 방법(조음 방법)'과 '소리를 내는 자리(조음 위치)', 그리고 '소리의 세기'에 따라서 분류할 수 있다. 여기서는 조음 방법을 중심으로 하여, 자음 음소들의 변이음들과 그것이 실현되는 음운적 환경을 살펴보면 다음과 같다.(허웅 1984:71 참조)

〈예사소리〉 예사소리로 나는 자음 음소로는 /ㅂ, ㄷ, ㄱ, ㅅ, ㅈ, ㅎ/ 등이 있다.

ⓐ **/ㅂ/** : /ㅂ/은 음운론적인 환경에 따라서 [p], [b], [β], [p˺]의 변이음으로 실현되는데, /ㅂ/의 대표음은 파열음으로 나는 입술소리 [p]이다.

(16) /p/
- 첫소리(초성)
  - 유성음 사이[7] —— [b/β] : 우비, 갈비, 곰보
  - 단어의 첫머리 —— [p] : 바다, 비
- 끝소리(종성) —— [p˺] : 입, 갑, 입속, 굽다

ⓑ **/ㄷ/** : /ㄷ/은 음운론적인 환경에 따라서 [t], [d], [t˺]의 변이음으로 실현되는데, /ㄷ/의 대표음은 파열음으로 나는 잇몸소리 [t]이다.

(17) /t/
- 첫소리
  - 유성음 사이 —— [d] : 바다, 인두, 돌다리
  - 단어의 첫머리 —— [t] : 돌, 담
- 끝소리 —— [t˺] : 낟, 받고, 맏배

7) 이 환경에서 /ㅂ/은 '우비, 갈비, 곰보'처럼 두 입술 사이에서 마찰음인 [β]로 발음될 수도 있다.

ⓒ **/ㄱ/** : /ㄱ/은 음운론적인 환경에 따라서 [k], [g], [ɣ], [k˺]의 변이음으로 실현되는데, /ㄱ/의 대표음은 파열음으로 나는 여린입천장소리 [k]이다.

(18) /k/ ─ 첫소리 ─ 유성음 사이[8] ──── [g] : 아기, 당구, 살구
　　　　　　　　 └ 단어의 첫머리 ──── [k] : 가다, 고리, 구슬
　　　 └ 끝소리 ──────────── [k˺] : 박, 먹다

ⓓ **/ㅅ/** : /ㅅ/은 음절의 첫소리(초성)에만 나타나며, 음운론적인 환경에 따라서 [s], [ɕ]의 변이음으로 실현된다. /ㅅ/의 대표음은 마찰음으로 나는 잇몸소리 [s]이다.

(19) /s/ ─ /ㅣ/의 앞 ──────── [ɕ] : 신, 실, 시름, 잠시
　　　 └ 그 밖의 자리 ────── [s] : 술, 사람, 서리, 스승, 잔소리, 쉽다

ⓔ **/ㅈ/** : /ㅈ/은 음절의 첫소리(초성)에만 나타나고, 음운론적인 환경에 따라서 [tɕ], [dʑ]의 변이음으로 실현된다. /ㅈ/의 대표음은 파찰음으로 나는 센입천장소리 [tɕ]이다.[9]

(20) /tɕ/ ─ 유성음 사이 ─────── [dʑ] : 가지, 비지, 아주, 반지, 감자
　　　 └ 단어의 첫머리 ────── [tɕ] : 자다, 주다

ⓕ **/ㅎ/** : /ㅎ/은 마찰이 일어나는 조음 위치가 분명하지 않는 것이 특징이다. 곧, 음운론적 환경에 따라서 [h], [ɦ], [ç], [ɸ], [x]의 변이음으로 실현되는데 대표음은 [h]이다.

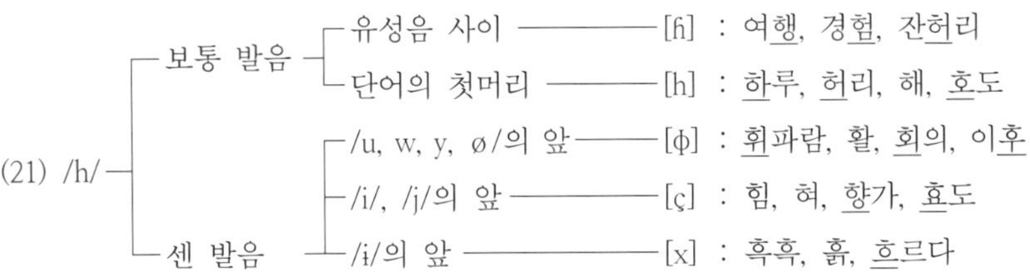

8) '아기'와 '살구'처럼 유성음과 유성음의 사이에서는, /ㄱ/은 여린입천장에서 마찰음으로 나는 [ɣ]로 수의적으로 발음될 수도 있다.

9) /ㅈ/의 변이음인 [tɕ], [dʑ]은 센입천장(prepalatal)에서 소리나는 파찰음이다. 그런데 /ㅈ/를 수의적으로 잇몸의 뒤(postalveolar)에서 발음하는 수도 있는데, 이때에는 유성음 사이에서는 유성음인 [ʤ]으로 발음되고, 그 밖의 자리에서는 무성음인 [ʧ]로 발음된다.

/ㅎ/은 보통의 발음으로 단어의 첫머리에서는 [h]으로 실현되며, 유성음과 유성음의 사이에서는 [ɦ]으로 실현된다. 그리고 말을 분명하게 발음하려고 할 때에는, 공깃길이 좁은 모음 /ㅣ/나 반모음 /j/ 앞에서는 [ç]로 실현되며, 두 입술 사이에서 공기길이 좁은 모음 [u, w, y, ø]의 앞에서는 [ɸ]로 실현되기도 한다.

〈된소리〉 된소리로 발음되는 자음 음소로는 /ㅃ, ㄸ, ㄲ, ㅆ, ㅉ/ 등이 있다.

이들 된소리는 모두 음절의 첫소리(초성)로만 실현되고, 끝소리(종성)로는 실현되지 않는 것이 특징이다. 된소리는 /ㅆ/을 제외하면 특별한 변이음이 나타나지 않는다.

(22) ㄱ. /ㅃ/ → [p']: 뿔, 빨래, 빼다, 이빨, 예쁘다, 바쁘다
ㄴ. /ㄸ/ → [t']: 또래, 땅, 떫다, 이따금, 빠뜨리다
ㄷ. /ㄲ/ → [k']: 까다, 꿈, 깨다, 가깝다, 어깨, 토끼

(23) ㄱ. /ㅆ/ → [s']: 싸리, 싸움, 댑싸리, 부썩 [일반적 환경]
ㄴ. /ㅆ/ → [ɕ']: 씨름, 씨, 솜씨, 씹다, 아씨 [/ㅣ/의 앞]

(24) /ㅉ/ → [tɕ']: 가짜, 쭈꾸미, 쪽, 반쪽

(22)의 /ㅃ/, /ㄸ/, /ㄲ/는 된소리로 발음되는 파열음이다. 먼저 /ㅃ/은 (ㄱ)처럼 입술소리인 [p']로 실현되며, /ㄸ/은 (ㄴ)처럼 잇몸소리인 [t']로 실현된다. 그리고 /ㄲ/은 (ㄷ)처럼 여린입천장소리인 [k']로 실현된다. (23)의 /ㅆ/은 잇몸소리의 마찰음이다. /ㅆ/은 모음 /ㅣ/의 앞에서는 [ɕ']로 실현되고, 그 밖의 음운론적 환경에서는 [s']로 실현된다. (24)의 /ㅉ/는 파찰음으로 나는 센입천장소리인 [tɕ']로만 실현된다.

〈거센소리〉 거센소리로 발음되는 자음 음소로는 /ㅍ, ㅌ, ㅋ, ㅊ/이 있다. 이들 거센소리는 모두 음절의 첫소리(초성)로만 실현되고 끝소리(종성)로는 실현되지 않는다. 이들 거센소리의 자음 음소는 특별한 변이음으로 실현되지도 않는다.

(25) ㄱ. /ㅍ/ → [pʰ] : 팔, 퍼렇다, 콩팥, 왼팔, 원판
ㄴ. /ㅌ/ → [tʰ] : 탈, 통, 배탈, 손톱, 무영탑, 사투리
ㄷ. /ㅋ/ → [kʰ] : 칼, 콩, 캐다, 비키다, 케케묵다
ㄹ. /ㅊ/ → [tɕʰ] : 철, 차다, 채다, 출추다, 까치

(25)의 /ㅍ/, /ㅌ/, /ㅋ/, /ㅊ/는 파열음이다. 먼저 /ㅍ/는 (ㄱ)처럼 입술소리인 [pʰ]로 실현

되며, /ㅌ/은 (ㄴ)처럼 잇몸소리인 [t^h]로 실현된다. 그리고 /ㅋ/은 (ㄷ)처럼 여린입천장소리인 [k^h]로 실현되며, /ㅊ/은 센입천장의 파찰음인 [$tɕ^h$]로 실현된다.

〈비음〉 비음으로 발음되는 자음의 음소로는 /ㅁ/, /ㄴ/, /ㅇ/이 있다.

ⓐ **/ㅁ/** : /ㅁ/은 입술에서 발음되는 비음인데, 다른 변이음으로는 실현되지 않고 [m]으로만 실현된다.

(26) /ㅁ/ → [m] : 마음, 문, 밀다, 당면, 앞문

ⓑ **/ㄴ/** : /ㄴ/은 잇몸에서 발음되는 비음으로 /ㅣ/와 /j/ 앞에서는 [ɲ]로 실현되며, 그 밖의 환경에서는 [n]으로 실현된다. /ㄴ/의 대표음은 /n/이다.

(27) /n/ ─┬─ /ㅣ/와 /j/의 앞 ──────── [ɲ] : 크냐, 오니, 작년, 얌냠하다, 방뇨
　　　　　└─ 그 밖의 환경 ──────── [n] : 나, 너, 노, 누구, 잔, 신문, 바늘

ⓒ **/ㅇ/** : /ㅇ/은 음절의 첫머리(초성)에는 나타나지 않고, 음절의 끝자리(종성)에서만 [ŋ]으로 실현된다. 음소 /ㅇ/은 별도의 변이음이 없다.

(28) /ㅇ/ → [ŋ] : 강, 당구, 콩, 뻥, 장마

〈유음〉 유음으로 발음되는 자음의 음소에는 /ㄹ/이 있다. /ㄹ/은 서양의 외래어에서 실현된 것을 제외하면 국어에서는 단어의 첫머리에서 나타나지 않는다. /ㄹ/은 음운론적 환경에 따라서 [ɾ], [l], [ʎ]으로 실현되는데, /ㄹ/의 대표음은 [l]이다.

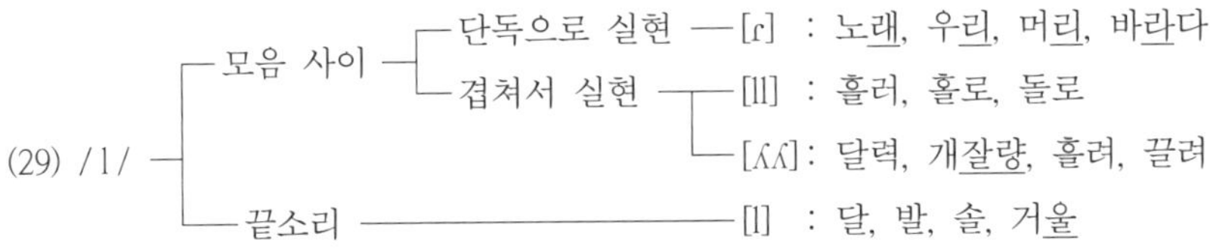

첫째, /ㄹ/은 모음 사이에서 음절의 첫소리로서 [ɾ]로 실현되며, 둘째, 모음 사이에서 'ㄹㄹ'로 겹쳐서 [ll]로 실현되거나 음절의 끝소리로서 [l]로 실현된다. 셋째, /ㄹ/이 모음과 /ㅣ, j/의 사이에서, /ㄹㄹ/로 겹쳐서 나타나면 [ʎʎ]로 실현된다.

조음의 위치와 조음의 방법으로 설정한 자음의 음소 체계는 〈표 3〉과 같다.(총 19개)[10]

<table>
<tr><td colspan="3" rowspan="2">조음 위치
조음 방법</td><td>입술소리</td><td>잇몸소리</td><td>센입천장소리</td><td>여린입천장소리</td><td>목청소리</td></tr>
<tr><td>윗입술
↕
아랫입술</td><td>윗잇몸
↕
혀끝</td><td>센입천장
↕
혓바닥</td><td>여린입천장
↕
혀뒤</td><td>목청 사이</td></tr>
<tr><td rowspan="8">장애음</td><td rowspan="3">파열음</td><td>예사소리</td><td>ㅂ /p/</td><td>ㄷ /t/</td><td></td><td>ㄱ /k/</td><td rowspan="3"></td></tr>
<tr><td>된 소 리</td><td>ㅃ /p'/</td><td>ㄸ /t'/</td><td></td><td>ㄲ /k'/</td></tr>
<tr><td>거센소리</td><td>ㅍ /p^h/</td><td>ㅌ /t^h/</td><td></td><td>ㅋ /k^h/</td></tr>
<tr><td rowspan="3">파찰음</td><td>예사소리</td><td></td><td></td><td>ㅈ /tɕ/</td><td></td><td rowspan="3"></td></tr>
<tr><td>된 소 리</td><td></td><td></td><td>ㅉ /tɕ'/</td><td></td></tr>
<tr><td>거센소리</td><td></td><td></td><td>ㅊ /tɕ^h/</td><td></td></tr>
<tr><td rowspan="2">마찰음</td><td>예사소리</td><td></td><td>ㅅ /s/</td><td></td><td></td><td rowspan="2">ㅎ /h/</td></tr>
<tr><td>된 소 리</td><td></td><td>ㅆ /s'/</td><td></td><td></td></tr>
<tr><td rowspan="2">공명음</td><td colspan="2">비 음</td><td>ㅁ /m/</td><td>ㄴ /n/</td><td></td><td>ㅇ /ŋ/</td><td rowspan="2"></td></tr>
<tr><td colspan="2">유 음</td><td></td><td>ㄹ /l/</td><td></td><td></td></tr>
</table>

〈표 3〉 자음의 음소 체계

2.1.4. 운소의 체계

(가) 운소의 개념

자음과 모음의 음소는 도막도막으로 끊어서 발음할 수 있으므로 '**분절음**(分節音, segmental)'이라고 한다. 그런데 비분절적인 소리도 단어의 뜻을 분화할 수 있는데, 이러한 소리를 '**운소**(韻素, suprasegmental features)'라고 한다. 운소의 종류로는 소리의 '장단, 고저, '억양' 등이 있다. 운소는 단독으로는 실현되지 않으며 반드시 모음과 함께 실현되어야 하는 특징이 있다.

(30) ㄱ. (目) /눈/ — /눈:/ (雪)
　　ㄴ. (馬) /말/ — /말:/ (言)
　　ㄷ. (夜) /밤/ — /밤:/ (栗)

10) '**장애음**(障礙音, obstruent)'은 공기의 흐름이 완전히 폐쇄되거나 또는 좁은 틈 사이로 마찰을 일으키는 과정을 거치면서 발음되는 소리인데, '파열음, 마찰음, 파찰음'이 장애음이다. '**공명음**(共鳴音, sonorant)'은 성대를 떨게 한 공기가 구강이나 비강으로 흘러 나갈 때에 입안에서 장애를 받지 않고 나는 소리인데, 모음을 비롯하여비음과 유음의 자음은 장애음이다.

(30)의 단어는 자음과 모음은 모두 동일하지만 모음의 길이를 기준으로 '최소 대립쌍(最小 對立雙, minimal pair)'을 형성하여 단어의 의미가 분화되었다. 이처럼 운소는 비록 단어나 문장의 뜻을 분화하는 데에 관여하기도 하고, 정서적인 의미를 더하거나 잉여적으로 쓰이기도 한다.[11] 음운론에서는 특히 운소가 어휘적인 대립에 이용되어서 단어의 뜻을 분화하거나, 운소가 통사적인 대립에 이용되어서 문법적인 뜻을 분화하는 데에 관여하는 현상에 관심을 둔다.

(나) 운소의 종류

단어의 실질적인 뜻이나 문법적인 뜻을 분화하는 데에 관여하는 운소의 종류로는 소리의 '길이(장단, 長短)', '높이(고저, 高低)', '억양(抑揚)' 등이 있다.

〈 길이 〉 국어에서 '소리의 길이(長短, length)'는 하나의 모음을 소리 내는 데에 걸리는 시간인데, 음소와 마찬가지로 말의 뜻을 분화하는 데에 중요한 구실을 할 수 있다.

국어의 〈표준 발음법〉의 제6항에 따르면, "모음의 장단을 구별하여 발음하되, 단어의 첫음절에서만 긴소리가 나타나는 것을 원칙으로 한다."라고 규정했다.

(31) ㄱ. (馬, 斗) [말] ⇔ [말:] (言)
ㄴ. (罰) [벌] ⇔ [벌:] (蜂)
ㄷ. (松) [솔] ⇔ [솔:] (刷)
ㄹ. (成人) [성인] ⇔ [성:인] (聖人)
ㅁ. (父子) [부자] ⇔ [부:자] (富者)

(31)의 단어는 첫음절의 모음이 긴소리와 짧은소리로 대립하면서 의미가 분화되었는데, 〈표준 발음법〉의 제6항에 따르면, 둘째 음절 이하에서는 긴소리로 발음하지 않는다.

(32) ㄱ. 눈보라[눈 : 보라], 말씨[말 : 씨], 밤나무[밤 : 나무]
ㄴ. 많다[만 : 타], 멀리[멀 : 리], 벌리다[벌 : 리다]

(33) ㄱ. 첫눈[천눈], 참말[참말], 쌍동밤[쌍동밤]
ㄴ. 수많이[수 : 마니], 눈멀다[눈멀다], 떠벌리다[떠벌리다]

11) '잘한다'를 '자알한다'와 같이 발음하여서 반어적인 뜻을 표현하거나, '좋지'를 '조오치'로 발음하여서 상대방의 의견에 매우 동의한다는 정서인 의미를 나타내기도 한다.

(32)에서 '눈보라, 말씨, 밤나무; 많다, 멀리, 벌리다'와 같이 첫음절에서는 긴소리로 발음되는 단어들이, (33)의 '첫눈, 참말, 쌍동밤, 수많이, 눈멀다, 떠벌리다'처럼 둘째 음절 이하에 위치하면 짧은소리로 바뀌는 것이 특징이다.

〈높이〉 '**소리의 높이**(高低, pitch)'는 한 단어 안에서 나타나는 소리의 높낮이(高低)를 이르는데, 이러한 소리의 높낮이도 단어의 뜻을 분화할 수 있다. 현재 '소리의 높이'가 운소로써 남아 있는 방언은 경상 방언과 함경 방언인데, 이 중에서 경상 방언에서 나타난 소리의 높이를 예를 들어서 보이면 다음과 같다.(허웅 1986:248 참조)

첫째, 단음절로 이루어진 단어에서 실현된 '소리의 높이'의 예는 다음과 같다.

단어	낮음 [L]	가운데 [M]	높음 [H]
말	말(言)	말(斗)	말(馬)
손	손(孫)	손(手)	손(客)
배	배(倍)	배(腹, 船)	배(梨)
기	게(蟹)	귀(耳)	—
밤	밤(栗)	밤(夜)	—
발	발(簾)	발(足)	—
눈	눈(雪)	눈(目)	—

〈표 4〉 단음절의 단어의 소리 높이

〈표 4〉에서 '말, 손, 배' 등은 '낮은 소리', '가운뎃소리', '높은 소리'로 실현되며, '기(게), 밤, 발' 등은 '낮은 소리'와 '가운뎃소리' 소리로 실현된다.

둘째, 다음절의 단어에서 실현된 '소리의 높이'의 예는 다음과 같다.

(34) ㄱ. [MH]: 바람, 눈썹, 나물, 가을, 다리
ㄴ. [HM]: 하늘, 이름, 얼음, 아들, 머리
ㄷ. [HH]: 피리, 그물, 구름, 가지
ㄹ. [LM]: 사람, 지집(女), 임자, 안개, 서울

(35) ㄱ. [MHM]: 까마구(까마귀), 미나리, 꼬사리(고사리)
ㄴ. [HMM]: 버부리(벙어리), 가무치(가물치), 여드레
ㄷ. [HHM]: 하래비(할아비), 무지개, 코끼리
ㄹ. [LMM]: 굼빙이(굼벵이), 거무리(거머리), 사마구(사마귀)

(34)의 예는 두 음절로 된 단어에서 실현되는 소리의 높이이며, (35)의 예는 세 음절로 된 단어에서 실현되는 소리의 높이이다.

〈억양〉 **'소리의 억양**(抑揚, intonation)'은 소리의 높이가 문장에 실현되어서 문법적인 기능을 발휘하는 것을 이른다. 억양은 대체로 문장의 끝에서 서술어로 표현되는 단어에 얹혀서 나타나는데, 문장의 종결 형식에 따라서 달리 실현된다.

(36) ㄱ. 문을 열어↓ [평서문, 명령문]
ㄴ. 문을 열어↑ [의문문]
ㄷ. 문을 열어→ [이어진 문장의 앞절]

(ㄱ)처럼 평서문과 명령문에서는 문장의 끝이 하강조로 실현되며, (ㄴ)처럼 의문문에서는 상승조로 실현되며, (ㄷ)처럼 이어진 문장의 앞절은 수평조로 실현된다.

(37) ㄱ. 그렇지. ↓↑
ㄴ. 예. ↓↑

문맥이나 발화 상황이 주어지면 하나의 문장이 한 단어로 실현될 수도 있는데, 이때에도 문장의 끝에 실현된 억양에 따라서 문장의 기능이 달라진다. 곧 (ㄱ)에서 '그렇지'는 하강조로 실현되면 평서문이 되고, 상승조로 실현되면 의문문이 된다. 그리고 (ㄴ)에서 '예'도 하강조로 실현되면 상대방의 질문을 긍정적으로 확인하는 데에 반하여, 상승조로 실현되면 상대방의 말에 대하여 '반문(反問)'이나 '놀람'을 표현한다.

2.2. 음절의 체계

2.2.1. 음절의 개념

'음절(音節, syllable)'은 발음할 때에 한 번에 소리를 낼 수 있는 소리의 단위, 혹은 한 뭉치로 이루어진 소리의 낱덩이이다. 곧, 음운이 모여서 이루는 소리의 덩어리 중에서 단독으로 자연스럽게 발음할 수 있는 최소의 소리 단위이다.

(1) ㄱ. 이 도서관에는 책을 읽는 사람이 많다.
ㄴ. /이/도/서/과/네/는/채/글/잉/는/사/라/미/만/타/

(2) 이(/ㅣ/), 도(/ㄷ/+/ㅗ/), 잉(/ㅣ/+/ㅇ/), 글(/ㄱ/+/ㅡ/+/ㄹ/)

(1)에서 (ㄱ)의 문장은 (ㄴ)처럼 15개의 음절 단위로 분석된다. 이러한 음절의 단위는 의미가 고려되지 않은 단위로서, 자음과 모음, 운소가 모여서 형성된다. 예를 들어서 국어의 음절은 (2)의 '이'처럼 모음이 단독으로 이루어지거나, '도'처럼 '자음 + 모음', '잉'처럼 '모음 + 자음', '글'처럼 '자음 + 모음 + 자음'의 짜임으로 이루어진다.

2.2.2. 음절의 구조

음절은 자음과 모음의 결합으로 이루어지는데, 이 중에서 모음은 음절을 이루는 핵심적인 요소이다. 하나의 음절은 음소가 나타나는 위치에 따라서 '초성(初聲, initial), 중성(中聲, medial), 종성(終聲, final)'으로 분석된다. 여기서 초성과 종성을 이루는 음소는 자음(consonant)이며 중성을 이루는 음소는 모음(vowel)이다.

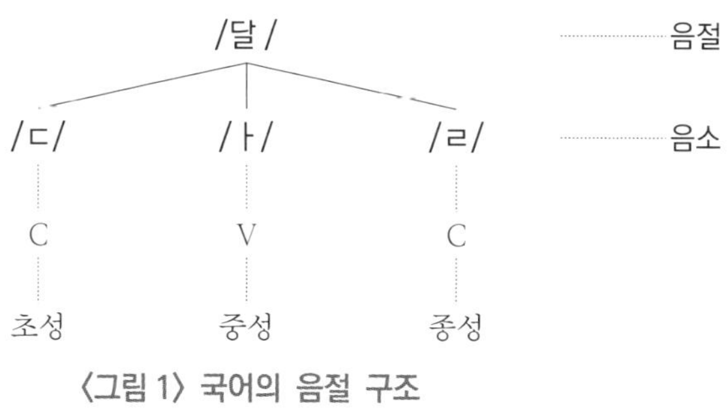

〈그림 1〉 국어의 음절 구조

국어의 음절 구조는 (C)-V-(C)의 구조를 하고 있는데, 이때 C는 자음이며, V는 단모음과 이중 모음을 포함한 모음이다.[12] 여기서 중성인 모음은 음절을 이루는 핵심적인 요소로서, 모음이 없으면 음절이 이루어지지 않는다. 모음에 나타나는 이러한 특성 때문에 중성을 단독으로 음절을 구성할 수 있는 소리로 보아서, 모음을 **'성절음**(成節音, syllabic sound)'이라고 한다.

〈음절의 종류〉 음절은 초성과 중성과 종성이 결합하여서 형성된다. 국어의 음절은 초성·중성·종성이 결합되는 양상에 따라서 'V형, CV형, VC형, CVC형' 등으로 구분된다. (『고등학교 문법』 2010:63)

---

12) 이중 모음에서 반모음(semi-vowel, SV)을 분리하여, 국어의 음절의 구조를 (C)-(SV)-V-(C)로 설정하는 경우도 있다.(임지룡 외 2005:97)

음절의 유형	단모음	이중 모음	음절의 수
V형	/아/, /어/ ; /오/, /우/	/야/, /여/ ; /와/, /워/	21개
CV형	/가/, /거/ ; /고/, /구/	/갸/, /겨/ ; /과/, /궈/	18×21개
VC형	/알/, /얼/ ; /올/, /울/	/얄/, /열/ ; /왈/, /월/	21×7개
CVC형	/갈/, /걸/ ; /골/, /굴/	/걀/, /결/ ; /괄/, /궐/	18×21×7개

〈표 1〉 음절의 유형과 수

먼저, V형은 '아, 어, 오, 우'와 같은 단모음과 '야, 여, 와, 워'와 같은 이중 모음으로 구성되었으며, CV형은 '가, 거, 고, 구; 갸, 겨; 과, 궈'처럼 자음과 모음으로 구성되었다. 그리고 VC형은 '알, 얼, 올, 울; 얄, 열, 왈, 월'처럼 모음과 자음으로 구성되었으며, CVC형은 '갈, 걸, 골, 굴; 걀, 결, 괄, 궐'처럼 자음과 모음과 자음으로 구성되었다.[13)]

〈표준 발음법〉에 따르면 모음은 단모음(10개)과 이중 모음(11개)을 합해서 모두 21개이며, 자음은 19개이다.[14)] 이를 바탕으로 하여 허웅(1984:98)에서는 현대 국어의 입말에서 이론적으로 나타날 수 있는 음절의 종류를 3,520개로 계산했다.[15)] 그러나 '음절의 구조 제약'에 따라서 실제로 현실 국어에서 쓰일 수 없는 음절의 종류를 제외하면, 국어에서 발음될 수 있는 음절의 종류는 모두 3,056개인 것으로 추정한다.(이문규 2013:106) 그러나 '음절 구조 제약'을 고려하더라도 실제로 쓰이는 음절의 종류는 더 적다. 예를 들어서 '볘, 뱨, 뵤, 붸'나 '뎨, 댸, 뎌' 등은 음절 구조의 제약을 준수하고 있지만, 현대 국어에서는 사용되지 않는다. 정철(1962:111)에서는 국어에서 실제로 쓰이는 음절 종류를 1,096개로 잡았다.

{ 소노리티와 음절 }

〈 소노리티 〉 각각의 음성은 듣는 사람의 귀에 이르는 에너지의 양이 다른데, 이처럼 소리가

---

13) 이진호(2012:89)에서는 국어의 음절 유형을 자음(C), 모음(V), 활음(반모음, G)의 결합 방식에 따라서, 다음과 같은 9가지의 유형을 설정했다. 곧, 국어 음절의 유형을 V형(아, 오), CV형(무, 초), GV형(야, 와), VC형(욱, 올), VG형(의), CGV형(혀, 며), CVC형(각, 몸), GVC형(약, 염), CGVC형(향, 멸)으로 나누었다. 이렇게 되면 국어의 음절 구조는 '(C)-(G)-V-(C)'로 표기할 수 있다.(단, '의'는 제외)

14) 자음 음소는 모두 19개인데, 이 중에서 초성으로 쓰이는 자음은 'ㅇ(ŋ)'을 제외하고 18개이다. 그리고 종성으로 쓰이는 자음은 7개(/ㄱ, ㄴ, ㄷ, ㄹ, ㅁ, ㅂ, ㅇ/)이다.

15) 허웅(1984:98)에서는 중성으로 쓰이는 모음의 수를 22개로 보았다.(단모음 10개 와 이중 모음 12개) 이에 따르면 반모음과 단모음이 결합한 이중 모음을 하나의 음소로 처리한 것이다.

나타내는 에너지의 양을 '**소노리티**(sonority, 共鳴度)'라고 한다. 소리의 소노리티(공명도)은 소리가 멀리까지 울리는 성질을 의미한다. 동일한 길이, 강세, 높이로 소리를 낼 경우 공명도가 큰 말소리는 그렇지 않은 말소리보다 더 멀리까지 정확하게 들린다. 입이나 코 또는 성문(聲門)이 더 많이 열리면서 소리를 동반하는 공기의 흐름이 방해를 덜 받기 때문이다.(하호빈 2008 참조.)

유성음	모음	저모음	8도	모음성
		중고 · 중저 모음	7도	↑
		고모음	6도	
	자음	유음(/r/)	5도	
		유음(/l/) 〉 비음	4도	
		마찰음	3도	
		파열음	2도	↓
무성음	자음	파열음, 마찰음	1도	자음성

〈표 1〉 음성의 소노리티 도수

'에스페르센(Otto Jespersen)'은 소노리티의 도수를 [표 1]과 같이 측정하였는데, 여기서 1도의 소리는 에너지가 가장 작은 소리이고 8도의 소리는 에너지가 가장 큰 소리이다.

국어의 '사람이'와 영어의 'animal'을 대상으로 하여, 각 음소의 상대적인 소노리티의 지수를 표기하면 다음과 같다.(허웅 1986:110 참조.)

(1) ㄱ. /사/ - /라/ - /미/ (사람이)
ㄴ. /s/, /a/, /r/, /a/, /m/, /i/
1 8 5 8 4 6

(2) ㄱ. /æ/ - /ni/ - /məl/ (animal)
ㄴ. /æ/, /n/, /i/, /m/, /ə/, /l/
8 4 6 4 7 4

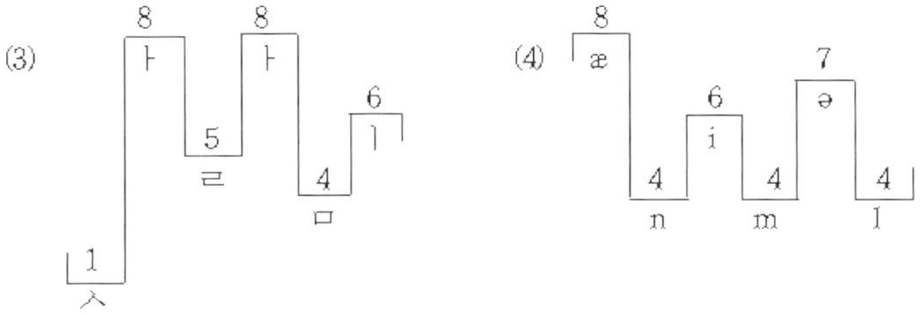

(3)의 /사라미/에서 무성의 마찰음인 /ㅅ/은 1도이며, 유성의 저모음인 /ㅏ/는 8도, 유성의 탄설음인 /ㄹ/은 5도, 유성의 비음인 /ㅁ/은 4도이며, 유성의 고모음인 /ㅣ/는 6도이다. 따라서 /사라미/는 '1도-8도-5도-8도-4도-6도'의 소노리티를 나타낸다. 그리고 (4)에서 /æ, n, i, m, ə, l/의 음소들은 각각 '8도-4도-6도-4도-7도-4도'의 소노리티를 나타낸

다. 여기서 하나의 꼭대기를 중심으로 하여 그 앞이나 뒤, 또는 앞뒤에 골짜기가 이를 에워싸고 있다. 한 꼭대기는 단독으로 또한 몇 개의 골짜기를 더불어서 한 '음절'을 만들게 된다. (3)에서 국어의 /사라미/는 /사/-/라/-/미/처럼 세 개의 음절을 이루며 영어의 'animal'도 /æ/-/ni/-/məl/처럼 세 개의 음절을 이룬다.

이처럼 '소노리티'의 상대적인 차이로써 음절의 개념을 정의하는 것은 객관적이고 간명하기는 하지만, 이러한 설명만으로 모든 언어의 음절의 구조를 설명할 수 있는 것은 아니다. 언어마다 음절을 구성하는 데에 고유한 부차적인 요인이 있어서, 소노리티 이론과 같은 단일한 이론으로써 모든 언어의 음절 구조를 설명하는 데에는 한계가 있다.(허웅 1986:112 참조.)

〈성절음과 비성절음〉 음절 속에서 꼭대기의 소리는 음절을 만드는 중심이 되므로 '성절음(成節音, syllabic sound)'이라고 부르고, 골짜기의 소리를 '비성절음(非成節音, non-syllabic sound)'이라고 부른다. 대체로 보면 모음은 성절음이 되며 자음은 비성절음이 된다. (3)과 (4)에서 /ㅏ/, /ㅏ/, /ㅣ/와 /æ/, /i/, /ə/는 성절음이며 /ㅅ/, /ㄹ/, /ㅁ/와 /n/, /m/, /l/은 각각 비성절음이 된다.

그러나 국어의 /ㅑ/, /ㅕ/ ; /ㅘ/, /ㅝ/나 영어의 'yes ; high, go' 등의 이중 모음을 형성하는 반모음(활음) [j]와 [w]는 반드시 그 앞이나 뒤에 그것보다 소노리티가 더 큰 단모음이 실현된다. 따라서 반모음은 성절음이 되지 못한다.(/ja/, /wa/ ; /jes/, /haj/, /gow/)

〈국어 음절의 구조와 활음〉 국어의 음절 구조는 '(C)-V-(C)'의 구조로 이해하는 것이 일반적인데, 이는 단모음과 이중 모음을 V로 포괄하여 표현한 것이다.

그런데 이중 모음의 짜임새를 활음인 /j, w/와 단모음이 결합된 것으로 볼 수도 있다. 이에 따르면, 첫째로 /ㅑ, ㅕ, ㅛ, ㅠ/는 활음인 /j/와 단모음인 /ㅏ, ㅓ, ㅗ, ㅜ/가 결합된 짜임새로 본다. 둘째로 /ㅘ, ㅝ, ㅙ, ㅞ, ㅟ/는 활음인 /w/와 단모음인 /ㅏ, ㅓ, ㅐ, ㅔ, ㅣ/가 결합된 짜임새로 본다. 셋째 /ㅢ/는 활음인 /ɰ/에 단모음인 /i/가 결합한 것으로 볼 수 있다.

이처럼 이중 모음을 활음인 /j, w/와 단모음이 결합된 짜임새로 본다면, 국어의 기본 음절 구조를 '(C)-(G)-V-(C)'로 설정할 수 있다.[16]

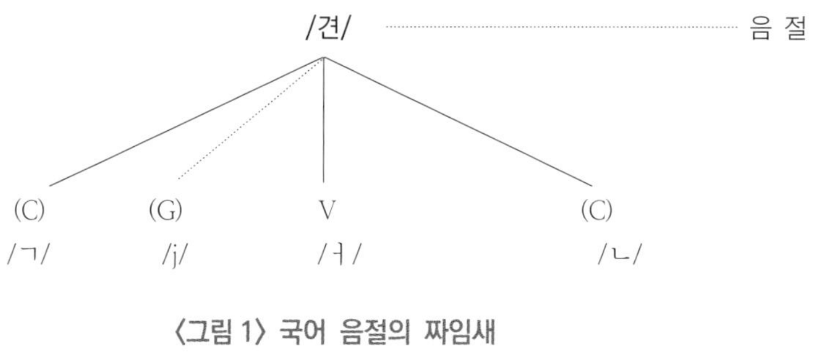

〈그림 1〉 국어 음절의 짜임새

16) C는 자음(consonant)을, V는 모음(vowel)을, G는 '활음(滑音, glide)'을 나타낸다.

제3장 음운의 변동

3.1. 음운 변동의 개념

〈 형태소와 변이 형태 〉 **'형태소**(形態素, morpheme)'는 일정한 소리에 일정한 의미가 맞붙어서 된 '언어 형식(言語 形式, linguistic form)' 중에서 가장 작은 단위를 이른다.

(1) ㄱ. 나는 흰밥을 먹었다.
　 ㄴ. 나-는 희-ㄴ 밥-을 먹-었-다

(1)에서 '나', '-는', '희-', '-ㄴ', '밥', '-을', '먹-', '-었-', '-다' 등은 각각 의미를 가진 최소의 언어적 단위인데, 이러한 언어 단위를 '형태소'라고 한다.

형태소가 구체적인 언어 환경에서 실현되는 각각의 꼴을 **'형태**(形態, morph)'라고 하고, 한 형태소의 모든 형태의 묶음(집합)을 **'변이 형태**(變異形態, allomorph)'라고 한다.

(2) ㄱ. 밭 : 밭+ -을 → [바틀]
　 ㄴ. 밫 : 밭+ -이 → [바치]
　 ㄷ. 받 : 밭+ -도 → [받또], 　 밭#[1] → [받]
　 ㄹ. 반 : 밭+ -만 → [반만]

1) '#'의 기호는 어말(단어의 끝)의 위치를 나타낸다.

형태소 '밭'은 그것이 쓰이는 음성적인 환경에 따라서 {밭, 밫, 받, 반}과 같이 네 가지의 형태가 포함된 변이 형태로 실현된다. 곧, 형태소 '밭' 뒤에 /i/ 이외의 모음이 실현되면 '밭'으로, 그 뒤에 /i/의 모음이 실현되면 '밫'으로 실현된다. 그리고 뒤에 비음(콧소리)을 제외한 자음이 실현되거나 단독으로 발화되면 '받'으로, 뒤에 비음이 실현되면 '반'으로 실현된다. 따라서 '밭'의 변이 형태는 음운론적인 조건에 따라서 {밭, 밫, 받, 반}으로 실현된 것이다.

〈 기본 형태와 변동 〉 한 형태소의 변이 형태가 여러 개 있을 때에 그 형태소의 모든 변이 형태를 다 적으면서 형태소의 문법적 현상을 기술하면 번거로울 수 있다. 예를 들어서 '값'과 '밭'이라는 형태소를 문법적으로 다룰 때에, 이들 형태소의 변이 형태인 {값, 갑, 감}과 {밭, 밫, 받, 반}을 모두 언급하면서 설명한다면 문법적인 기술이 복잡하고 번거롭다. 그러므로 문법 기술을 간편하게 하기 위하여, 여러 가지 변이 형태 중의 한 형태를 '**기본 형태**(대표 형태, basic allomorph)'로 정하여 이것으로 형태소를 대신하게 한다.

이처럼 변이 형태 중에서 특정한 형태를 기본 형태로 정하고 나면 그것이 형태소를 대표하게 된다. 이렇게 되면 형태소의 원래 모습은 기본 형태인데, 그것이 실현되는 음운적인 조건에 따라서 그 형태가 바뀐다고 설명할 수 있다.

(2') {밭}	ㄱ. 밭	／(/ㅣ/ 이외의 모음)	(보기) 밭+-을
	ㄴ. 받	／(비음 이외의 자음, #)	(보기) 밭+-과, 밭#
	ㄷ. 밫	／(/ㅣ/ 모음)	(보기) 밭+-이
	ㄹ. 반	／(비음)	(보기) 밭+-만

'밭(田)'이라는 형태소(기본 형태)는 음운적인 환경에 따라서 /밭/, /받/, /밫/, /반/으로 그 형태가 실현된다. (ㄱ)의 '밭'은 /ㅣ/를 제외한 모음 앞에서는 형태 변화가 없이 /밭/으로 실현된다. 반면에 '밭'은 (ㄴ)처럼 그 뒤에 비음을 제외한 자음이 오거나 혹은 단독으로 쓰이면 /받/으로 실현되며, (ㄷ)처럼 그 뒤에 /ㅣ/ 모음이 오면 /밫/으로 실현되며, (ㄹ)처럼 그 뒤에 비음의 자음이 이어서 나타나면 /반/으로 실현된다. 곧, 형태소와 형태소가 결합하는 과정에서 형태소 '밭'의 종성 /ㅌ/이 그것이 놓인 환경에 따라서 /ㄷ/, /ㅊ/, /ㄴ/ 등의 다른 음운으로 바뀐 것이다.

〈 변동의 개념 〉 형태소가 음운론적 환경에 따라서, 그 형태소의 특정한 음소가 교체(交替, 대치)·탈락(脫落)·축약(縮約)·첨가(添加)되어서 형태소의 꼴이 기본 형태에서 비기본 형태로 바뀌는 현상을 '**음운의 변동**(音韻變動, 음운 현상, phonological alternation)'이라고 한다.

3.2. 음운 변동의 종류

〈변동의 분류 기준〉 '2022년 개정 국어과 교육 과정'의 〈화법과 언어〉에서는 '음운 변동'의 종류로서 '교체, 탈락, 축약, 첨가' 등을 들고 있다. 이는 음운 변동이 일어나기 전의 형태와 일어난 후의 형태를 비교하여 음운의 변동을 분류한 것이다.

(3) ㄱ. 밖# → /박/
ㄴ. 울-+-는 → /우는/
ㄷ. 좋-+-고 → /조코/
ㄹ. 이+몸 → /인몸/

첫째, **'교체(交替)'**는 어떤 음운이 다른 음운으로 바뀌는 변동이다. (ㄱ)에서 형태소 '밖'이 [박]으로 소리날 때에 /ㄲ/이 /ㄱ/으로 교체되었다. '교체'에 해당하는 변동은 '평파열음화, 비음화, 유음화, 구개음화, 된소리되기(경음화), 'ㄹ' 두음 법칙, 모음 조화, 반모음화, 모음 동화, 자음의 위치 동화'가 있다. 이 중에서 '모음 동화'와 '자음의 위치 동화'는 표준 발음으로 인정하지 않는다.

둘째, **'탈락(脫落)'**은 두 음운 중에서 어느 하나가 없어지는 변동이다. (ㄴ)에서 어간인 '울(鳴)-'과 어미인 '-는'이 결합할 때에 어간의 끝 소리인 /ㄹ/이 탈락하였다. '탈락'에 속하는 변동으로는 '자음군 단순화(겹받침 줄이기), 'ㅎ' 탈락, 'ㄹ' 탈락, 'ㄴ' 두음 법칙, 모음 탈락' 등이 있다.

셋째, **'축약(縮約)'**은 두 음운이 합쳐져서 한 음운으로 바뀌는 변동이다. (ㄷ)에서 어간인 '좋-'과 어미인 '-고'가 결합할 때에, /ㅎ/과 /ㄱ/의 두 음운이 합쳐져서 한 음운인 /ㅋ/으로 축약되었다. '축약'에 속하는 음운 변동으로는 '자음 축약(=거센소리 되기)'와 '모음 축약'이 있다.

넷째, **'첨가(添加)'**는 형태소가 이어지는 과정에서 새로운 음운이 덧나는 변동이다. (ㄹ)에서 '이'와 '몸'이 결합하여 합성 명사인 '잇몸'이 되면서 [인몸]으로 발음되어서, /ㄴ/이 첨가되었다. '첨가'에 속하는 변동으로는 '사잇소리 현상'과 '반모음의 첨가'가 있다.

이와 같은 변동은 표준어의 발음에서 모두 허용되는 것은 아니며, 변동 현상 중에서 국어의 표준 발음법으로 허용하는 발음과 그렇지 않은 발음을 규범화한 것이 **〈표준 발음법〉**(1988)이다.

현대 국어에서 일어나는 음운 변동을 정리하여 표로 보이면 다음의 〈표 1〉과 같다.

변동의 결과	유형	변동의 종류
교체(대치)	동화 교체	비음화
		유음화
		자음의 위치 동화
		구개음화
		모음 조화
		모음 동화(움라우트, 'ㅣ' 모음 역행 동화, 전설 모음화)
	비동화 교체	평파열음화(음절 끝소리 규칙)
		'ㄹ' 두음 법칙
		된소리되기(경음화)
탈락	자음의 탈락	자음군 단순화(겹받침 줄이기)
		'ㄴ' 두음 법칙
		'ㄹ'의 탈락
		'ㅎ'의 탈락
	모음의 탈락	'ㅡ'의 탈락
		'ㅏ/ㅓ'의 탈락
축약	—	자음의 축약(거센소리되기)
		모음의 축약
첨가	자음 첨가	사잇소리 현상
	모음 첨가	(반모음 첨가)

〈표 1〉 국어의 음운 변동 현상 일람표

3.2.1. 음운의 교체(대치)

'교체(대치)'에 해당하는 변동은 '평파열음화, 비음화, 유음화, 구개음화, 된소리되기, 'ㄹ' 두음 법칙, 모음 조화, 반모음화, 모음 동화, 자음의 위치 동화'가 있다. 현행의 〈표준 발음법〉에서는 이들 음운 변동 중에서 '모음 동화'와 '자음의 위치 동화'는 비표준 발음으로 처리하고 있다.

3.2.1.1. 동화 교체

〈**동화 현상**〉 발음을 편하게 하기 위하여 앞의 형태소와 뒤의 형태소가 음운이 서로 닮아서 같아지거나 비슷해지기도 한다. '**동화**(同化, assimilation)'는 발음을 편하게 하기 위하여 특정한 음운이 다른 음운을 닮는 현상인데, 주로 조음 위치나 조음 방법이 같아지거나 비슷해지는 현상이다. 동화 작용에 의한 음운의 '교체' 현상으로는 '비음화, 유음화, 자음의 위치 동화, 구개음화, 모음 조화, 모음 동화' 등이 있다.

동화가 일어날 때에는 동화에 참여하는 역할로 보아서, 동화를 일으키는 조건이 된 음소인 '**동화주**(同化主)'와 동화가 일어난 음소인 '**피동화주**(被同化主)'가 있다.

(4) ㄱ. 칼$_{동화주}$+날$_{피동화주}$ → [칼-랄] [완전 동화, 순행 동화, 인접 동화]
   ㄴ. 밥$_{피동화주}$+물$_{동화주}$ → [밤-물] [완전 동화, 역행 동화, 인접 동화]

(5) ㄱ. 남$_{동화주}$+루$_{피동화주}$ → [남-누] [부분 동화, 순행 동화, 인접 동화]
   ㄴ. 국$_{피동화주}$+물$_{동화주}$ → [궁-물] [부분 동화, 역행 동화, 인접 동화]

(6) ㄱ. 먹-$_{피동화주}$+-이$_{동화주}$ → [메-기] [부분 동화, 역행 동화, 원격 동화]
   ㄴ. 남-$_{피동화주}$+-기-$_{동화주}$-다 → [냄-기-다] [부분 동화, 역행 동화, 원격 동화]

(4)의 (ㄱ)에서 '칼'의 /ㄹ/은 동화주이고 '날'의 /ㄴ/은 피동화주이며, (ㄴ)에서 '밥'의 /ㅂ/은 피동화주이고 '물'의 /ㅁ/은 동화주이다. (5)의 (ㄱ)에서 '남'의 /ㅁ/은 동화주이고 '루'의 /ㄹ/은 피동화주이며, (ㄴ)에서 '국'의 /ㄱ/은 피동화주이며 '물'의 /ㅁ/은 동화주이다. 그리고 (6)에서 '먹-'과 '남-'의 /ㅓ/와 /ㅏ/은 피동화주이며, '-이'와 '-기-'는 동화주이다.

'동화의 방식'에는 다음과 같은 유형이 있다. 첫째, 동화가 일어나는 정도로 보면 피동화주가 동화주에 완전히 일치하는 '**완전 동화**(完全同化)'와 부분적으로만 일치하는 '**부분 동화**(部分同化)'로 구분된다. 둘째, 동화주와 피동화주가 실현되는 위치에 따라서, '동화주–피동화주'의 순서로 실현되는 '**순행 동화**(順行同化)'와 '피동화주–동화주'의 순서로 실현되는 '**역행 동화**(逆行同化)'로 구분된다. 셋째, 동화는 동화주와 피동화주가 맞닿아 있느냐 떨어져 있느냐에 따라서 '**인접 동화**(隣接同化)'와 '**원격 동화**(遠隔同化)'로 구분된다.

동화 현상으로는 ① 특정한 자음이 다른 자음의 조음 방법에 동화되는 '비음화'와 '유음화', ② 특정한 자음이 다른 자음의 조음 위치에 동화되는 '자음의 위치 동화', ③ 자음이 모음의 위치에 동화되는 '구개음화', ④ 특정한 모음이 다른 모음의 음상에 동화된 '모음 조화'와 선행 모음이 후행 모음의 위치에 동화된 '모음 동화'가 있다.

(가) 비음화

'비음화(鼻音化, 콧소리되기)'는 비음(鼻音, 콧소리)이 아닌 소리가 그 뒤에 실현되는 비음에 동화되어 비음으로 교체되는 현상을 아울러서 이른다. 이러한 비음화에는 첫째로 유음인 /ㄹ/이 /ㄴ/으로 비음화되는 것과, 둘째로 파열음인 /ㅂ, ㄷ, ㄱ/이 각각 /ㅁ, ㄴ, ㅇ/으로 비음화되는 것으로 나뉜다.

〈유음의 비음화〉 '유음의 비음화'는 비음인 /ㄴ, ㅁ, ㅇ/의 뒤에 유음인 /ㄹ/이 이어서 날 때에, /ㄹ/이 /ㄴ/으로 조음 방법이 바뀌는 현상이다.(순행 동화)

(7) ㄱ. /ㄴ-ㄹ/ → /ㄴ-ㄴ/ : 결단력 [결딴녁], 공권력 [공꿘녁], 생산량 [생산냥], 임진란 [임진난], 횡단로 [횡단노] ; 인라인(in-line) [인나인]

ㄴ. /ㅁ-ㄹ/ → /ㅁ-ㄴ/ : 늠름 [늠늠], 담력 [담녁], 침략 [침냑], 음료수 [음뇨수] ; 홈런(home-run) [홈넌]

ㄷ. /ㅇ-ㄹ/ → /ㅇ-ㄴ/ : 강력 [강녁], 공로 [공노], 대통령 [대통녕], 종로 [종노], 중력 [중녁] ; 롱런(long-run) [롱넌]

(ㄱ)의 '결단력'에서는 /ㄴ/에 이어서 나는 /ㄹ/이, (ㄴ)의 '늠름'에서는 /ㅁ/에 이어서 나는 /ㄹ/이, (ㄷ)에서는 /ㅇ/에 이어서 나는 /ㄹ/이 /ㄴ/으로 교체되었다. 여기서 (ㄱ)의 예는 '결단, 공권, 횡단, 임진, 생산'과 같은 앞의 요소가 자립적인 형태소인 데에 반해서, (ㄴ)과 (ㄷ)의 예는 앞의 요소가 비자립적인 요소라는 점에서 차이가 난다.2)

〈파열음의 비음화〉 '파열음의 비음화'는 예사소리의 파열음인 /ㅂ, ㄷ, ㄱ/의 뒤에 비음인 /ㅁ, ㄴ/이 이어서 날 때에, /ㅂ, ㄷ, ㄱ/이 각각 /ㅁ, ㄴ, ㅇ/으로 조음 방법이 바뀌는 동화 현상이다.(역행 동화)

(8) ㄱ. /ㅂ-ㅁ/ → /ㅁ-ㅁ/ : 밥물 [밤물], 법문 [범문], 밥먹다 [밤먹다]

/ㅂ-ㄴ/ → /ㅁ-ㄴ/ : 잡느냐 [잠느냐], 접는다 [점는다]

ㄴ. /ㄷ-ㅁ/ → /ㄴ-ㅁ/ : 맏며느리 [만며느리]

/ㄷ-ㄴ/ → /ㄴ-ㄴ/ : 닫는 [단는], 받는다 [반는다]

ㄷ. /ㄱ-ㅁ/ → /ㅇ-ㅁ/ : 국물 [궁물], 박는다 [방는다]

/ㄱ-ㄴ/ → /ㅇ-ㄴ/ : 막내 [망내], 먹는다 [멍는다]

---

2) (7ㄱ)의 '결단-력[결딴녁]'처럼 앞 어근이 자립성이 뚜렷하고 뒤 어근이 접사적 성격이 강할 때에는, 비음화에 따라서 /ㄹ/이 /ㄴ/으로 교체된다. 반면에 '광한-루[광할루]'처럼 앞 어근이 자립성이 없을 때나, '산-림[살림]'처럼 두 어근의 자립성이 대등할 때에는 유음화에 따라서 /ㄴ/이 /ㄹ/로 교체된다.

(ㄱ)의 '밥물'에서는 입술소리의 /ㅂ/이 /ㅁ/에 동화되어서 같은 자리에서 발음되는 /ㅁ/으로 교체되었고, (ㄴ)의 '맏며느리'에서는 잇몸소리의 /ㄷ/이 /ㅁ/에 동화되어서 /ㄴ/으로 교체되었다. (ㄷ)의 '국물'에서는 여린입천장소리의 /ㄱ/이 /ㅁ/에 동화되어서 /ㅇ/으로 교체되었다. 이들 변동은 모두 조음 위치는 변하지 않고 조음의 방법만 파열음에서 비음으로 바뀌었는데, 동화의 방향으로 볼 때에는 역행 동화에 해당된다.

파열음의 비음화는 단독으로 일어날 수도 있지만, 다른 변동 현상이 일어난 뒤에 파열음의 비음화가 이어서 일어날 수도 있다. 곧 '자음군 단순화'나 '평파열음화'가 적용된 이후에, '파열음의 비음화'가 이어서 일어날 수 있다.

(9) ㄱ. 값나가다 [갑나가다 → 감나가다], 삯만 [삭만 → 상만]
ㄴ. 읊는다 [읖는다 → 읍는다 → 음는다], 잎만 [입만 → 임만]
ㄷ. 낳느냐 [낟느냐 → 난느냐], 놓는다 [녿는다 → 논는다]
ㄹ. 부엌문 [부억문 → 부엉문], 흙내 [흑내 → 흥내]

(ㄱ)의 '값나가다'는 먼저 자음군 단순화에 따라서 [갑나가다]로 변동한 다음에, 다시 파열음의 비음화에 따라서 [감나가다]로 실현되었다. (ㄴ)의 '읊는다'는 자음군 단순화와 평파열음화가 적용되어서 [읖는다]와 [읍는다]로 변동한 다음에, 다시 파열음의 비음화에 따라서 [음는다]로 실현되었다. (ㄷ)의 '낳느냐'는 평파열음화에 따라서 [낟느냐]로 변동한 다음에, 파열음의 비음화에 따라서 [난느냐]로 실현되었다. 마지막으로 (ㄹ)의 '부엌문'은 평파열음화에 따라서 [부억문]으로 변동한 다음에, 파열음의 비음화에 따라서 [부엉문]으로 실현되었다.

〈 '유음의 비음화'에 이은 '파열음의 비음화' 〉 예사소리의 파열음인 /ㅂ, ㄷ, ㄱ/의 뒤에 유음 /ㄹ/이 이어서 날 때에도, /ㄹ/이 비음화하여 /ㄴ/으로 교체된다.

(10) /ㅂ-ㄹ/ → /ㅂ-ㄴ/ : 섭리 [→ 섭니 → 섬니], 협력 [→ 협녁 → 혐녁] ; 업로드(up-load) [업노드 → 엄노드]

(11) /ㄷ-ㄹ/ → /ㄷ-ㄴ/ : 몇 리 [→ 멷리 → 멷니 → 면니] ; 핫라인(hot-line) [핟라인 → 핟나인 → 한나인]

(12) /ㄱ-ㄹ/ → /ㄱ-ㄴ/ : 백리 [→ 백니 → 뱅니], 백로 [→ 백노 → 뱅노] ; 백룸(back-room) [백눔 → 뱅눔]

(10)의 '섭리'는 유음의 비음화에 따라서 [섭니]로 실현된 뒤에, 이어서 파열음의 비음화에 따라서 [섬니]로 실현되었다. (11)의 '몇 리'는 먼저 평파열음화에 따라서 [멷리]로 실현되고 나서, 다음으로 유음의 비음화에 따라서 [멷니]로 실현되었으며, 끝으로 파열음의 비음화가 일어나서 [면니]로 실현되었다. (12)의 '막론'은 유음의 비음화에 따라서 [막논]으로 실현된 다음에, 이어서 파열음의 비음화에 따라서 [망논]으로 실현되었다. 그리고 서양의 외래어에서도 비음화가 연속하여 일어날 수 있는데, (10)에서 '업로드'가 [엄노드]로, (11)에서 '핫라인'이 [한나인]으로, (12)에서 '백룸'이 [뱅눔]으로 변동하였다.

(10~12)의 단어에서는 '유음의 비음화'가 완료된 뒤에, '파열음의 비음화'가 이어서 적용된 것이다.

(나) 유음화

'**유음화**(流音化)'는 /ㄹ/에 이어서 /ㄴ/이 실현되거나 반대로 /ㄴ/에 이어서 /ㄹ/이 실현될 때에, 비음인 /ㄴ/이 유음인 /ㄹ/에 동화되어서 /ㄹ/로 조음 방법이 변하는 현상이다.

첫째, 뒤 음절의 /ㄴ/이 앞 음절의 /ㄹ/에 동화되어서 /ㄹ/로 교체된다.(순행적 유음화)

(13) ㄱ. 길눈 [길룬], 달나라 [달라라], 달님 [달림], 물난리 [물랄리], 설날 [설랄], 줄넘기 [줄럼끼], 칼날 [칼랄], 할는지 [할른지]

ㄴ. 끓는 [끌는 → 끌른], 앓는 [알는 → 알른], 닳네 [달네 → 달레] ; 핥네 [할네 → 할레], 훑는 [훌는 → 훌른]

(ㄱ)의 '길눈'에서는 앞 음절의 끝소리인 /ㄹ/에 동화되어서, 뒤 음절의 첫소리인 /ㄴ/이 /ㄹ/로 교체되었다. 그리고 (ㄴ)의 '끓는'은 자음군 단순화에 따라서 [끌는]으로 실현된 뒤에, 뒤 음절의 /ㄴ/이 앞 음절의 /ㄹ/에 동화되어서 /ㄹ/로 교체되었다.

둘째, 앞 음절의 /ㄴ/이 뒤 음절의 /ㄹ/에 동화되어서 /ㄹ/로 교체된다.(역행적 유음화)

(14) 광한루 [광할루], 권력 [궐력], 대관령 [대괄령], 만리 [말리], 산림 [살림], 신라 [실라], 천리 [철리]

'광한루'에서는 뒤 음절의 첫소리인 /ㄹ/에 동화되어서, 앞 음절의 끝소리인 /ㄴ/이 /ㄹ/로 바뀌어서 [광할루]로 실현되었다. (14)에 제시된 단어는 대부분 한자어로 형성된 복합어인데, 접미 파생어의 구조가 아니라는 점이 앞의 (7ㄱ)의 '결단-력[결단녁]'에서 비음화가 일어나는 복합어와는 차이가 있다.

(다) 자음의 위치 동화

앞 음절의 종성과 뒤 음절의 초성이 이어질 때에, 종성의 조음 위치가 초성의 위치로 옮아서 발음되는 변동 현상을 '**자음의 위치 동화**'라고 한다.[3]

(15) ㄱ. 듣보다 [듣뽀다/듭뽀다], 신발 [신발/심발], 신문 [신문/심문] ［잇몸 → 입술］
ㄴ. 벗기다 [벋끼다/벅끼다], 손가락 [손까락/송까락] ［잇몸 → 여린입천장］
ㄷ. 밥그릇 [밥끄름/박끄름], 감기 [감기/강기] ［입술 → 여린입천장］

(15)와 같은 음운적 환경에 놓인 형태소가 결합할 때에는, 개인의 발음 습관에 따라서 변동 현상이 임의적으로 일어난다.

첫째, 자음의 위치 동화가 일어나지 않은 경우가 있다. (ㄱ)에서 '듣보다'가 [듣뽀다]로 발음되고, (ㄴ)에서 '벗기다'가 [벋끼다]로 발음되고, (ㄷ)에서 '밥그릇'이 [밥끄름]으로 발음되었다. 둘째, 자음의 위치 동화가 일어날 수가 있다. (ㄱ)에서 잇몸소리인 /ㄷ/이 입술소리인 /ㅂ/의 조음 자리에 이끌려서 [듭뽀다]로 발음되었다. (ㄴ)에서 잇몸소리인 이 여린입천장소리인 /ㄲ/의 조음 자리에 이끌려서 [벅끼다]로 발음되었다.다. (ㄷ)에서는 입술소리인 /ㅂ/이 여린입천장소리인 /ㄱ/의 조음 자리에 이끌려서 [박끄름]으로 발음되었다.

자음의 위치 동화는 '**임의적 변동**'에 해당한다. 〈표준 발음법〉의 제21항에서는 이와 같이 자음의 위치 동화에 따라서 변동된 형태는 표준 발음으로 인정하지 않는다.

(라) 구개음화

구개음화는 현대어에서 이루어지는 '공시적 구개음화'와 17세기 이후에 언어의 역사적인 변화 현상으로 일어난 '통시적 구개음화'가 있다.

〈공시적 구개음화〉 '**구개음화**(口蓋音化)'는 끝소리가 /ㄷ, ㅌ/인 형태소의 뒤에 모음 /ㅣ/로 시작되는 형식 형태소[4]가 실현될 때에, /ㄷ, ㅌ/이 센입천장소리인 /ㅈ, ㅊ/으로 교체되는 변동이다. '구개음화'는 잇몸소리인 /ㄷ, ㅌ/이 센입천장의 위치에서 발음되는 /ㅣ/의

---

3) '윗잇몸(/ㄷ, ㄴ/) – 입술(/ㅂ, ㅁ/) – 여린입천장(/ㄱ/)'에서 발음되는 자음이 이와 같은 차례로 실현될 때에 자음의 위치 동화가 일어날 수 있다. '자음의 위치 동화'는 조음 위치에 따라서 자음에서 생기는 강도(强度)가 차이나기 때문에 일어나는 음운 변동이다. 여기서 자음의 강도는 [여린입천장(연구개) 〉 입술(양순) 〉 윗잇몸(치조)]의 순서이다. 이때 약한 자음의 종성 뒤에 강한 자음의 초성이 올 때에는, 약한 종성이 강한 초성의 조음 위치에 이끌려서 변동이 일어나는 것이다.

4) 여기서 말하는 형식 형태소는 조사나 파생 접사, 혹은 서술격 조사인 '-이다'의 어간이다.

조음 위치에 끌리어서, 센입천장소리인 /ㅈ, ㅊ/으로 교체되는 음운 변동 현상이므로, 동화 현상의 일종이다.

(16) ㄱ. 밭이 [바치], 끝이 [끄치], 솥이다 [소치다]

ㄴ. 맏이 [마지], 해돋이 [해도지], 땀받이 [땀바지] ; 굳이 [구지], 같이 [가치], 샅샅이 [삳싸치]

ㄷ. 붙이다 [부치다] ; 닫히다 [다티다 → 다치다], 묻히다 [무티다 → 무치다], 걷히다 [거티다 → 거치다]

(ㄱ)에서 '밭이, 끝이; 솥이다' 등은 체언에 조사 '-이'나 '-이다'가 붙으면서 체언의 끝소리 /ㅌ/이 /ㅊ/으로 교체되었다. (ㄴ)에서 '맏이, 해돋이, 굳이, 같이, 샅샅이' 등은 어근에 파생 접미사인 '-이'가 붙어서 파생어를 형성하는 과정에서 어근의 끝소리인 /ㄷ/과 /ㅌ/이 각각 /ㅈ/과 /ㅊ/으로 교체되었다. (ㄷ)에서 '붙이다, 닫히다, 묻히다' 등은 용언의 어근에 사동이나 피동의 파생 접미사인 '-이-'나 '-히-'가 붙어서 사동사나 피동사가 형성되는 과정에서 /ㅌ/이 /ㅊ/으로 교체되었다.5)

〈공시적 구개음화의 예외〉 /ㄷ/과 /ㅌ/ 뒤에 /ㅣ/가 이어지더라도, 다음과 같은 형태론적 환경에서는 구개음화가 일어나지 않는다.

첫째, 하나의 형태소 내부에서는 /ㄷ, ㅌ/의 뒤에 /ㅣ/가 이어지더라도 구개음화 현상이 일어나지 않는다.

(17) ㄱ. 느티나무[느티나무], 마디[마디], 잔디[잔디], 티끌[티끌]

ㄴ. 더디다[더디다], 버티다[버티다], 견디다[견디다]

'느티나무'와 '더디다' 등에서 [티]와 [디]는 하나의 형태소 안에서 /ㄷ, ㅌ/와 /ㅣ/가 결합하므로 구개음화가 일어나지 않는다.

둘째, 뒤의 형태소가 실질 형태소(어근)일 때에는, /ㄷ, ㅌ/의 뒤에 /ㅣ/가 이어지더라도 구개음화가 일어나지 않는다.

(18) ㄱ. 홑이불[혿니불 → 혼니불], 홑잎[혿닙 → 혼닙], 밭이랑[받니랑 → 반니랑], 맏형[마텽]

ㄴ. 이 옷 입자[이 오딥자], 밭 있어요[바 디써요]

5) 이 중에서 '닫히다, 묻히다, 걷히다' 등은 어근의 끝소리 /ㄷ/ 뒤에 파생 접미사인 '-히-'가 붙었는데, 이 경우는 다음의 변동 과정을 거친다. 먼저 /ㄷ/과 /ㅎ/이 '거센소리되기'에 따라서 한 음소로 축약되어서 /ㅌ/이 된 다음, 이 /ㅌ/이 그 뒤의 /ㅣ/에 이끌리어 구개음인 /ㅊ/으로 교체되었다.

(ㄱ)의 '홑이불'과 '밭이랑'에서 '이불'과 '이랑'은 실질 형태소이므로, 'ㄴ' 첨가와 비음화의 변동 현상에 따라서 [혼니불]과 [반니랑]처럼 발음되어서 구개음화가 일어나지 않는다. (ㄴ)의 '이 옷 임자'나 '밭 있어요'처럼 단어와 단어 사이에서 /ㄷ, ㅌ/의 뒤에 /ㅣ/가 이어서 나는 때에도 구개음화가 일어나지 않는다.

〈통시적 구개음화〉『고등학교 문법』(2010:68)에서는 현대 국어의 공시태(共時態)에서 일어나는 구개음화뿐만 아니라, 국어의 역사적인 변화 과정에서 일어나는 통시적인 구개음화도 설명하고 있다. 현대 국어에서 일어나는 구개음화는 앞의 (16)처럼 형태소와 형태소 사이에서만 일어나는 변동 현상이다. 반면에 근대 국어 시기인 17세기부터 18세기까지 진행된 통시적인 구개음화는 한 형태소 안에서도 일어났다.

(19) ㄱ. 티(打)+어 : 텨(티+어) 〉 쳐(치+어)
ㄴ. 디(落)+다 : 디다 〉 지다
ㄷ. 뎌(彼) : 뎌 〉 져 〉 저
ㄹ. 됴(好)+다 : 됴타 〉 죠타 〉 조타
ㅁ. 텬(天)+디(地): 텬디 〉 쳔지 〉 천지

(ㄱ)에서 '티다'의 [티]가 [치]로, (ㄴ)에서 '디다'의 [디]가 [지]로, (ㄷ)에서 '뎌'의 [뎌]가 [져]로, (ㄹ)에서 '됴타'의 [됴]가 [죠]로, (ㅁ)에서 '텬디'의 [텬]과 [디]가 각각 [쳔]과 [지]로 변화하였다. 근대 국어에서 나타나는 이러한 음운의 변화는 하나의 형태소 내부에서 일어나는 구개음화 현상인데, 현대 국어의 공시태에서는 일어나지 않는다.

현대 국어에서는 앞의 (17)처럼 한 형태소 내부에서는 구개음화가 일어나지 않았는데, 이 현상의 원인은 통시적인 구개음화 현상에서 찾을 수가 있다.

(20) ㄱ. 느틔나모〉 느티나무, ᄆᆞ듸〉 마디, 잔듸〉 잔디, 틧글〉 티끌
ㄴ. 더듸다〉 더디다, 버틔다〉 버티다, 견듸다〉 견디다

구개음화가 진행되던 18세기에는 (17)의 단어들이 구개음화가 일어날 수 없는 음운적인 환경에 있었던 것으로 추정할 수 있다. 곧, 현대 국어의 '느티나무'와 '더디다'는 구개음화가 진행되던 18세기 무렵에는 '느틔나무'와 '더듸다'의 형태였다. '느티나무'와 '더디다'는 이러한 형태적인 특징 때문에, (19)의 단어가 구개음화를 겪는 시기에 구개음화를 겪지 않고 /ㄷ, ㅌ/의 어형이 그대로 유지되었다. 그리고 (20)의 단어는 구개음화가 진행된 시기가 지난 다음에, [ㄷ], [ㅌ]의 뒤에 이어지는 모음 /ㅡ/와 /ㆍ/가 탈락하여서 현대어

처럼 [디], [티]의 형태로 바뀌었다. 현대 국어에서 '느티나무'와 '더디다'처럼 하나의 형태소 내부에서 실현된 [디], [티]가 구개음화되지 않은 데에는 이와 같은 국어사적인 이유가 있었던 것이다.

(마) 모음 조화

단어 중에는 모음의 종류에 따라서 어감(語感)이 달라지는 경우가 있다. 곧 /ㅏ, ㅗ/가 쓰인 단어는 밝고 경쾌하고, 작고, 가볍고, 날카로운 느낌을 준다. 반면에 /ㅓ, ㅜ, ㅡ, ㅣ, ㅐ, ㅔ, ㅚ, ㅟ/ 등은 어둡고, 느리고, 크고, 무겁고, 둔한 느낌을 준다. 모음이 교체됨으로써 생겨나는 이러한 차이를 '**음상**(音相)'이라고 한다.

(21) ㄱ. 양성 모음 : /ㅏ, ㅗ/
　　 ㄴ. 음성 모음 : /ㅓ, ㅜ, ㅡ, ㅣ, ㅐ, ㅔ, ㅚ, ㅟ/

이러한 음상에 따라서 국어의 모음을 분류할 수도 있는데, (ㄱ)의 모음을 '**양성 모음**(陽性母音)'이라고 하고 (ㄴ)의 모음을 '**음성 모음**(陰性母音)'이라고 한다.[6)]

국어의 일부 단어에서는 같은 음상을 나타내는 모음끼리 어울리는 경향이 있다. 곧, 의성어와 의태어의 내부 형태나 용언의 일부 활용형에서, 양성 모음은 양성 모음과 어울리고 음성 모음은 음성 모음과 어울리는 현상이 있는데, 이러한 현상을 '**모음 조화**(母音調和, vowel harmony)'라고 한다.

현대 국어에서는 모음 조화가 두 가지 환경에서 일어난다. 곧, 의성어와 의태어와 같은 음성 상징어 내부에서 모음 조화가 일어날 수 있고, 용언의 어간과 어미가 결합하는 과정에서 모음 조화가 일어날 수 있다.

(22) ㄱ. 사각사각/서걱서걱, 소곤소곤/수군수군, 종알종알/중얼중얼
　　 ㄴ. 반짝반짝/번쩍번쩍, 달싹달싹/들썩들썩, 꼼지락꼼지락/꿈지럭꿈지럭

---

6) 모음을 양성과 음성으로 구분하는 것은 15세기의 『훈민정음 해례본』(1446)에서 시작되었다. 중세 국어에서는 /ㆍ, ㅡ, ㅣ, ㅗ, ㅏ, ㅜ, ㅓ/의 7개의 단모음이 있었는데, 『훈민정음 해례본』에서는 /ㆍ, ㅗ, ㅏ/를 양성으로 /ㅡ, ㅜ, ㅓ/를 음성으로 구분하였다. 곧, 설축(舌縮)의 모음인 /ㆍ, ㅗ, ㅏ/는 양성 모음이며, 설소축(舌小縮)의 모음인 /ㅡ, ㅜ, ㅓ/는 음성 모음이다. 끝으로 설불축(舌不縮)의 모음인 /ㅣ/는 중성 모음에 해당한다. 그런데 19세기 말의 즈음에 이르면 기존의 /ㆍ/는 사라지고 그 전에 이중 모음이었던 /ㅔ, ㅐ, ㅟ, ㅚ/가 단모음으로 바뀌었다. 이에 따라서 현대 국어에서 /ㅏ, ㅗ/만 양성 모음으로 되었고, 나머지 /ㅓ, ㅜ, ㅡ, ㅣ, ㅐ, ㅔ, ㅚ, ㅟ/는 음성 모음으로 되었다.

(23) ㄱ. 파랗다/퍼렇다, 노랗다/누렇다, 까맣다/꺼멓다, 하얗다/허옇다

ㄴ. 막았다/먹었다, 막아라/먹어라, 막아(서)/먹어(서), 막아도/먹어도, 막아야/먹어야

(22)는 음성 상징어의 내부에서 나타나는 모음 조화의 예이다. (ㄱ)은 의성어(擬聲語)에서, (ㄴ)은 의태어(擬態語)에서 일어나는 모음 조화의 예이다. 그리고 (23)은 용언에서 일어나는 모음 조화의 예인데, (ㄱ)은 감각 형용사의 어간 내부에서 나타나는 예이며, (ㄴ)은 용언의 어간에 어미가 붙어서 활용할 때에 일어나는 모음 조화의 예이다.

15세기의 중세 국어에서는 모음 조화가 엄격하게 지켜졌다. 그런데 16세기부터 단어의 둘째 음절 이하에서 양성 모음이던 /·/가 대체로 음성 모음인 /ㅡ/로 변하였으며, 중성 모음이던 /ㅣ/도 음성 모음으로 바뀌었다. 이에 따라서 근대 국어나 현대 국어에서는 모음 조화가 적용되지 않는 예가 많이 생겼다.

(24) ㄱ. 보슬보슬, 소근소근, 꼼질꼼질, 몽실몽실, 산들산들

ㄴ. 반들반들, 남실남실, 자글자글, 대굴대굴, 생글생글

(25) ㄱ. 고와서(곱다), 도와라(돕다), 더워서(덥다)

ㄴ. 아름다워(아름답다), 차가워(차갑다), 날카로워(날카롭다), 놀라워(놀랍다)

(24)에서는 의성어와 의태어의 단어 내부에서 모음 조화가 지켜지지 않아서, 양성 모음과 음성 모음이 어울렸다. 그리고 (25)처럼 'ㅂ' 불규칙 용언이 활용할 때에는 모음 조화가 불규칙하게 적용된다. 곧, (25ㄱ)처럼 어간이 단음절인 경우에는 활용할 때에 모음 조화가 지켜졌다. 반면에 (25ㄴ)처럼 어간이 두 음절 이상인 경우에는 양성 모음의 어간에 음성 모음의 어미가 결합하여서 모음 조화가 지켜지지 않았다.

(바) 모음 동화

'모음 동화(母音同化, 움라우트)'는 앞 음절의 후설 모음인 /ㅏ, ㅓ, ㅗ, ㅜ, ㅡ/가 뒤 음절의 전설 고모음인 /ㅣ/에 동화되어서, 각각 같은 높이의 전설 모음인 /ㅐ, ㅔ, ㅚ, ㅟ, ㅣ/로 교체되는 현상이다.(역행 동화)[7]

다음의 〈표 2〉에서는 현대 국어에서 '모음 동화'가 일어나는 양상을 정리였다.

7) 이러한 '모음 동화'를 전통적으로 '전설 모음화(前舌 母音化)'나 "ㅣ' 모음 역행 동화', '움라우트(umlaut)' 등으로 불러 왔다.

입술 모양	평순 모음			원순 모음		
변동의 방향	전설 모음	⇦	후설 모음	전설 모음	⇦	후설 모음
고모음	/ㅣ/	←	/ㅡ/	/ㅟ/	←	/ㅜ/
중모음	/ㅔ/	←	/ㅓ/	/ㅚ/	←	/ㅗ/
저모음	/ㅐ/	←	/ㅏ/			

〈표 2〉 모음 동화의 양상

국어에서 모음 동화는 모든 후설 모음에서 일어나는데, 모음 동화의 보기를 제시하면 다음과 같다.

(26) ㄱ. /ㅡ/ → /ㅣ/ : 뜯기다 [띧끼다], 듣기다 [딛끼다]
ㄴ. /ㅓ/ → /ㅔ/ : 어미 [에미], 웅덩이 [웅뎅이] ; 먹이다 [메기다]
ㄷ. /ㅏ/ → /ㅐ/ : 지팡이 [지팽이], 아비 [애비] ; 잡히다 [자피다 → 재피다]

(27) ㄱ. /ㅜ/ → /ㅟ/ : 죽이다 [주기다 → 쥐기다]
ㄴ. /ㅗ/ → /ㅚ/ : 속이다 [소기다 → 쇠기다], 쫓기다 [쫃끼다 → 쬗끼다], 보이다 [뵈이다]

(26)의 단어에서는 평순의 후설 모음이 그 뒤의 전설 모음인 /ㅣ/에 동화되어서 전설 모음으로 교체되었다. (ㄱ)의 '뜯기다[띧기다]'는 후설 고모음인 /ㅡ/가 전설 모음인 /ㅣ/로, (ㄴ)의 '어미[에미]'는 후설 중모음인 /ㅓ/가 /ㅔ/로, (ㄷ)의 '지팡이[지팽이]'는 후설 저모음인 /ㅏ/가 /ㅐ/로 교체되었다. 그리고 (27)의 단어에서는 원순의 후설 모음이 그 뒤의 전설 모음인 /ㅣ/에 동화되어서 전설 모음으로 교체되었다. (ㄱ)에서 '죽이다[쥐기다]'는 후설 고모음인 /ㅜ/가 전설 모음인 /ㅟ/로, '속이다[쇠기다]'는 후설 중모음인 /ㅗ/가 전설 중모음인 /ㅚ/로 교체되었다.

이러한 모음 동화의 음운 변동은 필연적이거나 보편적인 변동이 아니므로 이 규칙에 대한 예외가 많다. 곧 (26)과 (27)에서 모음 동화의 예를 살펴보면 모음 동화를 일으킨 동화주인 /ㅣ/와 실제로 동화가 일어나는 피동화주 사이에는 입술소리나 여린입천장소리가 끼어 있는 것이 특징이다. 예를 들어서 (26)에서 (ㄱ)의 '뜯기다[띠끼다/띧끼다]'에서는 동화주와 피동화주 사이에 여린입천장소리인 /ㄲ/이 끼어 있으며, (ㄴ)의 '어미[에미]'에서는 입술소리인 /ㅁ/이 끼어 있다. 반면에 /ㅣ/와 피동화주의 모음 사이에 잇몸소리나 센입천장소리가 끼어 있으면 모음 동화의 변동은 잘 일어나지 않는다.

(28) ㄱ. 밟히다 [발피다], 알리다 [알리다], 날리다 [날리다], 달리다 [달리다], 땀받이 [땀바지], 맞이 [마지], 같이 [가치], 밭이 [바치]

ㄴ. 벌리다 [벌리다], 없이 [업시], 멀리 [멀리], 걸리다 [걸리다]

ㄷ. 해돋이 [해도지], 곧이 [고지], 몰잇군 [모릳꾼], 꽃이 [꼬치], 옷이[오시]

(ㄱ)의 '밟히다' 등에서는 '/ㅏ/와 /ㅣ/'의 환경에서, (ㄴ)의 '벌리다' 등에서는 '/ㅓ/와 /ㅣ/'의 환경에서, (ㄷ)의 '해돋이' 등에서는 '/ㅗ/와 /ㅣ/'의 환경에서 모음 동화가 일어나지 않았다. 이들 예를 살펴보면, 동화주와 피동화주 사이에 잇몸소리나 센입천장소리가 끼어 있기 때문에, 모음 동화가 일어나지 않은 것을 알 수 있다.

그런데 〈표준어 규정〉에서는 모음 동화가 적용된 발음을 일부 노년층이나 지방의 언중들이 개별적으로 쓰는 발음으로 간주하여, 원칙적으로 표준 발음으로 인정하지 않는다. 그러나 다음과 같은 단어는 모음 동화에 따른 발음이 현대어에서 완전히 굳어진 것으로 보아서, 예외적으로 표준어로 인정하였다.

(29) ㄱ. 남비 [냄비], 서울내기 [서울내기], 시골내기 [시골내기], 풋내기 [푼내기], 신출내기 [신출내기]

ㄴ. 멋쟁이 [먿쨍이], 소금쟁이 [소금쟁이], 담장이 [담쟁이], 골목장이 [골목쨍이], 발목쟁이 [발목쨍이]

ㄷ. (불을) 당기다 [댕기다], 동당이치다 [동댕이치다]

(29)의 '냄비, 멋쟁이, 댕기다' 등은 과거의 어느 때에 모음 동화를 겪어서 현재 널리 쓰이는 반면에, 원래의 '남비, 멋장이, 당기다' 등은 쓰이지 않게 되었다. 이에 따라서 현행의 〈표준어 규정〉의 '표준어 사정 원칙' 제9항에서는 모음 동화가 일어난 '냄비, 멋쟁이, 댕기다'의 단어를 표준어로 인정하고 있다.

3.2.1.2. 비동화 교체

비동화 교체 현상에는 '평파열음화, 된소리되기, 'ㄹ' 두음 법칙, 모음의 교체'가 있다.

(가) 평파열음화

국어의 자음은 총 19개인데 이들 자음 중에서 음절의 끝소리(종성)로 발음될 수 있는 자음은 /ㄱ, ㄴ, ㄷ, ㄹ, ㅁ, ㅂ, ㅇ/의 7개로 한정된다. 이러한 제약에 따라서 음절의 끝 자리에 일곱 자음 이외의 자음이 오게 되면, /ㄱ, ㄴ, ㄷ, ㄹ, ㅁ, ㅂ, ㅇ/ 중의 하나로 교체된다. 이러한 음운 변동 현상을 '**음절말 평파열음화**(음절의 끝소리 규칙, 平破裂音化)'라고 한다.8)

	(초성)		(종성)	
(30)	ㄱ. /ㅍ/	→	/ㅂ/	[입술소리]
	ㄴ. /ㅋ, ㄲ/	→	/ㄱ/	[여린입천장소리]
	ㄷ. /ㅌ, ㅅ, ㅆ ; ㅈ, ㅊ/	→	/ㄷ/	[잇몸소리]
	ㄹ. /ㅎ/	→	/ㄷ/	[잇몸소리]

/ㅍ/이 종성으로 쓰일 때에는 /ㅂ/으로 교체되고, 여린입천장소리인 /ㄲ, ㅋ/이 종성으로 쓰일 때에는 /ㄱ/으로 교체된다. 그리고 잇몸소리와 센입천장 소리인 /ㅌ ; ㅅ, ㅆ ; ㅈ, ㅊ/과 목청소리인 /ㅎ/이 종성으로 쓰일 때에는 /ㄷ/으로 교체된다. 이처럼 평파열음화는 된소리나 거센소리의 파열음이나 마찰음, 파찰음 등이 동일한 조음 위치에서 발음되는 예사소리의 파열음(평파열음)인 /ㅂ/, /ㄷ/, /ㄱ/으로 교체되는 현상이다.

(31) ㄱ. 잎 [입], 늪 [늡], 앞 [압], 무릎 [무릅], 깊다 [깁따]

ㄴ. 부엌 [부억], 동녘 [동녁] ; 낚시 [낙씨], 닦고 [닥꼬]

ㄷ. 밭 [받], 같고 [갇꼬] ; 낫 [낟], 벗고 [벋꼬] ; 갔고 [갇꼬] ; 낮 [낟], 늦고 [늗꼬] ; 낯 [낟]

ㄹ. 놓는 [(놑는) → 논는], 낳느냐 [(낟느냐) → 난느냐], 놓소 [(놑소) → 노쏘], 낳습니다 [(낟습니다) → 나씁니다]9)

(31)의 예는 모두 홑받침이 종성의 자리에서 7개 자음 중의 하나로 교체된 예이다. (ㄱ)에서는 종성의 자리에서 거센소리의 파열음인 /ㅍ/이 예사소리의 파열음인 /ㅂ/으로 교체되었다. (ㄴ)에서는 거센소리의 파열음인 /ㅋ/과 된소리 파열음인 /ㄲ/이 예사소리의 파열음인 /ㄱ/으로 교체되었다. (ㄷ)에서는 거센소리의 파열음인 /ㅌ/이나, 마찰음인 /ㅅ, ㅆ/, 파찰음인 /ㅈ, ㅊ/ 등이 예사소리의 파열음인 /ㄷ/으로 교체되었으며, (ㄹ)에서는 마찰음인 /ㅎ/이 예사소리의 파열음인 /ㄷ/으로 교체되었다.10) (31)에서 일어난 변동

8) '평파열음화'는 음절의 종성에서 발음될 수 없는 장애음이 /ㅂ, ㄷ, ㄱ/과 같은 '평파열음(예사소리의 파열음)'으로 교체되는 현상을 지칭한 것이다.(이문규 2013:162, 이진호 2012:119 참조)

9) /ㅎ/이 실제로 /ㄷ/으로 교체되는 것인지는 음운론적으로 확인할 수 없다. 다만, '놓는'이 [논는]으로 발음되고 '놓소'가 [노쏘]로 발음되는 과정을 설명할 때에, 음절 말에서 /ㅎ/이 /ㄷ/으로 교체되었다고 설명하는 것이 편리하기 때문이다.

을 종합적으로 판단해 보면, 모두 평파열음(예사소리의 파열음)이 아닌 자음이 음절의 종성 자리에서 평파열음인 /ㅂ, ㄷ, ㄱ/으로 교체된 변동이다.

'평파열음화'는 합성어 속에서, 앞 어근의 받침 뒤에 모음으로 시작하는 어근이 실현될 때에도 그대로 적용된다.

(32) ㄱ. 맛있다 [맏+읻따 → 마딛따], 멋있다 [먿+읻따 → 머딛따]
ㄴ. 젖어미 [젇+어미 → 저더미], 팥알 [팓+알 → 파달], 옆얼굴 [엽+얼굴 → 여벌굴]

'맛있다'는 어근인 '맛'이 평파열음화에 따라서 [맏]으로 변동한 다음에 뒤 어근인 '있다'와 결합하여, 연음 규칙에 따라서 [마딛따]로 변동했다. 마찬가지로 '젖어미'도 '젖'이 [젇]으로 변동한 뒤에 '어미'와 결합하여 [저더미]로 변동하였다. 이처럼 뒤 형태소가 실질 형태소(=어근)이면 앞 형태소와 뒤 형태소 사이에 쉼(휴지, pause)이 생겨서 평파열음화가 먼저 적용된 다음에, 연음 규칙에 따라서 앞 형태소의 끝소리가 뒤 음절로 옮겨서 발음되는 것이다.

(나) 된소리되기

두 형태소가 이어지는 과정에서 앞 형태소의 끝소리의 영향을 받아서 뒤 형태소의 예사소리가 된소리로 교체되는 현상을 '**된소리되기**(경음화, 硬音化)'라고 한다. 이러한 '된소리되기'에는 파열음 뒤에서 일어나는 된소리되기와 유성 자음 뒤에서 일어나는 된소리되기로 구분된다.

〈파열음 뒤의 된소리되기〉 앞 형태소의 끝소리가 예사소리의 파열음(평파열음)인 /ㅂ, ㄷ, ㄱ/인 때에, 뒤 형태소의 첫소리로 나는 /ㅂ, ㄷ, ㄱ, ㅅ, ㅈ/이 된소리인 /ㅃ, ㄸ, ㄲ, ㅆ, ㅉ/으로 교체된다.

파열음의 뒤에서 일어나는 된소리되기는 그것이 일어나는 음운론적 환경에 따라서, 그 유형을 다음과 같이 정할 수 있다.

(33) ㄱ. 밥보 [밥뽀], 밥솥 [밥쏟], 옆집 [엽집 → 엽찝] ; 넓죽하다 [넙주카다 → 넙쭈카다],
읊고 [읖고 → 읍고 → 읍꼬], 값도 [갑도 → 갑또]

---

10) '평파열음화'는 조음 자리는 그대로 유지되고 조음 방법만 바뀌는 변동이다. 단, /ㅈ, ㅊ/은 센입천장소리이고 /ㅎ/은 목청소리인데, /ㅈ, ㅊ, ㅎ/의 조음 위치에서는 평파열음이 없으므로 음절의 끝자리에서 윗잇몸에서 발음되는 평파열음인 /ㄷ/으로 바뀐다.

ㄴ. 뻗대다 [뻗때다], 밭갈이 [받가리 → 받까리], 옷고름 [옫고름 → 옫꼬름],
갔소 [갇소 → 갇쏘], 잊다 [읻다 → 읻따], 꽃다발 [꼳다발 → 꼳따발]

ㄷ. 국밥 [국빱], 깎다 [깍다 → 깍따], 삯돈 [삭돈 → 삭똔], 닭장 [닥장 → 닥짱], 학교 [학꾜], 독사 [독싸]

(ㄱ)에서는 앞 소리가 /ㅂ/이고 뒤 소리가 예사소리인 /ㅂ, ㄷ, ㄱ, ㅅ, ㅈ/ 등일 때에, 뒤 소리가 된소리인 /ㅃ, ㄸ, ㄲ, ㅆ, ㅉ/로 교체되었다. '넓죽하다, 읊고, 값도'에서는 자음군 단순화나 평파열음화가 적용된 뒤에 /ㅂ/에 이어나는 예사소리가 된소리로 교체되었다. (ㄴ)에서는 앞 소리가 /ㄷ/이고 뒤 소리가 예사소리일 때에, 뒤의 예사소리가 된소리로 교체되었다. (ㄷ)에서는 앞 소리가 /ㄱ/이고 뒤 소리가 예사소리일 때에, 뒤 소리의 예사소리가 된소리로 교체되었다.

그런데 용언의 어간이 /ㄺ/, /ㄼ/, /ㄾ/의 겹받침으로 끝날 때에도, 그 뒤에 실현되는 예사소리가 된소리로 교체된다.

(34) ㄱ. 맑게 [맑께 → 말께], 붉고 [붉꼬 → 불꼬], 묽거나 [묽꺼나 → 물꺼나]

ㄴ. 넓게 [넓께 → 널께], 떫지 [떫찌 → 떨찌]

ㄷ. 핥다 [핥다 → 핥따 → 할따], 훑소 [훑소 → 훑쏘 → 훌쏘]

(35) 만들고 [만들고], 만들더니 [만들더니], 만들지 [만들지]

(34)에서 (ㄱ)의 '맑게, 붉고', (ㄴ)의 '넓게, 떫지', (ㄷ)의 '핥다, 훑소'에서는 겹받침인 /ㄺ/, /ㄼ/, /ㄾ/ 중에서 뒤에 실현되는 /ㄱ/, /ㅂ/, /ㅌ→ㄷ/으로 인해서, 뒤의 예사소리가 된소리로 교체된 것으로 해석한다. 곧, 예사소리의 파열음인 /ㄱ/, /ㅂ/, /ㄷ/의 뒤에서 된소리되기가 먼저 일어난 다음에, 다시 자음군 단순화가 적용되어서 어간의 끝소리가 /ㄹ/로 교체된 것이다.[11] 반면에 (35)처럼 용언의 어간의 끝소리가 일반적인 /ㄹ/일 때에는, /ㄹ/로 끝나는 어간의 뒤에서 어미의 첫소리가 된소리로 교체되지 않는다.

'파열음 뒤의 된소리되기'는 문법적인 형식에 관계없이 음운론적인 조건만 갖추어지면 예외 없이 반드시 일어나는 보편적이면서 필연적인 변동이다.[12] '파열음 뒤의 된소리되

---

11) (34)의 단어에 자음군 단순화를 먼저 적용해서 [말+게], [널+게], [할+다]로 변동한 다음에, /ㄹ/의 뒤에서 예사소리가 된소리로 교체되었다고 처리할 수도 있다. 그러나 이와 같이 처리한다면, (35)의 '만들-고, 만들-더니, 만들-지'처럼 /ㄹ/ 뒤에서 된소리되기가 적용되지 않는 사실을 설명할 수가 없다. 따라서 (34)의 단어는 된소리되기를 먼저 적용한 뒤에 자음군 단순화를 적용한다.

12) 다만, 예외적으로 (34ㄴ)의 변동은 용언이 활용할 때에만 일어나며, 체언과 조사가 결합할 때에는

기'에 나타나는 변동의 양상은 다음의 〈표 3〉과 같이 정리할 수 있다.

변동 전		변동 후	
앞 형태소의 끝소리	뒤 형태소의 첫소리	앞 형태소의 끝소리	뒤 형태소의 첫소리
/ㅂ/	/ㅂ, ㄷ, ㄱ, ㅅ, ㅈ/	/ㅂ/	/ㅃ, ㄸ, ㄲ, ㅆ, ㅉ/
/ㄷ/	/ㄷ, ㄱ, ㅅ/	/ㄷ/	/ㄸ, ㄲ, ㅆ/
/ㄱ/	/ㅂ, ㄷ, ㄱ, ㅅ/	/ㄱ/	/ㅃ, ㄸ, ㄲ, ㅆ/

〈표 3〉 파열음 뒤에서 나는 된소리되기의 변동 양상

〈유성음 뒤의 된소리되기〉 비음인 /ㄴ, ㅁ/과 유음인 /ㄹ/의 뒤에서 일어나는 된소리되기는 음운론적인 조건뿐만 아니라 문법론적인 조건에도 영향을 받는다. 유성음 뒤에서 일어나는 이러한 변동은 문법론적인 조건에 따라서, 다음의 세 가지 유형으로 구분된다.

ⓐ 비음의 뒤에서 일어나는 된소리되기 : 용언이 활용할 때에 비음인 /ㄴ, ㅁ/로 끝나는 용언의 어간에 /ㄷ, ㄱ, ㅅ, ㅈ/으로 시작하는 어미가 붙어서 활용하면, 어미의 첫소리인 /ㄷ, ㄱ, ㅅ, ㅈ/이 된소리인 /ㄸ, ㄲ, ㅆ, ㅉ/로 교체된다.

(36) ㄱ. 신도록 [신또록], 신기 [신끼], 안습니다 [안씀니다], 껴안지 [껴안찌]
ㄴ. 앉더니 [안떠니], 앉기 [안끼], 얹소 [언쏘], 얹자 [언짜]

(37) ㄱ. 담더니 [담떠니], 삼기 [삼끼], 감습니다 [감씀니다], 더듬지 [더듬찌]
ㄴ. 삶도록 [삼또록], 굶기 [굼끼], 닮소 [담쏘], 젊지 [점찌]

(36)에서 (ㄱ)의 '신다(履)'와 '안다(抱)' 등과 같이 /ㄴ/으로 끝나는 어간에 /ㄷ, ㄱ, ㅅ, ㅈ/로 시작하는 어미가 이어질 때에는, 어미의 첫소리가 된소리인 /ㄸ, ㄲ, ㅆ, ㅉ/로 교체되었다. (ㄴ)의 '앉다(座)'와 '얹다(置)'에서는 자음군 단순화에 따라서 어간의 끝소리인 /ㄵ/의 /ㅈ/이 탈락하여 /ㄴ/으로 단순화된 다음에, 어미의 예사소리가 된소리로 교체되었다. (37)에서 (ㄱ)의 '담다'와 (ㄴ)의 '삶다' 등과 같이 /ㅁ/으로 끝나는 어간에 /ㄷ, ㄱ, ㅅ, ㅈ/로 시작하는 어미가 이어지면, 어미의 첫소리가 예사소리에서 /ㄸ, ㄲ, ㅆ, ㅉ/의 된소리로 교체되었다.

그러나 (36~37)과 동일한 음운론적 환경에 놓여 있어도, 체언과 조사가 결합하거나

일어나지 않는다. (보기: 여덟-도[여덜도], 여덟-과[여덜과], 여덟-보다[여덜보다])

어근에 피동이나 사동의 접미사가 결합할 때에는 된소리되기가 일어나지 않는다.

(38) ㄱ. 중간도 [중간도], 돈과 [돈과] ; 담도 [담도], 섬과 [섬과]

ㄴ. 안기다 [안기다] ; 감기다 [감기다], 담기다 [담기다], 굶기다 [굼기다], 옮기다 [옴기다]

(ㄱ)에서는 체언에 조사가 이어졌고 (ㄴ)에서는 용언의 어근에 피동이나 사동의 파생 접미사인 '-기-'가 이어졌다. 앞뒤 형태소가 이어지는 음운론적인 환경은 앞의 (36~37)와 동일하지만, (38)에서는 된소리되기가 일어나지 않았다. 이러한 점을 감안하면, 앞의 (36~37)에서 나타나는 된소리되기는 용언의 활용 형태에서만 적용되는 한정적인 변동임을 알 수 있다.

ⓑ **유음의 뒤에서 일어나는 된소리되기** : 한자어 복합어에서 유음인 /ㄹ/로 끝나는 앞 어근에 /ㄷ, ㅅ, ㅈ/으로 시작하는 뒤 어근이 이어질 때에, 뒤 어근의 첫소리가 /ㄸ, ㅆ, ㅉ/의 된소리로 교체되는 수가 있다.

(39) ㄱ. 갈등 [갈뜽], 발달 [발딸], 절도 [절또]

ㄴ. 말살 [말쌀], 발성 [발썽], 불소 [불쏘], 일시 [일씨]

ㄷ. 갈증 [갈쯩], 물질 [물찔], 열정 [열쩡]

(40) ㄱ. 발각 [발각], 물건 [물건], 발견 [발견], 팔경 [팔경], 설계 [설계], 출고 [출고], 결과 [결과], 열기 [열기], 절기 [절기]

ㄴ. 출발 [출발], 불복 [불복], 발병 [발병], 활보 [활보]

(39)에서는 앞 어근의 끝소리가 /ㄹ/일 때에 뒤 어근의 첫소리인 /ㄷ, ㅅ, ㅈ/이 각각 된소리인 /ㄸ, ㅆ, ㅉ/으로 교체되었다. 반면에 (40)처럼 앞 어근의 끝소리가 /ㄹ/일지라도, 뒤 어근의 첫소리가 /ㄱ/이나 /ㅂ/일 때에는 된소리되기가 일어나지 않았다. 따라서 한자어 복합어에서 /ㄹ/ 뒤에서 일어나는 된소리되기는 개별 단어에서 일어나는 한정적 변동이다.[13)]

ⓒ **'-을'의 뒤에서 일어나는 된소리되기** : 관형사형 전성 어미인 '-을'에 이어서 실현되는 체언에서 예사소리인 /ㅂ, ㄷ, ㄱ, ㅅ, ㅈ/가 된소리로 교체된다.

---

13) 예를 들어서 '몰상식[몰쌍식]'과는 달리 '몰지각(沒知覺)'은 'ㄹ'의 뒤에서 [ㅈ]이 예사소리로 발음된다.

(41) ㄱ. 할 바를 [할빠를], 할 법하다 [할뻐파다]
ㄴ. 갈 데가 [갈떼가], 할 도리 [할또리]
ㄷ. 할 것을 [할꺼슬], 할 곳 [할꼳]
ㄹ. 할 수는 [할쑤는], 할 사람 [할싸람]
ㅁ. 할 적에 [할쩌게], 할 자세 [할짜세]

(41)의 예에서는 관형사형 어미인 '-ㄹ'에 이어서 실현된 체언의 예사소리인 /ㅂ, ㄷ, ㄱ, ㅅ, ㅈ/이 각각 /ㅃ, ㄸ, ㄲ, ㅆ, ㅉ/의 된소리로 교체되었다.14)

파열음의 뒤에서 일어나는 된소리되기는 보편적인 음운 변동이다. 반면에 비음인 /ㄴ, ㅁ/과 유음인 /ㄹ/의 뒤에서 일어나는 된소리되기는 용언의 활용이나 한자어의 복합어, 그리고 관형사형 전성 어미인 '-을'과 명사라는 문법론적인 조건에 영향을 받는다. 따라서 된소리되기에는 보편적인 음운 변동과 한정적인 음운 변동의 두 가지 특성이 모두 나타난다.15)

(다) 'ㄹ' 두음 법칙

"**'ㄹ' 두음 법칙**(頭音法則)'은 /ㄹ/이 단어의 첫머리(어두, 語頭)에서 발음되는 것을 꺼려서 다른 소리로 바뀌는 현상이다. 곧, 본래 /ㄹ/을 첫소리(초성)로 가졌던 한자음이 어두에 쓰일 때에, /ㄹ/이 /ㄴ/으로 교체되는 현상이다.16)

첫소리가 /ㄹ/인 한자음이 어두에서 /i/나 /j/ 이외의 모음 앞에 쓰일 때에는 /ㄴ/으로 바뀐다.

---

14) 현대 국어에서 쓰이고 있는 활용 어미 중에는 중세나 근대 국어의 시기에 관형사형 어미인 '-을'과 체언이 융합되어서 형성된 것이 있다. 〈표준 발음법〉의 제27항에서는 이들 어미의 내부에서도 (41)과 마찬가지로 된소리되기가 일어나는 것으로 규정하고 있다. (보기: 할밖에[할빠께], 할걸[할껄], 할세라 [할쎄라], 할수록[할쑤록], 할지라도[할찌라도], 할지언정[할찌언정], 할진대[할찐대])

15) 〈표준 발음법〉의 제28항에 따르면, 종속적 합성 명사에서 앞 어근의 끝소리가 울림소리이고 뒤 어근의 첫소리가 안울림의 예사소리이면, 뒤의 어근의 예사소리가 된소리로 교체될 수가 있다.(보기 : 등불[등뿔], 물독[물똑], 촌사람[촌싸람], 밤길[밤낄]) 그러나 이러한 변동은 '종속적 합성 명사'의 어근 사이에서만 일어나는 특수성을 고려하여 '**사잇소리 현상**'으로 처리한다.

16) 예전에는 'ㄹ' 두음 법칙과 'ㄴ' 두음 법칙을 묶어서 '두음 법칙'으로 처리해 왔다. 그러나 'ㄹ' 두음 법칙은 음운의 '교체'에 해당하고, 'ㄴ' 두음 법칙은 음운의 '탈락'에 해당한다. 따라서 이 두 음운 변동 사이에는 어두에서 일어나는 변동이라는 점 이외에는 공통점이 없다. 그리고 국어사를 감안하면 이 두 현상은 별개로 일어난 음운 변화 현상이었다. 곧, 'ㄹ' 두음 법칙은 이미 15세기 말부터 한자어에서 일어났으나, 'ㄴ' 두음 법칙은 18세기 후반에 한자어와 고유어에서 모두 일어났다. 이 책에서는 'ㄹ' 두음 법칙은 '교체'로 처리하고 'ㄴ' 두음 법칙은 '탈락'으로 구분하여 다룬다.

(42) ㄱ. 열락(悅樂), 근로(勤勞), 고루(高樓), 태릉(泰陵), 미래(未來), 낙뢰(落雷)
ㄴ. 낙원(樂園), 노동(勞動), 누각(樓閣), 능묘(陵墓), 내일(來日), 뇌성(雷聲)

원음이 /라, 로, 루, 르, 래, 뢰/인 한자음이 어두에 쓰일 때에는, /ㄹ/이 /ㄴ/으로 교체되어서 각각 /나, 노, 누, 느, 내, 뇌/로 된다. (42)에서 '樂, 勞, 樓, 陵, 來, 雷'는 본래의 발음이 (ㄱ)처럼 /락, 로, 루, 릉, 래, 뢰/였는데, 이들이 (ㄴ)처럼 어두에 실현될 때에는 /낙, 노, 누, 능, 내, 뇌/로 바뀐다.

그런데 'ㄹ' 두음 법칙은 한자어에만 적용되고, 서양에서 들어온 외래어에는 적용되지 않는 특징이 있다.

(43) ㄱ. 라디오, 라면, 로즈마리, 레이저, 레즈비언, 로봇, 롱런, 리그, 리듬, 릴리프
ㄴ. *나디오, *나면, *노즈마리, *네이저, *네즈비언, *노봇, *농런, *니그, *니듬, *닐리프

(ㄱ)에 제시된 외래어에는 어두에서 /ㄹ/이 유지되고 있다. 만일 두음 법칙이 현대 국어의 공시태에서도 적용된다면, 이들 외래어에서도 (ㄴ)처럼 어두에 실현되는 /ㄹ/이 /ㄴ/으로 교체되어야 한다. 그러나 외래어를 발음할 때에는 (ㄱ)처럼 어두에서 원래대로 /ㄹ/로 발음되는 점을 감안하면, 'ㄹ' 두음 법칙 현상은 현대 국어의 공시태에서는 적용되지 않는 음운 현상임을 알 수 있다.

(라) 모음의 교체

'모음의 교체(母音 交替)'는 용언의 어간과 어미가 결합하는 과정에서, 어간의 /ㅣ/가 반모음인 /j/로 교체되거나, 어간의 /ㅗ/나 /ㅜ/가 반모음인 /w/로 교체되는 변동이다.[17]

(44) ㄱ. 견디어 [kjəntiə] → 견뎌 [kjəntjə], 먹이어 [məkiə] → 먹여 [məkjə]
ㄴ. 보아 [poa] → 봐 [pwa], 주어 [tɕuə] → 줘 [tɕwə]

(45) ㄱ. 견디어 [견뎌], 피어서 [펴서], 기어라 [겨라], 비었다 [볐따]
ㄴ. 먹이어 [먹여], 뜨이어서 [뜨여서], 먹이어라 [먹여라], 쓰이었다 [쓰엳다]

17) 『고등학교 문법』(2010:72)에서는 '가지어, 보이어'와 '오아서, 주었다'가 각각 '가져, 보여'와 '와서, 줬다'로 변동하는 현상을 '음운의 축약'으로 처리하였다. 이는 앞뒤 형태소의 두 음절이 한 음절로 줄어진 것에 근거를 두고 있다. 이처럼 '모음의 축약'을 인정하게 되면, '음운의 축약'의 범주 속에 '자음의 축약(거센소리되기)'과 '모음의 축약'을 설정할 수가 있다.

(46) ㄱ. 보아 [봐 :], 고아서 [과 : 서], 쏘았다 [쏴 : 따], 돌보아라 [돌봐 : 라]
ㄴ. 주어 [줘 :], 쑤어서 [쒀 : 서], 두었다 [둬 : 따], 가꾸어라 [가꿔 : 라]

(45)의 '견디어[kjəntiə]'와 '먹이어[məkiə]'는 단모음인 /i/가 반모음인 /j/로 교체되어서 '견뎌[kjəntjə]'와 '먹여[məkjə]'로 실현되었다. 그리고 (46)의 '보아 [poa]'와 '주어 [tɕuə]'는 단모음인 /o/와 /u/가 반모음인 /w/로 교체되어서 '봐[pwa]'와 '줘[tɕwə]'로 실현되었다.

3.2.2. 음운의 탈락

형태소의 경계에서 두 음운이 이어질 때에 한 음운이 탈락(脫落)하여 없어지거나, 한자음인 /ㄴ/이 어두에서 탈락하는 수도 있다. 이러한 음운의 탈락에는 자음이 탈락하는 경우와 모음이 탈락하는 경우가 있다.

3.2.2.1. 자음의 탈락

자음의 탈락에는 '자음군 단순화, 'ㄴ' 두음 법칙, 'ㄹ'의 탈락, 'ㅎ'의 탈락'이 있다.

(가) 자음군 단순화

국어에서 종성으로 실현될 수 있는 겹받침은 /ㄳ, ㄵ, ㄶ, ㄼ, ㄽ, ㄾ, ㅀ, ㅄ, ㄺ, ㄻ, ㄿ/의 11개가 있다. 이들 겹받침은 자음 앞이나 휴지 앞에서 한쪽의 자음이 탈락하는데, 이를 '**자음군 단순화**(겹받침 줄이기)'라고 한다. 이러한 현상은 국어의 음절 구조상 첫소리나 끝소리의 위치에 자음이 하나만 올 수 있는 제약 때문에 일어나는 현상이다.

먼저 겹받침 중에서 'ㄳ ; ㄵ, ㄶ ; ㄺ, ㄻ, ㄼ, ㄽ, ㄿ, ㄾ, ㅀ ; ㅄ'은 자음의 강도에 따른 차이에 따라서 겹받침 중에서 강도가 약한 자음이 탈락한다.

(47) ㄱ. ㄳ → /ㄱ/ : 몫 [목], 삯 [삭]
ㄴ. ㄵ → /ㄴ/ : 앉고 [안꼬], 얹지 [언찌]
ㄷ. ㄶ → /ㄴ/ : 많네 [만네], 않느냐 [안느냐]
ㄹ. ㄺ → /ㄱ/ : 맑다 [막따], 늙지 [늑찌], 닭 [닥], 흙과 [흑꽈] (예외: 맑게[말께])
ㅁ. ㄻ → /ㅁ/ : 젊다 [점따], 닮다 [담 : 따], 삶 [삼]
ㅂ. ㄼ → /ㅂ/ : 밟다 [밥 : 따], 넓죽하다 [넙쭈카다] (예외: 떫다[떨 : 따], 여덟[여덜], 넓다[널따])
ㅅ. ㄽ → /ㄹ/ : 외곬 [외골], 물곬 [물꼴]
ㅇ. ㄿ → /ㅂ/ : 읊다 [읍따], 읊고 [읍꼬]
ㅈ. ㄾ → /ㄹ/ : 핥다 [할따], 훑고 [훌꼬]

ㅊ. ㅀ → /ㄹ/ : 끓는 [끌는], 잃소 [일쏘]
ㅋ. ㅄ → /ㅂ/ : 없고 [업꼬], 값 [갑]

(47)에서 'ㄳ ; ㄵ, ㄶ ; ㄺ, ㄻ, ㄼ, ㄽ, ㄿ, ㄾ, ㅀ ; ㅄ'의 겹받침은 자음의 강도에 따라서, 강도가 약한 자음이 탈락하여 홑받침으로 발음된다.18)

그런데 'ㄹ' 겹받침 중에는 자음의 강도에 따른 탈락 규칙을 지키지 않는 것이 있다.

(48) ㄱ. 넓다 [널따], 떫다 [떨 : 따], 여덟 [여덜]
ㄴ. 맑게 [말께], 묽고 [물꼬], 얽거나 [얼꺼나]

(ㄱ)에서 'ㄼ'은 원칙적으로 '넓다[널따], 떫다[떨 : 따], 여덟[여덜]'처럼 /ㅂ/이 탈락하여 강도가 약한 /ㄹ/로 단순화한다. 그리고 〈표준 발음법〉의 제11항에서는 "다만, 용언의 어간 말음인 'ㄺ'은 'ㄱ' 앞에서 [ㄹ]로 발음한다."라고 규정하여 예외를 인정하고 있다. 이에 따라서 (ㄴ)에서 'ㄺ'은 '맑게[말께], 묽고[물꼬], 얽거나[얼꺼나]'처럼 /ㄱ/이 탈락하여 강도가 낮은 자음인 /ㄹ/로 단순화한다.

참고로 '만들다, 둥글다, 울다, 알다, 멀다, 길다'처럼 /ㄹ/로 끝나는 용언의 어간에 관형사형 어미인 '-ㄴ'이나 '-ㄹ', 그리고 종결 어미인 '-ㅂ니다, -ㅂ니까' 등이 붙어서 활용할 수가 있다. 이처럼 '만든, 둥글, 웁니다'에서 일어나는 변동을 'ㄹ'의 탈락으로 처리하지 않고 자음군 단순화로 처리할 수도 있다.19).

(49) ㄱ. 만들+ㄴ : [*만듡 → 만든]
ㄴ. 둥글+ㄹ : [*둥긇 → 둥글]
ㄷ. 울+ㅂ니다 : [*욻니다 → 웁니다]

18) '자음군 단순화'는 기본적으로 종성에서 나나타는 자음의 강도에 관련한 원칙에 따른다. 곧, 자음의 강도는 조음 위치에 따라서 '여린입천장소리 〉 입술소리 〉 잇몸소리'의 순서로 강도가 정해져 있다. 이에 따라서 종성에 실현되는 겹자음에서는 두 소리 중에서 강도가 높은 쪽이 남고 강도가 낮은 쪽이 탈락한다. 그리고 만일 두 소리의 조음 위치가 동일하여 강도가 같을 경우에는, 유성 자음이 남고 무성 자음이 탈락한다. 예를 들어서 (47)에서 (ㄴ)의 'ㄵ'과 (ㄷ)의 'ㄶ'에 실현된 'ㅈ'과 'ㅎ'에 평파열음화를 적용하면, 'ㅈ'과 'ㅎ'이 /ㄷ/으로 바뀐다. 결과적으로 'ㄵ'과 'ㄶ'의 겹자음들은 앞 소리와 뒤 소리가 모두 /ㄴ/과 /ㄷ/의 잇몸소리여서 자음의 강도가 같다. 이와 같이 종성이 'ㄵ'과 'ㄶ'의 겹자음일 때에는, 유성 자음인 /ㄴ/이 남고 무성 자음인 'ㅈ'과 'ㅎ'이 탈락한다.(양순임 2011:194 참조)

19) 단, 『화법과 언어』(2025)'에서는 '만든, 둥글, 웁니다'를 /ㄹ/이 탈락한 변동으로 처리하고 있다.

'만들-, 둥글-, 울-'처럼 /ㄹ/로 끝나는 어간이 '-ㄴ, -ㄹ, -ㅂ니다'의 어미와 결합할 때에는 매개 모음을 취하지 않는다.(cf. *만들은, *둥글을, *울읍니다) 따라서 '만들다, 둥글다, 울다'의 어간인 '만들-, 둥글-, 울-'에 어미인 '-ㄴ, -ㄹ, -ㅂ니다'가 결합하여 활용할 때에는, 이론적으로 '*만드ᇍ, *둥그ᇐ, *욻니다'와 같은 형태가 유도된다. 그러나 /드ᇍ/, /그ᇐ/, /욻/에서 나타나는 겹받침은 국어의 음절 구조에 맞지 않으므로, 종성의 겹받침 중에서 어간의 자음인 /ㄹ/을 탈락시켜서 '만든, 둥글, 웁니다'의 형태로 실현된 것이다.

(나) 'ㄴ' 두음 법칙

/ㄴ/은 보통의 조음 위치에서는 〈그림 1〉처럼 /n/으로 발음되는데, /i/나 /j/의 앞에서 〈그림 2〉처럼 센입천장소리인 [ɲ]으로 바뀐다.(이호영 1996:96 참조)

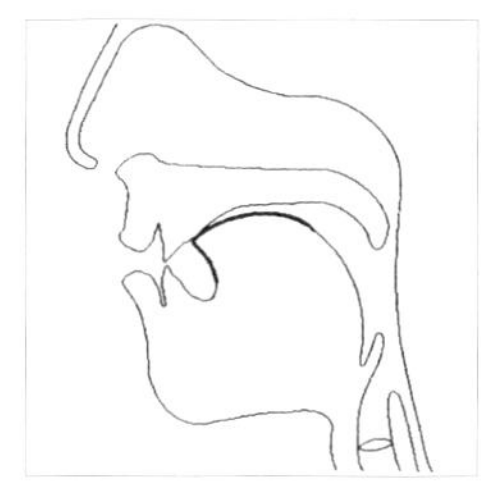

〈그림 1〉 [n]의 발음

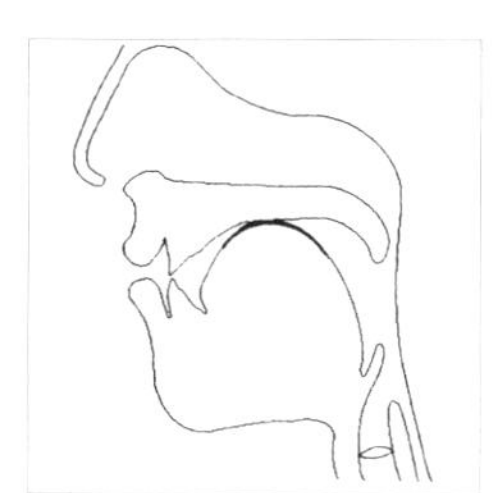

〈그림 2〉 [ɲ]의 발음

그런데 국어에서 [ɲ]은 단어의 첫머리에서는 나타나지 못하는 제약이 있다. 그 결과로 한자음의 /니, 냐, 녀, 뇨, 뉴/는 어두에서 /ㄴ/이 탈락하여 /이, 야, 여, 요, 유/로 실현된다.

(50) ㄱ. 은닉(隱匿), 남녀(男女), 당뇨(糖尿), 결뉴(結紐)
　　ㄴ. 익명(匿名), 여자(女子), 요소(尿素), 유대(紐帶)

'匿, 女, 尿, 紐'가 단어의 첫머리가 아닌 위치에서는 (ㄱ)의 [닉], [녀], [뇨], [뉴]처럼 원래대로 소리 나지만, 이들이 단어의 첫머리에서 나타날 때에는 (ㄴ)처럼 [익], [여], [요], [유]로 발음이 바뀌는 현상이다.

초성이 /ㄹ/인 한자음이 단어의 첫머리에서 /i/나 /j/와 결합할 때에는, /ㄹ/이 탈락한다.

(51) ㄱ. 도리(道理), 괴력(怪力), 하류(下流), 사례(謝禮)
　　ㄴ. 이유(理由), 역도(力道), 유수(流水), 예의(禮儀)

'理, 力, 流, 禮' 등은 본래의 발음이 (ㄱ)처럼 [리, 력, 류, 례]인데, (ㄴ)처럼 단어의 첫머리에서는 /ㄹ/이 탈락한다. 그런데 /ㄹ/의 탈락 현상은 두 가지의 두음 법칙 현상이 이어서 적용된 것이다. 곧, 'ㄹ' 두음 법칙'에 따라서 /ㄹ/이 단어의 첫머리에서 /ㄴ/으로 바뀐 다음에, 'ㄴ' 두음 법칙에 따라서 /ㄴ/이 /i/나 /j/로 시작하는 형태소 앞에서 탈락하였다.

'ㄴ' 두음 법칙도 한자음에만 적용되고, 서양의 외래어나 고유어의 의존 명사에는 적용되지 않는다.

(52) ㄱ. 뉴스, 뉴질랜드, 니켈, 니코틴
ㄴ. 저 녀석, 그 년, 바느질 실 두 님, 동전 세 닢

(ㄱ)에서는 외래어에서 어두의 /ㄴ/이 그대로 유지되고 있고, (ㄴ)에서는 국어의 의존 명사에서 어두의 /ㄴ/이 유지되고 있다.

(다) 'ㄹ'의 탈락

''ㄹ'의 탈락'은 어간이나 어근의 끝소리인 /ㄹ/이 탈락하는 음운 변동이다.

첫째, 용언이 활용할 때에, 어간의 끝소리인 /ㄹ/이 어미인 /ㄴ/이나 /ㅅ/ 앞에서 탈락하는 것이 일반적이다.(보편적 변동)[20]

(53) ㄱ. 만들 + 는 → [만드는], 울 + ㄴ → [운], 둥글 + 니 → [둥그니]
ㄴ. 만들 + 세 → [만드세], 울 + 소 → [우소], 둥그 + 시 + 다 → [둥그시다]

(ㄱ)의 '만드는'은 '만들(作)-'의 끝소리인 /ㄹ/이 어미의 첫소리인 /ㄴ/ 앞에서 탈락하였으며, (ㄴ)의 '만드세'는 '만들-'의 끝소리인 /ㄹ/이 어미의 /ㅅ/의 앞에서 탈락했다.

둘째, 합성어나 파생어가 형성되는 과정에서. 앞 어근의 끝소리 /ㄹ/이 뒤 어근이나 접미사의 첫소리인 /ㄴ, ㄷ, ㅅ, ㅈ/[21]의 앞에서 탈락할 수도 있다.

(54) ㄱ. 불 + 나비 [부나비], 솔 + 나무 [소나무]
ㄴ. 달 + 달이 [다달이], 말 + 되 [마되], 열 + 닫이 [여닫이]

---

20) (53ㄱ)의 '운'에서 어간과 어미가 활용하는 과정에서 일어나는 ''ㄹ'의 탈락'을 자음군 단순화로 처리할 가능성에 대하여는 이 책 81쪽의 내용을 참조할 것.

21) /ㄴ, ㄷ, ㅅ, ㅈ/은 설정성(舌頂性, +coronal)의 변별적 자질을 띤다. 설정성은 조음할 때에 혀끝이 잠자코 숨을 쉴 때보다 높이 올라가는 조음적인 특성을 이른다. 나머지 자음은 비설정성을 띤다.

ㄷ. 말 + 소 [마소], 불 + 삽 [부삽], 불 + 손 [부손], 활 + 살 [화살]
ㄹ. 물 + 자위 [무자위], 쌀 + 전 [싸전], 울 + 짖다 [우짖다]

(55) ㄱ. 딸 + 님 [따님], 하늘 + 님 [하느님]
ㄴ. 바늘 + 질 [바느질]

(54)에서는 어근과 어근이 결합하여 합성어가 형성되는 과정에서 앞 어근의 끝 자음인 /ㄹ/이 탈락하였다. (ㄱ)의 '부나비'에서 '부(← 불)'는 /ㄴ/ 앞에서, (ㄴ)의 '다달이'에서 '다(← 달)'는 /ㄷ/ 앞에서, (ㄷ)의 '마소'에서 '마(← 말)'는 /ㅅ/ 앞에서, (ㄹ)의 '무자위'에서 '무(← 물)'는 /ㅈ/ 앞에서 어근의 끝소리인 /ㄹ/이 탈락하였다. 그리고 (55)에서 '따님'과 '바느질'은 어근에 접미사가 붙어서 된 파생어인데, 각각 접미사의 첫소리인 /ㄴ/과 /ㅈ/ 앞에서 어근의 끝소리인 /ㄹ/이 탈락하였다.

그런데 (54)와 (55)처럼 복합어에서 일어나는 'ㄹ'의 탈락은 보편적으로 일어나는 현상이 아니다. 동일한 음운론적 환경에서도 앞 어근의 끝 소리인 /ㄹ/이 그대로 유지되거나, /ㄹ/이 /ㄷ/으로 변동하는 경우도 있기 때문이다.(한정적 변동)

(56) ㄱ. 물 + 난리 [물랄리], 물 + 동이 [물똥이], 철 + 새 [철쌔], 물 + 지게 [물찌게]
ㄴ. 이틀 + 날 [이튿날 → 이튼날], 설 + 달 [섣달], 풀 + 소 [푿소], 잘 + 주름 [잗쭈름]

(ㄱ)의 '물난리'에는 앞 어근의 끝소리인 /ㄹ/이 그대로 유지되었으며, (ㄴ)의 '이틀날'에는 앞 어근의 끝소리인 /ㄹ/이 /ㄷ/으로 바뀌었다.([이튿날] → [이튼날]) 따라서 합성어나 파생어에 나타나는 'ㄹ'의 탈락은 단어마다 개별적으로 일어나는 '한정적인 변동'이다.

(라) 'ㅎ'의 탈락

''ㅎ'의 탈락'은 /ㅎ/으로 끝나는 용언의 어간에 모음으로 시작하는 어미나 파생 접미사가 붙으면, 어간의 /ㅎ/이 탈락하는 음운 변동이다.

(57) ㄱ. 좋 + 아 [조아], 낳 + 아도 [나아도], 놓 + 아야 [노아야], 넣 + 어라 [너어라]
ㄴ. 좋 + 은 [조은], 낳 + 으며 [나으며], 놓 + 으면 [노으면], 넣 + 으니 [너으니]
ㄷ. 쌓 + 이다 [싸이다], 끓 + 이다 [끄리다], 놓 + 이다 [노이다]

(ㄱ)에서는 '좋다, 낳다, 놓다, 넣다'의 어간에 모음으로 시작하는 어미인 '-아, -아도,

-아야, -어라' 등이 붙어서 활용할 때에, 어간의 끝소리인 /ㅎ/이 탈락하였다. 그리고 (ㄴ)에서는 /ㅎ/으로 끝나는 어간에 매개 모음인 /ㅡ/를 앞세우는 어미와 결합하여 활용하는 과정에서, 어간의 끝소리인 /ㅎ/이 탈락하였다. (ㄷ)은 /ㅎ/으로 끝나는 어근인 '쌓-, 끓-, 놓-'에 모음으로 시작하는 파생 접미사인 '-이-'가 붙는 과정에서, 어근의 끝소리인 /ㅎ/이 탈락하였다.[22)]

3.2.2.2. 모음의 탈락

두 형태소가 결합하는 과정에서, 모음과 모음이 이어지면 발음하기에 불편해진다. 이와 같은 불편을 해소하여 발음을 편하게 하기 위하여 앞 모음이나 뒤 모음이 탈락하는 경우가 있다. 이와 같은 모음 탈락의 종류로는 "'ㅡ'의 탈락'과 "'ㅏ/ㅓ'의 탈락'이 있다.

(가) 'ㅡ'의 탈락

"'ㅡ'의 탈락'은 /ㅡ/로 끝나는 어간과 /ㅓ/로 시작하는 어미가 붙어서 활용할 때에, 어간의 끝 모음인 /ㅡ/가 탈락하는 현상이다.

(58) ㄱ. 끄 + 어라 [꺼라], 모으 + 어라 [모아라], 담그 + 어도 [담가도]
　　ㄴ. 쓰 + 었다 [썼따], 예쁘 + 었다 [예뻤따], 담그 + 었다 [담갔따]

(ㄱ)에서 '끄다'의 어간인 '끄-'에 어미인 '-어라'가 결합하여 활용할 때에, 어간의 끝소리인 /ㅡ/가 탈락하였다. (ㄴ)에서 '쓰다'의 어간인 '쓰-'에 어미인 '-었-'이 붙어서 활용할 때에, 어간의 끝소리인 /ㅡ/가 탈락하였다. 이렇게 모음과 모음이 이어질 때 어간의 끝소리인 /ㅡ/가 탈락하는 것은 /ㅡ/가 가장 약한 모음이기 때문으로 보인다.

(나) 'ㅏ'와 'ㅓ'의 탈락

"'ㅏ'와 'ㅓ'의 탈락'은 모음으로 끝나는 어간과 /ㅏ/나 /ㅓ/로 시작하는 어미가 이어질 때에, 뒤의 모음인 /ㅏ/나 /ㅓ/가 탈락하는 변동이다.

22) 이러한 현상은 /ㅎ/이 모음과 모음 사이에서 유성음화하여 약화됨으로써 일어나는 현상이다. 곧, /ㅎ/이 (57)처럼 유성음과 유성음의 사이에 실현될 때에는, 원래의 '무성의 후두 마찰음(/h/)'의 음가를 유지하지 못하고 유성의 후두 마찰음인 [ɦ]으로 바뀐다. 언중들은 약화된 [ɦ]의 소리를 하나의 음소로 인식하지 못하므로, /ㅎ/이 탈락한 것으로 생각하는 것이다. 이에 반해서 'ㅎ' 불규칙 용언인 '노랗다, 하얗다, 그렇다'가 '노란, 하얀, 그런'이나 '노래서, 하얘서, 그래서' 등으로 활용하는 것은 /ㅎ/의 음소가 완전히 탈락한 것이다. 이처럼 용언이 활용할 때에 규칙 활용을 하는 용언은 어간의 /ㅎ/이 약화된 반면에 불규칙 활용을 하는 용언은 /ㅎ/이 완전히 탈락한 것이다.

(59) ㄱ. 가 + 아서 [가서], 타 + 아라 [타라]
ㄴ. 서 + 어서 [서서], 펴 + 어라 [펴라]
ㄷ. 가 + 았다 [갇따], 타 + 았다 [탇따]
ㄹ. 서 + 었다 [섣따], 펴 + 었다 [펻따]

(59)의 (ㄱ)에서 '가다'의 어간인 '가-'에 어미인 '-아서'가 붙어서 활용할 때에, 어미의 첫소리인 /ㅏ/가 탈락하였다. (ㄷ)에서 '가다'의 어간인 '가-'에 어미 '-았-'이 붙어서 활용할 때에, 어미의 첫소리인 /ㅏ/가 탈락하였다. 이와 같은 변동은 동일한 음운이 겹치면서 어미의 모음이 탈락한 것인데, 이는 반드시 일어나야 하는 필연적인 변동이다.[23]

그리고 어간의 끝소리인 /ㅐ/와 /ㅔ/의 뒤에서 어미의 첫 모음인 /ㅓ/가 탈락할 수 있다.

(60) ㄱ. 깨 + 어서 → 깨어서/깨서 [깨어서/깨 : 서], 베 + 어라 → 베어라/베라 [베어라/베 : 라]
ㄴ. 내 + 었다 → 내었다/냈다 [내얻따/낻 : 따], 베 + 었다 → 베었다/벴다 [베얻따/벧 : 따]

(60)에서 (ㄱ)의 '깨다'의 어간인 '깨-'에 어미인 '-어서'가 붙어서 활용할 때에는, 뒤의 모음이 탈락되지 않은 형태인 '깨어서'와 탈락된 형태인 '깨서'가 수의적으로 실현된다. 이처럼 뒤의 모음이 탈락되면 남은 앞 모음은 /ㅐ : /, /ㅔ : /의 긴소리로 바뀌는데, 이는 어미의 모음이 탈락한 것을 보상하기 위한 변동이다.[24]

(다) 반모음 /j/의 탈락

센입천장소리인 /ㅈ, ㅉ, ㅊ/의 뒤에는 이중 모음이 발음되지 못하는 제약이 있다.

---

23) (59)처럼 용언이 활용하는 과정에서 어간의 모음과 어미의 모음이 탈락될 때에는, 어간의 모음이 탈락한 것인지 어미의 모음이 탈락한 것인지를 판단하기가 어렵다. 첫째, (58)의 '/ㅡ/ 탈락'을 제외하면, 일반적으로 어간과 어미가 결합할 때에는 대부분 (60)처럼 어미의 모음이 탈락한다. 이러한 사실을 감안하면 어미의 /ㅏ/, /ㅓ/가 탈락한 것으로 볼 수 있다. 둘째, 어간인 '가-'에 어미인 '-아'가 붙어서 활용한 형태는 '가(←가- + -아)'가 된다. 이러한 활용 형태를 어미의 /ㅏ/가 탈락한 것으로 처리하면, 어미의 형태가 실현되지 않게 된다. 활용은 어간과 어미의 결합한 형태인데, 어미의 형태가 아예 실현되지 않은 것으로 설명하는 것은 무리가 따른다.(이진호 2012:141 참조.)

24) (60)에서 '깨어서'와 '베었다'가 각각 [배 : 서]와 '벴다[벧 : 따]'로 변동한 것은 모음이 짧은소리에서 긴소리로 변했다. 이러한 점을 감안해서 이들 변동을 모음 탈락으로 보지 않으려는 견해도 있다. 곧, '깨어서[깨 : 서]'는 /깨- + -어서/ → /깨- + -애서/ → /깨 : 서/의 변동 결과로 해석하고, '베었다[벧 : 다]'도 /베- + -얻따/ → /베- + -엗따/ → /벧 : 다/의 변동 결과로 해석하였다. 이러한 점을 감안해서 이진호(2012:129)에서는 (60)의 변동을 '모음의 완전 순행 동화'로 처리하였다. 후행하는 모음이 선행 음절의 모음과 완전히 같아지는 음운 현상으로서 동화 현상의 일종으로 처리한 것이다.

이러한 제약에 따라서 용언의 활용형에서 '져(← 지어), 쪄(← 찌어), 쳐(← 치어)'의 '여'는 /ㅕ/로 발음되지 않고 /ㅓ/로만 발음된다.(/jə/→/ə/, /j/의 탈락)

(61) ㄱ. 가지어 → 가져[가저], 살찌어 → 살쪄 [살쩌], 다치어 → 다쳐 [다처]
ㄴ. 굳히어 → 굳혀[구처], 잊히어 → 잊혀 [이처], 붙이어 → 붙여 [부처]

(61)의 활용에서 이중 모음인 /ㅕ, jə/가 단모음인 /ㅓ, ə/로 변동하였으므로, 결과적으로 반모음인 /j/가 탈락한 것이다. 이처럼 센입천장소리의 뒤에서 /j/가 탈락하는 것은 센입천장소리와 /j/의 조음 위치가 매우 유사하기 때문에 일어나는 현상이다.

3.2.3. 음운의 첨가

형태소와 형태소가 결합하는 과정에서 특정한 음운이 덧붙는 현상을 '음운의 첨가'라고 한다. 국어에서 나타나는 첨가 현상으로는, 자음이 첨가되는 "ㄴ'의 첨가'와 모음이 첨가되는 '반모음의 첨가'가 있다.

(가) 'ㄴ'의 첨가

'ㄴ'의 첨가는 주로 복합어를 형성하는 어근과 어근, 혹은 접두사와 어근 사이에 /ㄴ/이 첨가되는 음운 현상이다. 곧, 합성어나 접두 파생어에서 앞 어근이나 접두사가 자음으로 끝나고 뒤의 어근이 /ㅣ/나 /j/로 시작할 때에 /ㄴ/이 첨가된다.

(62) ㄱ. 솜-이불 [솜니불], 삯-일 [상닐], 홑-이불 [혼니불]
ㄴ. 내복-약 [내봉냑], 콩-엿 [콩녇], 호박-엿 [호방녇], 색-연필 [생년필], 눈-요기 [눈뇨기], 밤-윷 [밤뉻]

(63) ㄱ. 맨-입 [맨닙], 막-일 [망닐], 짓-이기다 [진니기다], 헛-일 [헌닐]
ㄴ. 한-여름 [한녀름], 된-여울 [된녀울], 맹-연습 [맹년습]

(64) ㄱ. 들-일 [들닐 → 들릴], 솔-잎 [솔닙 → 솔립], 물-약 [물냑 → 물략], 불-여우 [불녀우 → 불려우], 서울-역 [서울녁 → 서울력]
ㄴ. 물-엿 [물녇 → 물렫], 휘발-유 [휘발뉴 → 휘발류], 유들-유들 [유들뉴들 → 유들류들]
ㄷ. 설-익다 [설닉따 → 설릭따]

(62)의 합성어에는 어근과 어근 사이에 /ㄴ/이 첨가되었고, (63)의 파생어에는 접두사와 어근 사이에 /ㄴ/이 첨가되었다. 그리고 (64)에서는 /ㄴ/의 첨가가 먼저 일어난 뒤에, /ㄹ/과 /ㄴ/의 결합에 따라서 뒤의 /ㄴ/이 /ㄹ/로 교체된 예이다.('ㄴ' 첨가와 비음의 유음화)

그리고 단어와 단어 사이에서도, 앞 단어가 자음으로 끝나고 뒤 단어가 /ㅣ/나 /j/로 시작할 때에 /ㄴ/이 첨가되는 예가 있다.

(65) 한 일 [한 닐], 옷 입다 [온 닙따], 먹은 엿 [머근 녇], 그런 여자 [그런 녀자], 정당한 요구 [정당한 뇨구], 안 열린다 [안 녈린다], 못 잊는다 [몬 닌는다]

(66) 할 일 [할닐 → 할릴], 잘 입다 [잘닙다 → 잘립따], 스물 여섯 [스물녀섣 → 스물려섣], 1연대 [일년대 → 일련대], 먹을 엿 [머글녇 → 머글렫]

(65)와 (66)은 단어와 단어 사이에서 /ㄴ/의 첨가가 일어난 예이다. 특히 (66)에서는 단어와 단어 사이에서 /ㄴ/의 첨가가 먼저 일어난다. 그 결과로 앞 음절의 /ㄹ/과 뒤 음절의 /ㄴ/이 이어짐에 따라서, 뒤 음절의 /ㄴ/이 /ㄹ/로 교체되는 유음화가 일어난 예이다.

(나) 반모음의 첨가

형태소와 형태소가 결합할 때에, 모음과 모음이 이어지는 과정에서 반모음인 /j/가 첨가되는 경우가 있다.

첫째, /ㅣ/나 /ㅐ, ㅔ, ㅚ, ㅟ, ㅢ/로 끝나는 용언의 어간에 어미인 '-어'가 결합할 때에, '-어'는 /ㅓ/로 발음하는 것이 원칙이다. 하지만 화자에 따라서는 /ㅓ/에 반모음 /j/를 수의적으로 첨가하여서 /ㅕ/로 발음하는 경우도 있다.

(67) ㄱ. 피어 [피어/피여], 피어서 [피어서/피여서], 피었다 [피얻따/피엳따]
　　ㄴ. 되어 [되어/되여], 되어서 [되어서/되여서], 되었다 [되얻따/되엳따]

(68) ㄱ. 개어 [개어/개여], 개어서 [개어서/개여서], 개었다 [개얻따/개엳따]
　　ㄴ. 베어 [베어/베여], 베어서 [베어서/베여서], 베었다 [개얻따/베엳따]
　　ㄷ. 뀌어 [뀌어/뀌여], 뀌어서 [뀌어서/뀌여서], 뀌었다 [뀌얻따/뀌엳따]
　　ㄹ. 띄어 [띠어/띠여], 띄어서 [띠어서/띠여서], 띄었다 [띠얻따/띠엳따]

(67)과 (68)처럼 어간과 어미 사이에서 모음이 충돌할 때에는 어미인 '-어'는 /ㅓ/로 발음하는 것이 원칙이다. 그러나 어간에 어미가 붙어서 활용할 때에, (67)의 '되어'나 '피어'처럼 모음이 이어지면 발음하기가 거북하다. 이러한 이유로 현실 언어에서는 모음 충돌을 피하여 편하게 발음하기 위하여, 어미의 '-어'에 반모음 /j/를 첨가하여서 [되여]나 [피여]로 발음할 수도 있다. 〈표준 발음법〉의 제22항에서는 (67)의 [피여]와 [되여]처럼 현실 언어 생활에서 반모음이 첨가되는 발음을 허용한 것이다. 단, (68)처럼 /ㅐ, ㅔ, ㅚ, ㅟ, ㅢ/의 뒤에 /ㅓ/가 이어질 때에 반모음 /j/가 첨가된 발음을 표준 발음으로 허용하는지는 분명하지 않다.

둘째, 〈표준 발음법〉에서는 제22항의 '붙임'의 사항으로서, '이오'와 '아니오'도 [이오]와 [아니오]로 발음하는 것을 원칙으로 하되, [이요]와 [아니요]로 발음하는 것도 허용했다.

(69) ㄱ. 이것은 책이오. [채기오/채기요]
　　ㄴ. 저것은 책이 아니오. [아니오/아니요]

(70) ㄱ. 아기가 기오. [기오/*기요]
　　ㄴ. 반지를 끼오. [끼오/*끼요]
　　ㄷ. 맛이 시오. [시오/*시요]
　　ㄹ. 꽃이 피오. [피오/*피요]

(69)처럼 /ㅣ/로 끝나는 어간의 뒤에 결합하는 어미 '-오'를 [요]로 발음하는 것을 허용한 것은, 서술격 조사의 활용 형태인 '이오'와 형용사의 활용형인 '아니오'에 한정된 규정이다. 곧, /ㅣ/로 끝나는 어간인 '기-, 끼-, 시-, 피-'의 뒤에 어미 '-오'가 붙어서 활용할 때에는, 반모음이 첨가되어서 어미 '-오'가 [요]로 발음될 수도 있다. 그러나 (70)에서 /ㅣ/ 뒤에서 반모음이 첨가되는 현상은 표준 발음으로 인정되지 않는다.

셋째, 어간이 /ㅗ/나 /ㅜ/로 끝나는 용언에 /ㅏ/나 /ㅓ/로 시작하는 어미가 결합되어 활용할 때에는, 반모음 /w/가 첨가되어서 이중 모음인 /ㅘ/나 /ㅝ/로 발음될 수도 있다.

(71) ㄱ. 보아라 [보아라/봐라/*보와라] [/a/ → /wa/]
　　ㄴ. 쏘아서 [쏘아서/쏴서/*쏘와서]

(72) ㄱ. 두어라 [두어라/둬라/*두워라] [/ə/ → /wə/]
　　ㄴ. 주어서 [주어서/줘서/*주워서]

(71)과 (72)에서 '보아라'와 '두어라'는 화자에 따라서 수의적으로 [*보와라]와 [*두워라]로 발음하는 경우가 있다. 이렇게 발음할 경우에는 /ㅏ/와 /ㅓ/가 각각 /ㅘ/와 /ㅝ/로 발음됨으로써 반모음 /w/가 첨가되었다. 이처럼 반모음인 /w/가 첨가되는 발음은 표준 발음으로 인정되지 않는다.

3.2.4. 음운의 축약

두 형태소가 이어질 때에 두 음운이 합쳐져서 제3의 음운이 되는 것을 '**음운의 축약**(縮約)'이라고 한다. 이렇게 축약된 제3의 음운에는 원래의 두 음운의 성질이 반영되는 것이 특징이다. 축약 현상에는 '**자음의 축약**'과 '**모음의 축약**'이 있다.

(가) 자음의 축약

두 형태소가 결합하는 과정에서 예사소리인 /ㅂ, ㄷ, ㅈ, ㄱ/과 /ㅎ/이 이어지면, 거센소리인 /ㅍ, ㅌ, ㅊ, ㅋ/으로 축약된다.(거센소리되기, 유기음화)

(73) ㄱ. 잡 + 히 + 다 [자피다], 입 + 학[이팍]
ㄴ. 닫 + 히 + 다 [다티다 → 다치다], 굳 + 히 + 다 [구티다 → 구치다]
ㄷ. 앉 + 히 + 다 [안치다]
ㄹ. 먹 + 히 + 다 [머키다], 낙 + 하 [나카]

(74) ㄱ. 좋 + 고 [조(ㅎㄱ)ㅗ → 조(ㄱㅎ)ㅗ → 조코]
ㄴ. 많 + 다 [만(ㅎㄷ)ㅏ → 만(ㄷㅎ)ㅏ → 만타]
ㄷ. 옳 + 지 [올(ㅎㅈ)ㅣ → 올(ㅈㅎ)ㅣ → 올치]

(75) ㄱ. 앓 + 브 + 다 → *알프다 → 아프다
ㄴ. 곯 + 브 + 다 → *골프다 → 고프다

(73)의 '잡히다, 닫히다, 앉히다, 먹히다'에서 앞 형태소의 끝소리인 /ㅂ, ㄷ, ㅈ, ㄱ/과 뒤 형태소의 끝소리인 /ㅎ/이 합쳐져서 각각 하나의 자음인 /ㅍ, ㅌ, ㅊ, ㅋ/으로 축약되었다. 그리고 (74)에서 '좋고, 많다, 옳지'에서는 앞 형태소의 /ㅎ/과 뒤 형태소의 /ㄱ, ㄷ, ㅈ/이 /ㅋ, ㅌ, ㅊ/로 축약되었다.[25] (75)에서 '아프다'와 '고프다'는 어근인 '앓-'과

25) (74)와 (75)에서 축약이 일어나기 전에 먼저 /ㅎ/ 끝소리와 /ㄱ, ㄷ, ㅈ/이 서로 위치를 바꾼다.

'곯-'에 형용사 파생 접미사인 '-브-'가 붙어서 파생어가 되는 과정에서 /ㅎ/과 /ㅂ/이 /ㅍ/으로 축약되었다.

(나) 모음의 축약

두 형태소가 결합하는 과정에서, 두 음소가 한 음소로 줄어지는 일이 있다.

첫째, /ㅚ/로 끝나는 어간에 /ㅓ/로 시작하는 어미가 결합될 때에, /ㅚ/와 /ㅓ/가 /ㅙ/로 축약될 수 있다.

(76) 괴어 → 괘 [괘 :], 되어 → 돼 [돼 :], 뵈어 → 봬 [봬 :]

'괴어, 되어, 뵈어'는 어간의 끝 모음인 /ㅚ/와 어미의 첫 모음인 /ㅓ/가 /ㅙ/로 축약되는 동시에, 축약된 모음은 긴 소리인 /ㅙ : /로 바뀐다.(보상적 장모음)

둘째, 어근에 파생 접미사가 붙어서 파생어가 되는 과정에서, 어근의 끝소리와 접미사의 두 단모음이 하나의 단모음으로 축약될 수 있다.(〈한글 맞춤법〉의 제38항 참조)

(77) ㄱ. 까이다 [깨 : 다], 싸이다 [쌔 : 다]
ㄴ. 꼬이다 [꾀 : 다], 보이다 [뵈 : 다], 쏘이다 [쐬 : 다]
ㄷ. 누이다 [뉘 : 다]
ㄹ. 뜨이다 [띄 : 다 → 띠다], 트이다 [틔 : 다 → 티다], 쓰이다 [씌 : 다 → 씨다]

(ㄱ)의 '까이다'에서는 /ㅏ/와 /ㅣ/가 /ㅐ/로 축약되었으며, (ㄴ)의 '꼬이다'에서는 /ㅗ/와 /ㅣ/가 /ㅚ/로 축약되었다. 그리고 (ㄷ)의 '누이다'는 /ㅜ/와 /ㅣ/가 /ㅟ/로 축약되었으며, (ㄹ)의 '띄이다'에서는 /ㅡ/와 /ㅣ/가 /ㅣ/로 축약되었다.[26] 이때 축약된 모음은 장모음으로 바뀐다.(보상적 장모음) (76)과 (77)의 축약 현상은 모두 수의적으로 일어난다.[27]

곧, '/ㅎ/+/ㄱ, ㄷ, ㅈ/'에서 '/ㄱ, ㄷ, ㅈ/+/ㅎ/'으로 실현되는 위치가 바뀌게 된다.

26) 이중 모음인 /ㅢ/가 자음 뒤에 쓰이면 /ㅢ/의 반모음인 /ɰ/가 탈락한다. 따라서 '띄다, 틔다, 씌다'는 실제로는 [띠 : 다], [티 : 다], [씨 : 다]로 발음된다.

27) 지금까지 논의한 '국어의 음운 변동 현상'의 유형을 정리하면 다음과 같다. 첫째, '교체' 현상으로 '동화 교체(비음화, 유음화, 자음의 위치 동화, 구개음화, 모음 조화, 모음 동화)'와 '비동화 교체(평파열음화, 'ㄹ' 두음 법칙, 된소리되기)'가 있다. 둘째, '탈락' 현상으로 '자음의 탈락(자음군 단순화, 'ㄴ' 두음 법칙, 'ㄹ'의 탈락, 'ㅎ'의 탈락)과 '모음의 탈락('ㅡ' 탈락, 'ㅏ/ㅓ'의 탈락)이 있다. 셋째, '축약' 현상으로 자음의 축약과 모음의 축약이 있다. 넷째 '첨가' 현상으로 '사잇소리 현상'과 '반모음 첨가'가 있다.

{ 사잇소리 현상 }

〈 사잇소리 현상의 개념 〉 명사 어근과 명사 어근이 결합하여 종속적인 합성 명사를 이룰 때에, 뒤 어근의 예사소리가 된소리로 바뀌거나 두 어근 사이에 /ㄴ/이 첨가될 수 있다. 이러한 음운 변동을 아울러서 '사잇소리 현상'이라고 한다.

(1) ㄱ. 나루 + 배 → [나루빼] cf. 나무배 [나무배]
ㄴ. 회(回) + 수(數) → [회쑤] cf. 회수(回收) [회수]

(2) ㄱ. 코 + 물 → [콘물] cf. 머리말 [머리말]
ㄴ. 공(空) + 일(事) → [공닐] cf. 공일(空日) [공일]

(1)의 (ㄱ)에서는 '나루'와 '배'가 결합하여 합성 명사가 되면서 '배'의 예사소리인 /ㅂ/이 된소리인 /ㅃ/으로 바뀌었으며, (ㄴ)에서는 '회(回)'와 '수(數)'가 결합하면서 /ㅅ/이 /ㅆ/으로 바뀌었다. 그리고 (2)의 (ㄱ)에서는 '코'와 '물'이 결합되면서 두 어근 사이에 /ㄴ/이 첨가되었으며, (ㄴ)에서는 '공(空)'과 '일(事)'이 결합하면서 /ㄴ/이 첨가되었다. 그런데 (1~2)와 동일한 음운 환경에 놓여 있는 단어인데도, 사잇소리 현상이 일어나지 않는 예가 있다. 곧 (1)의 '나무배(木船), 회수(回收)'와 (2)의 '머리말, 공일(空日)'에서는 사잇소리 현상이 일어나지 않는데, 이러한 예를 보면 사잇소리 현상이 개별적 변동이라는 사실을 확인할 수 있다.

사잇소리는 합성어 또는 이에 준하는 구조에서 앞 어근(단어)의 끝을 폐쇄하여 기류를 정지시킴으로써, 단어 사이에 휴지(pause)를 성립시켜서 형태소의 경계를 표시하는 기능을 한다.[1)]

〈 사잇소리 현상의 유형 〉 사잇소리 현상은 단일한 음운 변동 현상으로 설명할 수 있는 음운 변동 현상이 아니다. 곧 사잇소리 현상이 일어나는 음운론적인 환경과 변동의 결과를 살펴보면, 다음과 같은 변동의 유형으로 나누어진다.

ⓐ **첫째 유형** : 앞 어근의 끝소리가 울림소리(유성음)이고 뒷말의 첫소리가 안울림(무성음)의 예사소리이면, 뒤의 예사소리가 된소리로 교체될 수가 있다.

(3) ㄱ. 초 + 불 → [촌뿔], 배 + 사공 → [배싸공]
ㄴ. 촌 + 사람 → [촌싸람], 밤 + 길 → [밤낄], 물 + 독 → [물똑], 등 + 불 → [등뿔]

(3)에서는 끝소리가 모음이나 유성 자음인 어근이 예사소리로 시작하는 어근과 결합하는 과정에서, 뒤 어근의 예사소리인 /ㅂ, ㅅ, ㄱ, ㄷ/이 된소리인 /ㅃ, ㅆ, ㄲ, ㄸ/으로 교체되었다.

이러한 사잇소리 현상에 대하여, 어근과 어근이 결합하여 합성 명사가 되는 과정에서 두 어근 사이에 /ㄷ/이 첨가되는 현상으로 설명한다.[2] 예를 들어서 (ㄱ)에서 '촛불'의 어근인 '초'와 '불'이 결합하는 과정에서, 기저(基底) 형태에서 /ㄷ/이 첨가되었다. 여기에 다시 '된소리되기'가 적용되어서, 앞 어근의 끝소리 /ㄷ/에 이어지는 뒤 어근의 첫소리인 /ㅂ/이 된소리인 /ㅃ/으로 교체되었다.

지금까지 살펴본 사잇소리 현상의 적용 과정을 정리하면, 다음의 〈표 1〉와 같다.

어근의 결합	기저 형태			표면 형태	표기 형태
	(기저 형태 1)	⇨	기저 형태 2		
초 + 불	초ㅅ+ 불	→	초ㄷ + 불	[초뿔]	촛불
촌 + 사람	촌ㅅ + 사람	→	촌ㄷ + 사람	[촌싸람]	촌사람
어근 + 어근	/ㄷ/ 첨가			된소리되기	사이시옷

〈표 1〉 유성음과 예사소리의 사이에서 일어나는 사잇소리 현상

ⓑ 둘째 유형: 앞의 어근이 모음으로 끝나고 뒤의 어근이 /ㄴ, ㅁ/으로 시작되면, /ㄴ/ 소리가 첨가될 수가 있다.(『고등학교 문법』 2010:74, <한글 맞춤법> 제30항 참조)

(4) ㄱ. 코 + 날: [콛날] → [콘날] ⇨ '콧날' ['ㄷ' 첨가 → 비음화]
ㄴ. 이 + 몸: [읻몸] → [인몸] ⇨ '잇몸' ['ㄷ' 첨가 → 비음화]

(ㄱ)에서는 '코'와 '날'과, '이'와 '몸'이 결합하여 합성 명사가 되었다. 이때에는 앞의 (3)의 예와 마찬가지로 기저에서 두 어근 사이에 먼저 /ㄷ/이 첨가되어서 각각 [콛날]과 [읻몸]으로 변동한 다음에, 비음화에 따라서 [콘날]과 [인몸]의 표면 형태로 된다.

(3)과 (4)의 변동 과정을 살펴보면, 기저에서 둘 다 /ㄷ/이 첨가된 변동 현상에 해당한다.

(5) ㄱ. 초 + 불: [촏불] → [촌뿔] ['ㄷ' 첨가 → 된소리되기]
ㄴ. 코 + 날: [콛날] → [콘날] ['ㄷ' 첨가 → 비음화]

(5)에서 (ㄱ)과 (ㄴ)의 예들은 기저에서 'ㄷ' 첨가를 적용받은 것은 동일하다. 다만 최종적으로 표면 형태가 실현될 때에, (ㄱ)에서는 '된소리되기'가 적용되고 (ㄴ)에서는 '비음화'가 적용된 차이가 있을 뿐이다.

ⓒ 셋째 유형: 앞의 어근이 자음으로 끝나고 뒤의 어근이 모음 /ㅣ/나 반모음 /j/로 시작될 때에는, /ㄴ/이 하나 혹은 둘이 첨가될 수가 있다.

(6) ㄱ. 금 + 이 : [*그미] → [금니]
ㄴ. 논 + 일 : [*노닐] → [논닐]
ㄷ. 콩 + 잎 : [*콩입] → [콩닙]

(7) ㄱ. 콩 + 엿 : [*콩엳] → [콩녇]
ㄴ. 좀 + 약 : [*조먁] → [좀냑]
ㄷ. 눈 + 요기 : [*누뇨기] → [눈뇨기]

(6)의 '금니, 논닐, 콩잎' 등은 합성 명사에서 뒤 어근의 모음이 /ㅣ/인 환경에서 /ㄴ/이 첨가되었으며, (7)의 '콩엿[콩녇], 좀약[좀냑], 눈요기[눈뇨기]' 등은 뒤 어근이 반모음인 /j/인 환경에서 /ㄴ/이 첨가되었다.

그런데 (6~7)처럼 'ㄴ'의 첨가만 일어나는 경우도 있지만, 다른 음운 변동 현상이 뒤따르는 경우가 있다.

첫째, 'ㄴ'의 첨가가 일어난 뒤에 비음화나 유음화가 다시 적용된 예가 있다.

(8) ㄱ. 집 + 일 : [집닐] → [짐닐] [ㄴ 첨가→비음화]
ㄴ. 물 + 약 : [물냑] → [물략] [ㄴ 첨가→유음화]

(ㄱ)에서 '집일'은 /ㄴ/이 첨가되어서 /집닐/로 변동된 뒤에, 다시 비음화가 일어나서 [짐닐]로 교체되었다. 그리고 (ㄴ)에서 '물약'은 /ㄴ/이 첨가되어서 [물냑]으로 변동된 뒤에 다시 유음화가 일어나서 [물략]으로 바뀌었다.

둘째, 평파열음화와 'ㄴ'의 첨가가 적용된 뒤에, 다시 비음화가 적용된 예가 있다.

(9)						
ㄱ. 앞 + 이마 :	[압이마]	→	[압니마]	→	[암니마]
ㄴ. 홑 + 이불 :	[혿이불]	→	[혿니불]	→	[혼니불]
	평파열음화		'ㄴ'의첨가		비음화

'앞이마'와 '홑이불'은 평파열음화와 'ㄴ'의 첨가가 적용되어서 [압니마]와 [혿니불]로 변동한 뒤에, 이어서 이들 어형에 비음화가 적용되어서 [암니마]와 [혼니불]로 실현되었다.

셋째, 앞 어근이 모음으로 끝난 복합어에는 'ㄷ'의 첨가가 먼저 일어나서 앞 어근을 자음으로 끝나게 한다. 이어서 'ㄴ'의 첨가가 일어난 뒤에, 다시 비음화가 적용된 예도 있다.

(10)					
ㄱ. 대 + 잎 :	[댇 + 입]	→	[댇닙]	→	[댄닙]
ㄴ. 뒤 + 일 :	[뒫 + 일]	→	[뒫닐]	→	[뒨닐]
ㄷ. 깨 + 잎 :	[깯 + 입]	→	[깯닙]	→	[깬닙]
ㄹ. 나무 + 잎 :	[나묻 + 입]	→	[나묻닙]	→	[나문닙]
	'ㄷ' 첨가		'ㄴ' 첨가		비음화

(ㄱ)과 (ㄴ)에서 '댓잎'과 '뒷일'은 앞 어근과 뒤 어근이 결합하는 과정에서, 먼저 /ㄷ/이 첨가되어서 [댇잎]과 [뒫일]로 변동하고, 이어서 /ㄴ/이 첨가되어서 [댇닙]과 [뒫닐]로 바뀌었다. 그리고 이들 형태에 다시 비음화가 적용되어서 [댄닙]과 [뒨닐]로 바뀌었다. 그리고 (ㄷ)의 '깻닙'과 (ㄹ)의 '나뭇잎'도 마찬가지의 변동 과정이 적용되어서 [깬닙]과 [나문닙]으

로 변동하였다.

ⓓ **넷째 유형**: 한자어의 복합어에도 사잇소리 현상이 일어나는 수가 있다.

(11) ㄱ. 고(高) + 가(價) → [고까] cf. 고가(高架) [고가 / *고까]
ㄴ. 회(回) + 수(數) → [회쑤] cf. 회수(回收) [회수 / *회쑤]
ㄷ. 문(文) + 법(法) → [문뻡] cf. 간단(簡單) [간단 / *간딴]
ㄹ. 물(物) + 가(價) → [물까] cf. 발견(發見) [발견 / *발껸]

'고가[고까], 횟수[회쑤], 문법[문뻡], 물가[물까]'는 한자어로 형성된 합성어(복합어)가 이루어지는 과정에서 뒤 어근의 첫소리가 된소리로 바뀌었다. 이와 같은 한자어의 사잇소리 현상도 순우리말에서의 경우와 마찬가지로, 동일한 음운론적 환경에 있는 합성어에서 일어나지 않을 수가 있다.(한정적 변동)

ⓔ **다섯째 유형**: 두 단어를 하나의 마디(句)로 이어서 발음할 때에도, 사잇소리 현상이 일어날 수가 있다.

(12) ㄱ. 옷 입다: [온 닙다] → [온닙따]
ㄴ. 잘 입다: [잘 닙다] → [잘립따]
ㄷ. 한 일 : [한 닐]
ㄹ. 할 일 : [할 닐] → [할 릴]
ㅁ. 먹은 엿: [머근 녇]

(ㄱ)의 '옷 입다'와 (ㄷ)의 '한 일'은 두 단어로 짜여 있는 구(句)의 구성이다. 이러한 구 구성은 두 단어가 구를 이루는 과정에서 /ㄴ/이 첨가되어서 각각 [온 닙다]와 [한 닐]처럼 사잇소리 현상이 나타났다.

{ 사잇소리의 적기 }

'사이시옷'은 사잇소리를 표기에 반영하는 글자인 '시옷'을 말하는데, 이 사이시옷을 표기하는 데에는 다음과 같은 원칙이 있다.(<한글 맞춤법> 제30항 참조.)

첫째, 고유어를 포함하는 합성 명사에서 사잇소리가 날 때에, 합성 명사의 앞말(어근)이 모음으로 끝날 때에는 앞 어근의 끝에 사이시옷을 받쳐서 적는다.

(1) ㄱ. 나무 + 가지 → 나뭇가지 [나무까지]
ㄴ. 모기 + 불 → 모깃불 [모기뿔]
ㄷ. 뒤 + 일 → 뒷일 [뒨닐]

(2) ㄱ. 귀 + 병(病) → 귓병 [귀뼝]
ㄴ. 후(後) + 날 → 훗날 [훈날]
ㄷ. 예사(例事) + 일→ 예삿일 [예산닐]

둘째, 한자어와 한자어로 된 합성 명사에서는, 사잇소리가 나더라도 원칙적으로 '사이시옷'을 적지 않는다.

(3) 초점(焦點) [초쩜], 내과(內科) [내꽈], 외과(外科) [외꽈], 이과(理科) [이꽈]

〈한글 맞춤법〉에서는 한자어와 한자어로 짜인 합성 명사에서는 사이시옷을 최소화한다. 이렇게 사이시옷의 표기를 최소화하는 데에는 이유가 있다. 우선 사잇소리가 나는 한자어 합성 명사가 너무 많아서, 이들 단어에 모두 사이시옷을 쓴다면 글자 생활에 무리가 따른다. 그리고 한자어 합성 명사는 어떤 단어에는 사잇소리가 나고, 어떤 단어에는 사잇소리가 나지 않는지를 결정하기가 힘들다. 특히 일반 언중들이 한자어로 된 수많은 합성 명사의 발음 형태를 인식하고서 이를 글자로 정확하게 적는다는 것은 무리다. 이러한 문제 때문에 한자어로 된 합성 명사에서는 원칙적으로 사잇소리가 나더라도 사이시옷을 적지 아니한다.

셋째, 두 음절로 된 한자어 6개만 예외로 사이시옷을 적는다.

(4) <u>곳</u>간(庫間), <u>셋</u>방(貰房), <u>숫</u>자(數字), <u>찻</u>간(車間), <u>툇</u>간(退間), <u>횟</u>수(回數)

다른 한자어 합성어에는 사잇소리가 나더라도 사이시옷을 적지 아니하지만, (4)에 제시된 한자어 여섯 개만 사이시옷을 적는다. 이는 (4)에서 제시한 단어에서 사잇소리가 분명하게 나고 있고, 오랫동안 사이시옷을 붙여서 적던 관습을 인정한 것이다.

{ 형태소의 '자동적 교체'와 '비자동적 교체' }

특정한 형태소가 그것이 실현되는 환경에 따라서 형태(꼴)가 달라지는 것을 '**교체**(交替, 변동, alternation)'라고 한다. 이렇게 한 형태소에 속하는 변이 형태들이 교체되는 양상을 '자동적 교체'와 '비자동적 교체'로 나누기도 한다.

〈 자동적 교체 〉 '**자동적 교체**(自動的 交替, automatic alternation)'는 특정한 언어의 음운 체계에 바탕을 둔 교체로서, 음운 체계상 예외 없이 반드시 일어나는 교체이다.

곧, 각 언어에는 '음절의 구조에 대한 제약'이 있고, 음운과 음운이 이어질 때에도 제약을 받는다. 그런데 특정한 형태소는 그것이 실현되는 과정에서 마땅히 지켜야 할 제약을 어기는 경우가 있다. 이때에는 특정한 형태소의 형태를 바꿈으로써 음운론적인 제약을 지킬 수가 있는데, 이러한 이유로 일어나는 교체가 자동적 교체이다.

(1) ㄱ. 꽃#, 꽃도 → [꼳]
ㄴ. 꽃만 → [꼰]

(2) ㄱ. 국밥 → [국빱]
ㄴ. 값도 → [갑또]

(3) ㄱ. 놓고　　→ [노코]
　ㄴ. 달나라　→ [달라라]

만일 (1)에서 교체가 일어나지 않으면 (ㄱ)은 [꼬ㅊ], [꼬ㅊ도]로 발음해야 하며, (ㄴ)은 [꼬ㅊ만]으로 발음해야 하는데, 이와 같은 음운의 실현 방식은 음절 구조에 대한 제약과 음소가 결합되는 방식에 대한 제약을 어기게 된다. 따라서 (1)에서 형태소 '꽃'은 세 가지의 형태가 교체되는데, 그 뒤에 모음이 실현되면 [꽃]의 형태로, 그 뒤에 비음을 제외한 자음이 오거나 단독으로 쓰이면 [꼳]의 형태로, 그 뒤에 비음의 자음이 오면 [꼰]의 형태로 실현된다. 여기서 [꽃]이 [꼳]으로 바뀌는 교체는 평파열음화가 적용되었으며, [꼳]이 [꼰]으로 바뀌는 교체는 비음화가 적용되었다. (2)에서 (ㄱ)의 '국밥'이 [국빱]으로 교체되는 것은 된소리되기가 적용되었으며, (ㄴ)의 '값도'가 [갑또]로 교체되는 것은 자음군 단순화와 된소리되기가 적용되었다. (3)에서 (ㄱ)의 '놓고'가 [노코]로 교체되는 것은 거센소리되기에 따른 교체이며, (ㄴ)의 '달나라'가 [달라라]로 바뀐 것은 유음화에 따른 교체이다.

자동적 교체는 국어의 음운 체계에 바탕을 둔 교체이기 때문에, 예외 없이 반드시 일어나야 한다. 국어의 음운 변동 현상 중에서 '비음화, 유음화, 평파열음화, 자음군 단순화, 평파열음 뒤의 된소리되기, 자음 축약'에 따른 교체는 자동적 교체에 해당한다.

〈 비자동적 교체 〉 **'비자동적 교체**(非自動的 交替, nonautomatic alternaticon)'는 특정 언어의 음운 체계와는 관련이 없이 일어나는 교체 현상이다. 곧, 비자동적인 교체는 반드시 일어나야 하는 필연적인 이유가 없는 교체이다. 국어에서 일어나는 비자동적 교체의 예를 보이면 다음과 같다.

(4) ㄱ. 수박 + -이/-가
　ㄴ. 국수 + -가/-이

(5) ㄱ. 신문 → [심문/신문]
　ㄴ. 감기 → [강기/감기]

(4)에서 주격 조사의 변이 형태인 '-이'와 '-가'는 자음으로 끝난 체언 뒤에서는 '-이'로, 모음으로 끝난 체언 뒤에서는 '-가'로 교체된다. 그러나 이러한 교체는 음운 체계에 바탕을 둔 것이 아니다. 따라서 음운론적으로는 '수박가'나 '국수이'로 교체되어도 무방하다. 그리고 (5)에서 '신문'이 [심문]으로 교체되거나 '감기'가 [강기]로 교체되는 것도 음운론적인 제약 때문에 일어나는 것은 아니다. '신문'을 [신문]으로 발음하거나 '감기'를 [감기]로 발음해도 음운론적으로는 제약을 받지 않는다. 오직 화자의 발음 습관에 따라서 수의적으로 교체될 뿐이다.

(6) ㄱ. 안(抱)- + -기　→ [안끼]
　ㄴ. 안(抱)- + -기다 → [안기다]

(7) ㄱ. 담(含)- + -도록 → [담또록]
　ㄴ. 담(墻) + -도　→ [담도]

(6)과 (7)에서 '안기'가 [안끼]로 교체되고 '담도록'이 [담또록]으로 교체되는 것도 비자동적인

교체이다. 동일한 음운론적인 환경에 놓인 '안기다[안기다]'와 '담도[담도]'에서는 된소리되기가 일어나지 않기 때문이다.

(8) ㄱ. 곱-+-아 → [고와]
ㄴ. 꼽-+-아 → [꼬바]

(9) ㄱ. 묻(問)-+-어 → [무러]
ㄴ. 묻(埋)-+-어 → [무더]

(8)과 (9)에서 (ㄱ)의 '곱아[고와]'와 '물어[무러]에서 생기는 교체도 (ㄴ)의 [꼬바]와 [무더]의 예를 보면 비자동적 교체임을 알 수 있다.

3.2.5. 음운 변동의 겹침

음운 변동 현상은 겹쳐서 일어날 수도 있다. 이처럼 음운 변동이 겹쳐서 일어날 때에는 변동을 적용하는 순서가 정해져 있다.

〈두 가지 변동이 겹침〉 한 단어의 안에서 두 가지 변동이 겹쳐서 적용될 수가 있다.

첫째로 비음화가 이어서 적용될 수도 있는데, 이는 '유음의 비음화'에 이어서 '파열음의 비음화'가 일어난 변동이다.(상호 동화)

(78) ㄱ. 섭-리 : [섭니] → [섬니] [유음의 비음화 → 파열음의 비음화]
ㄴ. 백-로 : [백노] → [뱅노] [유음의 비음화 → 파열음의 비음화]

(ㄱ)의 '섭리'와 (ㄴ)의 '백로'는 '음절 배열의 제약'[3]에 따라서 다음의 두 가지 변동을 한다. 곧, '섭리'와 '백로'에서 유음의 비음화에 따라서 뒤 음절의 /ㄹ/이 /ㄴ/으로 교체되어서 [섭니]와 [백노]로 교체되었다. 이어서 파열음의 비음화에 따라서 (ㄱ)에서는 /ㅂ/이 /ㅁ/으로 교체되어서 [섬니]로 실현되었고, (ㄴ)에서는 /ㄱ/이 /ㅇ/으로 교체되어 최종적으로 [뱅노]로 실현되었다.

---

1) 사잇소리는 '종속적 합성 명사'에서만 일어난다. 곧, 어근과 어근이 결합하여 합성 명사를 이룰 때에, 그 앞 어근과 뒤 어근의 의미적인 관계가 종속적이어야만 사잇소리가 일어난다.

2) 허웅(1986:287)에서는 어근과 어근 사이에 /ㄷ/이 첨가되었다고 처리했고, 이문규(2013:256)에서는 어근과 어근 사이에 /ㅅ/이 첨가되었다고 처리했다. 이문규(2013)에서는 중세 국어의 관형격 조사인 '-ㅅ'을 고려하여서, /ㅅ/이 첨가된 후에 평파열음화에 따라서 /ㄷ/으로 실현된 것으로 보았다.

3) 첫째, 뒤 음절의 유음(/ㄹ/)의 앞에는 유음(/ㄹ/)만 올 수 있다. 만일 이 제약을 어긴다면, '백로[백노]'처럼 뒤 음절의 /ㄹ/이 비음(/ㄴ/)으로 교체되거나, '권력[궐력]'처럼 앞 음절의 종성이 유음(/ㄹ/)으로 교체된다. 둘째, 뒤 음절의 비음(/ㅁ/, /ㄴ/, /ㄱ/) 앞에는 장애음(/ㅂ/, /ㄷ/, /ㄱ/)이 올 수가 없다. 만일 이 제약을 어긴다면 장애음이 비음으로 교체된다.

다음의 단어에서도 두 가지 음운 변동 현상이 겹쳐서 적용된다.

(79) ㄱ. 쌓-네 : [싿네] →[싼네] [평파열음화→비음화]
ㄴ. 걷-히-다 : [거티다] →[거치다] [자음 축약→구개음화]
ㄷ. 초-불 : [초ㄷ불] →[초뿔] ['ㄷ' 첨가→된소리되기]
ㄹ. 끓-는 : [끌는] → [끌른] [자음군 단순화→ 유음화]

(ㄱ)의 '쌓네'는 평파열음화와 비음화에 따라서 /ㄷ/이 /ㄴ/으로 교체되어 [싼네]로 실현되었다. (ㄴ)의 '걷히다'는 자음 축약과 구개음화에 따라서 [거치다]로 실현되었다. (ㄷ)의 '촛불'은 'ㄷ' 첨가와 된소리되기에 따라서 [촏뿔]으로 실현되었다. (ㄴ)에서 '끓는'은 자음군 단순화와 비음의 '유음화'가 적용되어서 최종적으로 [끌른]으로 실현되었다.

〈 세 가지 변동이 겹침 〉 한 단어의 안에서 세 가지의 변동이 겹쳐서 적용될 수가 있다.

(80) ㄱ. 핥-고 : [핥고] → [핥꼬] → [할꼬] [음절의 끝소리 규칙→된소리되기→ 자음군 단순화]
ㄴ. 꽃-잎 : [꼳입] → [꼳닙] → [꼰닙] [음절의 끝소리 규칙 →'ㄴ' 첨가→비음화]
ㄷ. 몇 리 : [멷리] → [멷니] → [면니] [음절의 끝소리 규칙→비음화→ 비음화]
ㄹ. 읊-다 : [읇다] → [읇따] → [읍따] [음절의 끝소리 규칙→된소리되기→자음군 단순화]
ㅁ. 읊-는 : [읇는] → [읊는] → [음는] [음절의 끝소리 규칙→비음화→ 자음군 단순화]

(ㄱ)에서 '핥고'는 '음절의 끝소리 규칙'과 '된소리되기'와 '자음군 단순화'가 적용되어서 최종적으로 [할꼬]으로 실현되었다. (ㄷ)에서 '꽃잎'은 음절의 끝소리 규칙과 'ㄴ' 첨가와 파열음의 비음화에 따라서 최종적으로 [꼰닙]으로 실현되었다. (ㄹ)에서 '몇 리'는 음절의 끝소리 규칙과 유음의 비음화와 파열음의 비음화에 따라서 최종적으로 [면니]로 실현되었다. (ㅁ)에서 '읊다'는 음절의 끝소리 규칙과 된소리되기와 자음군 단순화에 따라서 [읍따]로 실현되었다. (ㅂ)에서 '읊는'은 음절의 끝소리 규칙과 파열음의 비음화와 자음군 단순화에 따라서 [음는]으로 실현되었다.

〈 네 가지 변동이 겹침 〉 한 단어의 안에서 네 가지의 변동이 겹쳐서 적용될 수가 있다.

(81) 나뭇잎 : [나무입] →[나묻입] →[나묻닙] →[나문닙] [평파열음화→'ㄷ' 첨가→'ㄴ' 첨가→비음화]

'나뭇잎'은 평파열음화와 'ㄷ' 첨가와 'ㄴ' 첨가에 따라서 [나묻닙]으로 변동한 뒤에, 최종적으로 파열음의 비음화에 따라서 [나문닙]으로 실현되었다.

문교부 고시 제88-2호
1988. 1. 19.

표준 발음법 2부

제1장 총칙

제2장 자음과 모음

제3장 음의 길이

제4장 받침의 발음

제5장 음의 동화

제6장 된소리되기

제7장 음의 첨가

제1장 총칙

> **제1항** 표준 발음법은 표준어의 실제 발음을 따르되, 국어의 전통성과 합리성을 고려하여 정함을 원칙으로 한다.[1]

[제1항] 표준 발음법의 제정 원칙

〈표준 발음법〉 같은 언어를 쓰는 사람들도 출신 지역이나 나이, 신분 등에 따라서 어휘나 문법 형태소뿐만 아니라 발음도 조금씩 다를 수가 있다.

첫째, 지역의 차이에 따라서 자음이나 모음의 발음이 차이날 수가 있다.

(1) ㄱ. 게〔蟹〕/개〔犬〕, 덜다〔減〕/들다〔擧〕, 살〔肉〕/쌀〔米〕
　ㄴ. 사과[사과/*사가], 겨울[겨울/*게울], 쥐[쥐/*찌]

(2) ㄱ. 끝이[끄치/*끄시], 젖이[저지/*저시], 꽃을[꼬츨/*꼬슬]
　ㄴ. 먹고[먹꼬/*먹꾸], 너도[너도/*너두]

경상도 지역의 사람들은 대체로 (1ㄱ)처럼 모음 중에서 [에]와 [애], [어]와 [으]를 잘 구분하지 못하며, 자음 중에서 [ㅅ]와 [ㅆ]를 잘 구분하지 못한다. 그리고 이들 지역에서는 (1ㄴ)처럼 자음 뒤의 이중 모음을 단모음으로 발음하는 경향이 강하다. 그리고 서울 지역의 일부 화자들은 (2ㄱ)처럼 앞 형태소의 음절의 끝소리인 'ㅌ, ㅈ, ㅊ'을 [ㅅ]으로 발음하거나, (2ㄴ)처럼 'ㅗ'를 [ㅜ]로 발음하는 경향이 있다. 이처럼 지역 언어를 쓰는 사람들에 따라서 발음에 차이가 있을 수 있다.

둘째, 말하는 사람 개인의 언어적인 습관에 따라서도 발음이 차이날 수 있다.

(3) ㄱ. 신문[신문/ *심문], 신발[신발/ *심발]
　ㄴ. 손바닥[손빠닥/ *솜빠닥], 듣보다[듣뽀다/ *듭뽀다]

---

1) 〈표준 발음법〉은 표준어를 한글로 표기한 형태(글자)에 대한 표준 발음을 규정한 것이다. 그러므로 음성이나 음운의 특성과 체계와 연구하는 〈국어 음운론〉의 규칙과는 차이가 있을 수 있다.

ㄷ. 감기[감기/ *강기], 밥그릇[밥그릇/ *박그릇]

(4) ㄱ. 뜯기다[뜯기다/ *띧기다]
ㄴ. 어미[어미/ *에미], 아지랑이[아지랑이/ *아지랭이]
ㄷ. 지팡이[지팡이/ *지팽이], 아비[아비/ *애비]

(5) ㄱ. 부엌에[부어케/ *부어게], 동녘이[동녀키/ *동녀기]
ㄴ. 의사[의사/ *이사], 깨끗이[깨끄시/ *깨끄치]

사람에 따라서는 (3)처럼 '신문'을 [*심문]으로, '손바닥'을 [*솜빠닥]으로, '감기'를 [*강기]로 발음할 수도 있으며, (4)처럼 '뜯기다'를 [*띧기다]로, '어미'를 [*에미]로, '지팡이'를 [*지팽이]로 발음하기도 한다. 그리고 '부엌에'를 [*부어게]로 발음하거나 '의사'를 [*이사]로 발음하는 사람도 있다.

이처럼 지역이나 개인적 습관에 따른 발음을 모두 허용하면 표준어를 사용하는 데에 큰 지장이 생긴다. 따라서 표준어를 정확하게 구사하기 위해서는, '표준 어휘'를 사용하는 것뿐만 아니라 '표준 발음'을 정확하게 이해하고 발음하는 것도 중요하다.

이처럼 〈표준 발음법〉은 특정한 언어를 쓰는 화자들 사이에 발음하는 법이 서로 달라서 의사 소통에 지장이 생기는 것을 막기 위하여, 표준어를 발음할 때의 기준을 정해 놓은 규정이다.

〈표준 발음법의 제정 원리〉 제1항에서는 표준어를 발음하는 법에 대한 일반적인 원칙을 제시하였다. 곧 제1항의 내용은 '표준어의 실제 발음'을 따른다는 기본적인 원칙 아래에서, **'국어의 전통성'**과 **'국어의 합리성'**을 고려해서 정한다는 것이다.

첫째, 표준 발음법은 기본적으로 **'표준어의 실제 발음'**을 따른다. 곧 <표준어 사정 원칙>의 총칙 제1항에서 표준어를 "교양 있는 사람들이 두루 쓰는 현대 서울말"로 규정함에 따라서, 지금 현재 교양 있는 서울 사람들이 <u>실제로 사용하는 발음</u>을 표준 발음으로 정한다는 것이다. 따라서 위의 (1~2)나 (3~5)에 제시된 발음처럼 특정 지역에 편중되거나 개인의 언어 습관에 따라서 개별적으로 내는 발음은 표준어의 발음으로 인정하지 않는다는 것이다.

둘째, 국어의 **'전통성'**과 **'합리성'**은 국어사적인 전통성과 음운론적인 타당성을 말한다.

현대 국어는 그 이전에 이미 고대 국어, 중세 국어, 근대 국어의 기반 위에서 형성된 언어 체계이다. 따라서 현대 국어에서 어떤 어휘의 발음에 여러 가지의 변이형이 생겼을 때에는, 가급적이면 국어사적인 전통을 고려해서 표준 발음을 정한다.

(6) ㄱ. ㅟ [y] / [wi]

ㄴ. ㅚ [ø] / [we]

(6)에서 현대어에서 전설 고모음인 'ㅟ'와 전설 중모음인 'ㅚ'는 현실 언어에서는 대부분의 언중들이 이중 모음인 [wi]와 [we]로 발음하고 있다. 그러나 19세기 말부터 서울 지역의 언중들은 'ㅟ'와 'ㅚ'를 단모음인 [y]와 [ø]로 발음해 왔는데, 〈표준 발음법〉에서는 이러한 국어사적인 전통을 감안하여 'ㅟ'와 'ㅚ'를 단모음으로 인정하고 있다. 비록 현대인들이 젊은 사람을 중심으로 'ㅟ'와 'ㅚ'를 이중 모음을 발음하는 사람이 많아지고는 있으나, 국어사적인 전통에 따라서 이들 모음을 단모음으로 발음하는 것을 인정한다.

근대 국어 이래로 현대 서울말에서는 (7)처럼 단어에서 긴소리와 짧은소리가 구분되어 쓰여 왔다.

(7) ㄱ. 馬 [말] cf. 言 [말 :]

ㄴ. 罰 [벌] cf. 蜂 [벌 :]

ㄷ. 松 [솔] cf. 刷 [솔 :]

그런데 경상도 지역의 언중들이나 젊은 사람들 중에서는 단어의 장단을 구분하지 않고 발음하는 사람이 많다. 이처럼 현실 언어에서 장단을 구분하지 않는 발음이 쓰이기는 하지만, 국어사의 전통을 따라서 장단을 구분여 발음하는 것을 표준 발음으로 정한다.

그리고 현실 언어에 사용되는 발음이 예전의 국어사적인 전통과 달라져 있다고 하여도, 국어 음운론의 이론적인 합리성에 근거하여 표준 발음을 정하는 경우도 있다.

(8) ㄱ. 꽃을 [꼬츨/*꼬슬], 젖을[저즐/*저슬], 낮을[나즐/*나슬]

ㄴ. 멋있다[머딛따/머싣따], 맛있다[마딛따/마싣따]

(ㄱ)에서 '꽃을, 젖을, 낮을'은 비록 청소년 계층에서 [꼬슬], [저슬], [나슬]로 발음하는 경향이 있으나, '연음 규칙'이라는 음운론적인 규칙을 고려하여 [꼬츨], [저즐], [나즐]을 표준 발음으로 정했다. 그리고 (ㄴ)에서 '멋있다'와 '맛있다'도 현실 언어에서는 대부분 [머싣따]와 [마싣따]로 발음하고 있으나, 평파열음화와 연음 규칙이라는 음운론의 이론적인 합리성에 따라서 [머딛따]와 [마딛따]의 발음도 표준 발음으로 인정하고 있다.

이처럼 '표준 발음'은 국어에서 실제로 사용되는 현실 발음을 기반으로 정하되, 국어사적인 전통성과 국어 음운론의 이론적 합리성을 고려하여 정한 것이다.

제2장 자음과 모음

> 제2항 표준어의 자음은 다음 19개로 한다.
>
> ㄱ ㄲ ㄴ ㄷ ㄸ ㄹ ㅁ ㅂ ㅃ ㅅ ㅆ ㅇ ㅈ ㅉ ㅊ ㅋ ㅌ ㅍ ㅎ

[제2항] 자음의 종류

'자음(子音, 닿소리, consonant)'은 발음할 때에 목 안이나 입 안의 어느 부분이 막히거나 좁혀지거나 하여 밖으로 나가는 공기의 흐름이 장애를 받아서 나는 소리이다.

(1) [ㅂ, ㅃ, ㅍ, ㅁ ; ㄷ, ㄸ, ㅌ, ㅅ, ㅆ, ㄴ, ㄹ ; ㅈ, ㅉ, ㅊ ; ㄱ, ㄲ, ㅋ, ㅇ ; ㅎ]

〈표준 발음법〉의 제2항에서는 표준어의 자음을 (1)처럼 모두 19개로 정했다.

〈 자음의 분류 〉 자음은 발음할 때에, '조음 위치'와 조음 방법'을 기준으로 분류한다.

<table>
<tr><th colspan="3" rowspan="2">조음 위치 / 조음 방법</th><th>입술소리</th><th>잇몸소리</th><th>센입천장소리</th><th>여린입천장소리</th><th>목청소리</th></tr>
<tr><th>윗입술
아랫입술</th><th>윗잇몸
혀끝</th><th>센입천장
혓바닥</th><th>여린입천장
혀뒤</th><th>목청 사이</th></tr>
<tr><td rowspan="8">무성음</td><td rowspan="3">파열음</td><td>예사소리</td><td>ㅂ p</td><td>ㄷ t</td><td></td><td>ㄱ k</td><td rowspan="3"></td></tr>
<tr><td>된 소 리</td><td>ㅃ p'</td><td>ㄸ t'</td><td></td><td>ㄲ k'</td></tr>
<tr><td>거센소리</td><td>ㅍ pʰ</td><td>ㅌ tʰ</td><td></td><td>ㅋ kʰ</td></tr>
<tr><td rowspan="2">마찰음</td><td>예사소리</td><td></td><td>ㅅ s</td><td></td><td></td><td rowspan="2">ㅎ h</td></tr>
<tr><td>된 소 리</td><td></td><td>ㅆ s'</td><td></td><td></td></tr>
<tr><td rowspan="3">파찰음</td><td>예사소리</td><td></td><td></td><td>ㅈ tɕ</td><td></td><td rowspan="5"></td></tr>
<tr><td>된 소 리</td><td></td><td></td><td>ㅉ tɕ'</td><td></td></tr>
<tr><td>거센소리</td><td></td><td></td><td>ㅊ tɕʰ</td><td></td></tr>
<tr><td rowspan="2">유성음</td><td colspan="2">비 음</td><td>ㅁ m</td><td>ㄴ n</td><td></td><td>ㅇ ŋ</td></tr>
<tr><td colspan="2">유 음</td><td></td><td>ㄹ l</td><td></td><td></td></tr>
</table>

〈표 1〉 자음의 체계

〈자음의 발음법〉 자음을 발음할 때의 입의 모양을 그림으로써 설명하면 다음과 같다.

① **입술소리** : [ㅂ, ㅍ, ㅃ ; ㅁ]은 윗입술과 아랫입술이 닿아서 나는 '입술소리(양순음, 兩脣音)'이다.

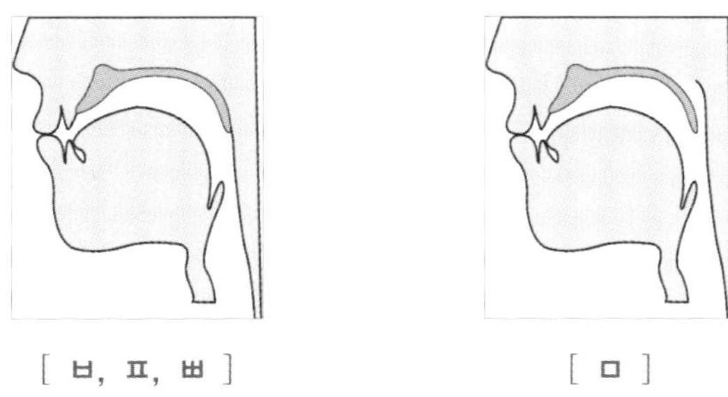

[ㅂ, ㅍ, ㅃ]　　[ㅁ]

입술소리 중에서 [ㅂ, ㅍ, ㅃ]은 허파에서 나오는 공기의 흐름을 두 입술로 막았다가 그 막은 자리를 터뜨리면서 내는 파열음(破裂音)이다. [ㅂ, ㅍ, ㅃ] 가운데서 [ㅂ]은 후두 근육에 힘을 들이지도 않고 내뿜는 공기를 세게 하지도 않으면서 발음하는 예사소리이며, [ㅍ]은 공기를 세게 내뿜어서 거세게 터뜨리면 내는 거센소리이다. [ㅃ]은 후두 근육에 힘을 주거나 목청 터짐을 동시에 일으키면서 발음하는 된소리이다. 입술소리 가운데서 [ㅁ]은 두 입술 사이를 막고 코로 공기를 내보내면서 내는 비음(鼻音)이다.

② **잇몸소리** : [ㄷ, ㅌ, ㄸ ; ㅅ, ㅆ ; ㄴ ; ㄹ]은 혀끝이 윗잇몸에 닿거나 가까이 접근하여서 나는 '잇몸소리(치조음, 齒槽音)'이다.

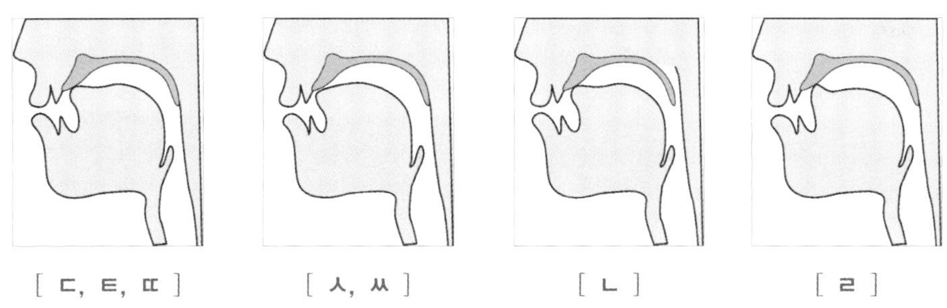

[ㄷ, ㅌ, ㄸ]　　[ㅅ, ㅆ]　　[ㄴ]　　[ㄹ]

먼저 [ㄷ, ㅌ, ㄸ]은 혀끝을 윗잇몸에 닿게 해서 공기를 막았다가 터뜨려서 내는 파열음들인데, 이들 가운데서 [ㄷ]은 예사소리이며, [ㅌ]은 거센소리, [ㄸ]은 된소리이다. 그리고 잇몸소리 가운데서 [ㅅ, ㅆ]은 혀끝을 윗잇몸에 가까이 접근시켜서 공기를 좁은 틈 사이로 내보내면서 내는 마찰음인데, [ㅅ]은 예사소리이며 [ㅆ]은 된소리이다. [ㄴ]은 비음으로서 혀끝으로 윗잇몸을 막고 코로 공기를 내보내면서 내는 소리이다. 끝으로 [ㄹ]은

'유음(流音)'인데 이는 [라]의 첫소리를 발음할 때처럼 혀끝을 윗잇몸에 가볍게 대었다가 떼며서 혓바닥의 가운데로 공기를 내보내거나, [알]의 끝소리를 발음할 때처럼 혀끝을 윗잇몸에 댄 채 공기를 그 양 옆으로 흘려 내보내면서 내는 소리이다.

③ **센입천장소리** : [ㅈ, ㅊ, ㅉ]은 앞혓바닥이 센입천장에 닿아서 나는 '센입천장소리(경구개음, 硬口蓋音)'이다.

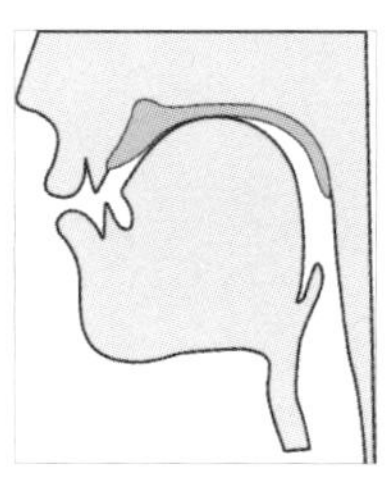

[ㅈ, ㅊ, ㅉ]

[ㅈ, ㅊ, ㅉ]은 모두 허파에서 나오는 공기를 막았다가 서서히 터뜨리면서 마찰을 일으켜서 내는 파찰음(破擦音)이다. 이들 가운데서 [ㅈ]은 예사소리이며, [ㅊ]은 거센소리이고, [ㅉ]은 된소리이다.

④ **여린입천장소리** : [ㄱ, ㅋ, ㄲ ; ㅇ]은 뒤혀가 여린입천장에 닿아서 나는 '여린입천장소리(연구개음, 軟口蓋音)'이다.

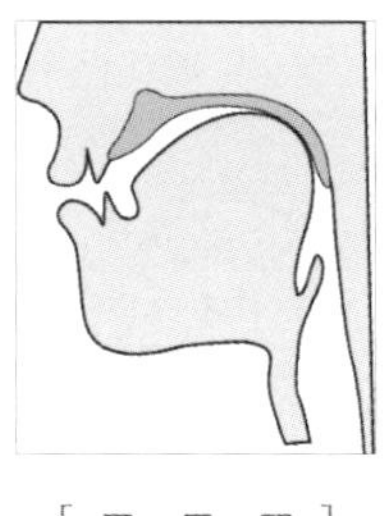

[ㄱ, ㅋ, ㄲ]

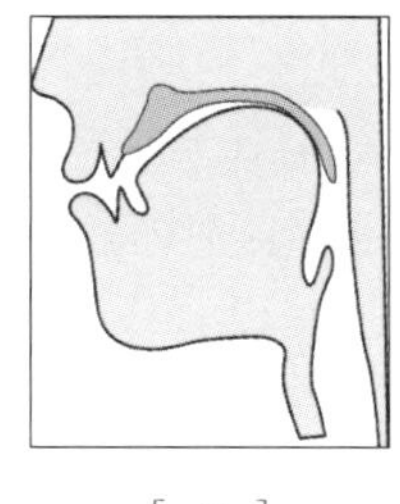

[ㅇ]

[ㄱ, ㅋ, ㄲ]은 혀의 뒷부분으로써 여린입천장을 막아서 허파에서 나오는 공기의 흐름을 막았다가 그 막은 자리를 터뜨리면서 내는 파열음(破裂音)이다. 이 가운데서 [ㄱ]은 예사소리이며, [ㅋ]은 거센소리, [ㄲ]은 된소리이다. 그리고 [ㅇ]은 비음으로서 혀의 뒷부분으로 여린입천장을 막고 코로 공기를 내보내면서 내는 소리이다.

⑤ **목청소리** : [ㅎ]은 목청 사이의 통로를 좁히고 공기를 그 좁은 틈 사이로 내보내어, 마찰을 일으키면서 내는 '목청소리(후음, 喉音)'이다.

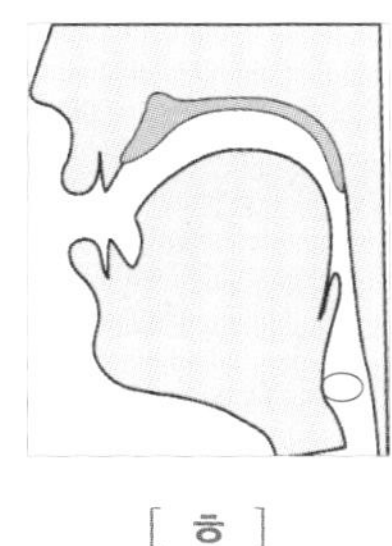

[ㅎ]

제3항 표준어의 모음은 다음 21개로 한다.

ㅏ ㅐ ㅑ ㅒ ㅓ ㅔ ㅕ ㅖ ㅗ ㅘ ㅙ ㅚ ㅛ ㅜ ㅝ ㅞ ㅟ ㅠ ㅡ ㅢ ㅣ

[제3항] 모음의 종류

'**모음**(母音, 홀소리, vowel)'은 조음 기관의 장애가 없이, 오로지 후두의 울림이 입안에서 공명을 얻어 나는 소리이다.

(2) [ㅣ], [ㅔ], [ㅐ] ; [ㅡ], [ㅓ], [ㅏ] ; [ㅗ], [ㅜ], ……

(2)의 모음들은 모두 발음이 일어나는 동안에 공깃길이 막히거나 마찰되는 일이 없다. 오직 입이 벌어지는 정도(혀의 최고점의 높이)와 혀의 최고점의 전후 위치, 그리고 입술의 모양에 따라서 각각 다른 소리가 생길 뿐이다.

제4항 'ㅏ ㅐ ㅓ ㅔ ㅗ ㅚ ㅜ ㅟ ㅡ ㅣ'는 단모음(單母音)으로 발음한다.

[붙임] 'ㅚ, ㅟ'는 이중 모음으로 발음할 수 있다.

[제4항] 단모음의 종류

〈단모음의 분류〉 국어의 단모음은 발음을 할 때에 처음과 끝의 입 모양이 바뀌지 않는 모음이다. 국어의 단모음은 대립 체계를 이룬다. 곧, '**혀의 최고점의 높이**'를 기준으로 삼으면 '고모음, 중모음, 저모음'의 3단계로 대립하며, '**혀의 최고점의 앞뒤**'를 기준으로 삼으면 '전설 모음'과 '후설 모음'의 2단계로 대립한다. 그리고 전설 모음과 후설 모음은 '**입술의 모양**'에 따라서 각각 '평순 모음'과 '원순 모음'으로 대립한다.

혀의 위치 / 혀의 높이	전 설 모 음		후 설 모 음	
	평 순	원 순	평 순	원 순
고 모 음	ㅣ i	ㅟ y	ㅡ ɨ	ㅜ u
중 모 음	ㅔ e	ㅚ ø	ㅓ ə	ㅗ o
저 모 음	ㅐ ɛ		ㅏ a	

〈표 2〉 국어 단모음 음소의 대립 관계]

〈 단모음의 발음법 〉 다음은 국어의 '단모음의 발음 요령'을 간략하게 제시한다.

전설 평순	[ㅣ] 고모음	(가) 아래턱을 약간 내려 새끼손가락이 들어갈 정도로 입술을 조금 연다. 윗니와 아랫니는 거의 닫힌 상태로 둔다. (나) 앞혀를 센입천장 쪽으로 높이 올리되 마찰음이 나지 않을 정도로 접근시킨다. (다) 입술은 둥글게 하지 않고 편 상태로 발음한다.
	[ㅔ] 중모음	(가) [ㅣ]를 낼 때보다 입을 약간 더 벌린다. 윗니와 아랫니 사이에 새끼손가락이 겨우 들어갈 정도의 틈이 나도록 입을 벌려서 발음한다. (나) 앞혀를 센입천장 쪽으로 올리되 [ㅣ]보다 더 낮춘다. (다) 입술은 둥글게 하지 않고 편 상태로 발음한다.
	[ㅐ] 저모음	(가) [ㅔ]를 발음할 때보다 입을 훨씬 더 벌려 윗니와 아랫니 사이에 엄지손가락이 들어갈 수 있을 정도로 한다. (나) 앞혀가 센입천장 쪽을 향하되 [ㅔ]보다 더 낮춘다. (다) 입술은 둥글게 하지 않고 편 상태로 발음한다.

후설 평순	[ㅡ] 고모음	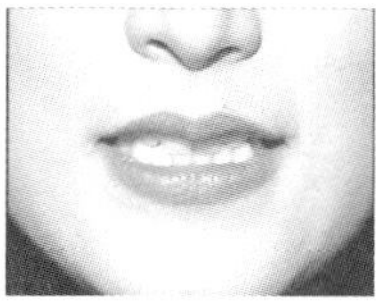	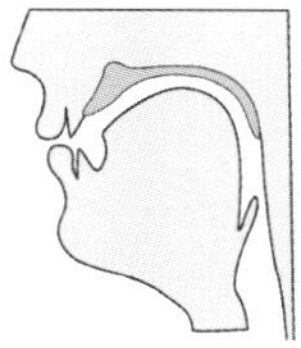
		(가) 아래턱을 약간 내려 새끼손가락이 들어갈 정도로 입술을 조금 연다. 윗니와 아랫니는 거의 닫힌 상태로 둔다. (나) 뒤혀를 여린입천장 쪽으로 높이 올리되 마찰음이 나지 않을 정도로 접근시킨다. (다) 입술은 둥글게 하지 않고 편 상태로 발음한다.	
	[ㅓ] 중모음	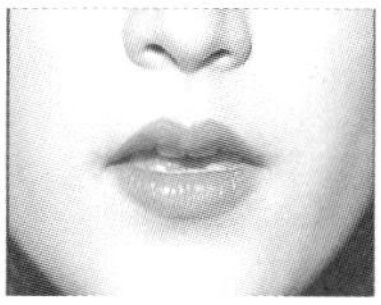	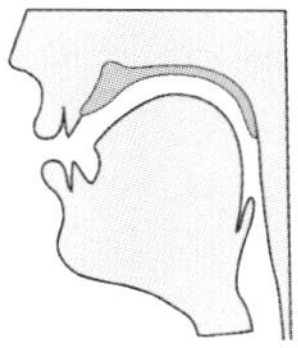
		(가) [ㅡ]를 낼 때보다 입을 약간 더 벌린다. 윗니와 아랫니 사이에 새끼손가락이 겨우 들어갈 정도의 틈이 날 정도로 입을 벌려 발음한다. (나) 뒤혀를 여린입천장 쪽으로 올리되 [ㅡ]보다 더 낮춘다. (다) 입술은 둥글게 하지 않고 편 상태로 발음한다.	
	[ㅏ] 저모음	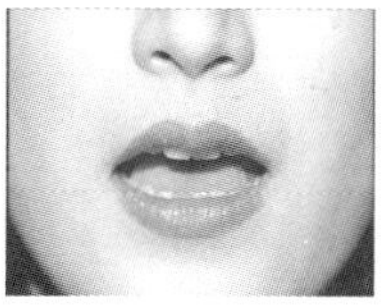	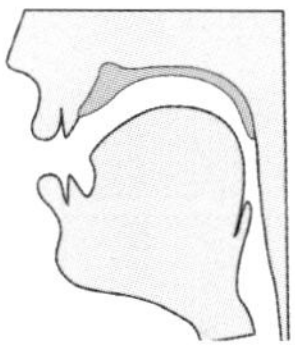
		(가) [ㅓ]를 발음할 때보다 입을 훨씬 더 벌려서 윗니와 아랫니 사이에 엄지손가락이 충분히 들어갈 수 있을 정도로 넓게 벌린다. (나) 뒤혀가 여린입천장 쪽을 향하되 [ㅓ]보다 더 낮춘다. (다) 입술은 둥글게 하지 않고 편 상태로 발음한다.	

전설 원순	[ㅟ] 고모음	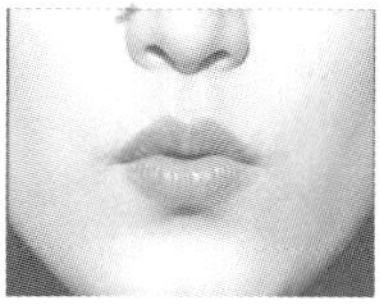	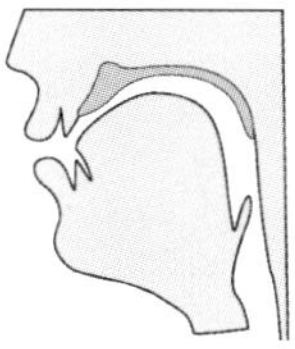
		(가) 입의 벌림은 [ㅣ]와 같은 정도로 한다. (나) 혀의 모양도 [ㅣ]의 소리를 낼 때처럼 센입천장 쪽을 향하되, 마찰음이 나지 않을 정도로 접근시킨다. (다) 입술을 둥글게 오므려 앞으로 약간 내민 상태로 발음한다.	

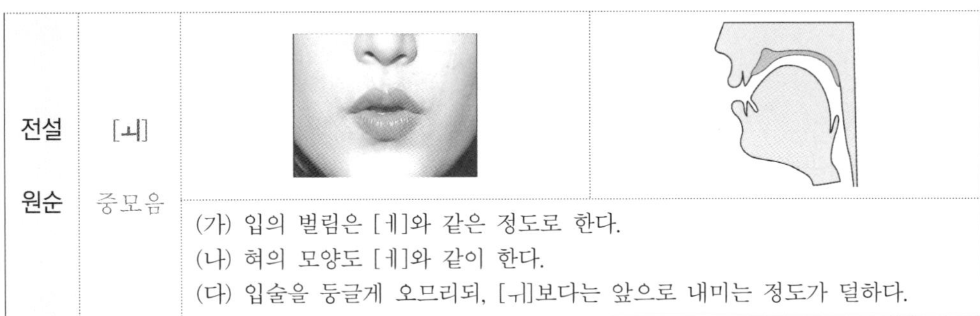

전설 원순	[ㅚ] 중모음	(가) 입의 벌림은 [ㅔ]와 같은 정도로 한다. (나) 혀의 모양도 [ㅔ]와 같이 한다. (다) 입술을 둥글게 오므리되, [ㅟ]보다는 앞으로 내미는 정도가 덜하다.

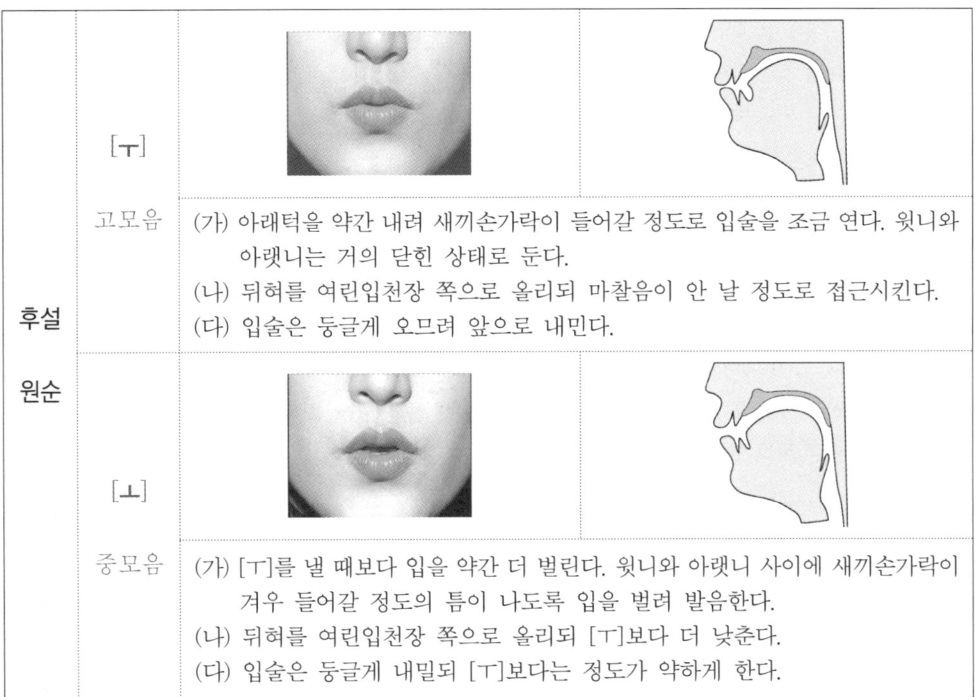

후설 원순	[ㅜ] 고모음	(가) 아래턱을 약간 내려 새끼손가락이 들어갈 정도로 입술을 조금 연다. 윗니와 아랫니는 거의 닫힌 상태로 둔다. (나) 뒤혀를 여린입천장 쪽으로 올리되 마찰음이 안 날 정도로 접근시킨다. (다) 입술은 둥글게 오므려 앞으로 내민다.
	[ㅗ] 중모음	(가) [ㅜ]를 낼 때보다 입을 약간 더 벌린다. 윗니와 아랫니 사이에 새끼손가락이 겨우 들어갈 정도의 틈이 나도록 입을 벌려 발음한다. (나) 뒤혀를 여린입천장 쪽으로 올리되 [ㅜ]보다 더 낮춘다. (다) 입술은 둥글게 내밀되 [ㅜ]보다는 정도가 약하게 한다.

〈표 3〉 단모음의 발음법

[붙임] 'ㅟ'와 'ㅚ'의 발음

'ㅟ'와 'ㅚ'는 원칙적으로는 단모음으로 규정한다. 즉 이들 모음은 각각 입술을 둥글게 한 채로 [ㅣ]와 [ㅔ]의 소리로 발음한다.

그러나 'ㅟ'와 'ㅚ'는 [ㅜ]처럼 입술을 둥글게 한 뒤에 입술 모양을 평평하게 풀면서 [ㅣ], [ㅔ]로 발음하는 것도 허용하는데, 이렇게 발음하면 'ㅟ'와 'ㅚ'는 이중 모음인 [wi]와 [we]로 발음하는 셈이 된다.[1)]

1) 'ㅟ'와 'ㅚ'를 이중 모음을 발음할 때의 발음법은 제5항에서 다룬다.

제5항 'ㅑ ㅒ ㅕ ㅖ ㅘ ㅙ ㅛ ㅝ ㅞ ㅠ ㅢ'는 이중 모음으로 발음한다.

다만 1. 용언의 활용형에 나타나는 '져, 쪄, 쳐'는 [저, 쩌, 처]로 발음한다.

가지어→가져 [가저]　　찌어→쪄 [쩌]　　다치어→다쳐 [다처]

다만 2. '예, 례' 이외의 'ㅖ'는 [ㅔ]로도 발음한다.

계집 [계 : 집/게 : 집]	계시다 [계 : 시다/게 : 시다]
시계 [시계/시게](時計)	연계 [연계/연게](連繫)
메별 [메별/메별](袂別)	개폐 [개폐/개페](開閉)
혜택 [혜 : 택/헤 : 택](惠澤)	지혜 [지혜/지헤](智慧)

다만 3. 자음을 첫소리로 가지고 있는 음절의 'ㅢ'는 [ㅣ]로 발음한다.

늴리리	닁큼	무늬	띄어쓰기	씌어
틔어	희어	희떱다	희망	유희

다만 4. 단어의 첫음절 이외의 '의'는 [ㅣ]로, 조사 '의'는 [ㅔ]로 발음함도 허용한다.

주의 [주의/주이]	협의 [혀븨/혀비]
우리의 [우리의/우리에]	강의의 [강 : 의의/강 : 이에]

[제5항] 이중 모음

〈 이중 모음의 개념 〉 모음 중에는 혀가 일정한 자리에서 다른 자리로 옮겨 가는 소리가 있는데, 이를 '**이중 모음**(二重母音, diphthong)'이라고 한다.

(3) ㄱ. 'ㅣ'계 이중 모음 : [ㅖ, ㅒ, ㅕ, ㅑ, ㅠ, ㅛ]
ㄴ. 'ㅜ'계 이중 모음 : [ㅞ, ㅙ, ㅝ, ㅘ, (ㅟ), (ㅚ)]
ㄷ. [ㅢ]

(3)의 소리들은 처음에는 [j]나 [w], [ɯ]의 '반모음'의 모양으로 소리를 내다가 나중에는 단모음으로 내는 이중 모음이다. 여기서 '**반모음**(반홀소리, 半母音, semi-vowel)'은 단모음과는 달리, 소리를 낼 때에 입술과 혀가 어느 한 자리에 머물지 않고, 움직이는 동안에 나는 짧고 약한 '**과도음**(過渡音, 滑音, gliding sound)'이다.

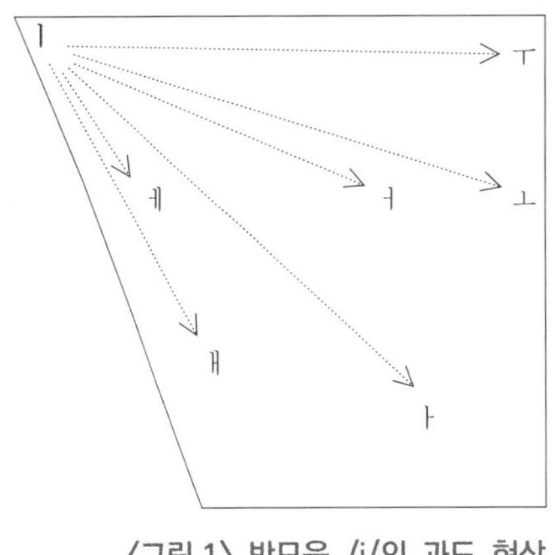

〈그림 1〉 반모음 /j/의 과도 현상

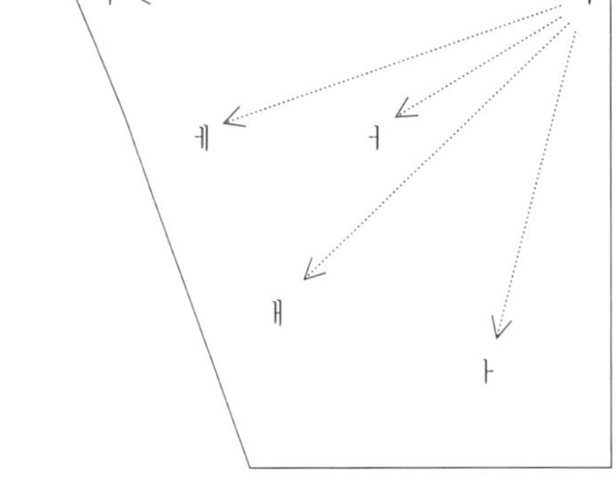

〈그림 2〉 반모음 /w/의 과도 현상

예를 들어서 [ㅑ]는 극히 짧은 순간 동안에 [ㅣ]를 발음하고 곧이어 단모음인 [ㅏ]를 발음하는 이중 모음인데, 이때에 혀가 [ㅣ]의 자리에서 [ㅏ]의 자리로 이동하면서 나는 과도음이 반모음인 [j]이다. 그리고 [ㅘ]는 혀가 [ㅜ]의 자리에서 [ㅏ]의 자리로 이동하면서 내는 과도음인데, 이 과정에서 혀가 [ㅜ]의 자리에서 [ㅏ]의 자리로 이동하면서 나는 과도음이 반모음인 [w]이다.

국어의 이중 모음은 에너지가 약한 /j/나 /w/, /ɯ/의 '반모음'의 모양으로 시작하여, 나중에는 에너지가 강한 단모음으로 소리를 내므로, **'상향 이중 모음'**에 해당한다.

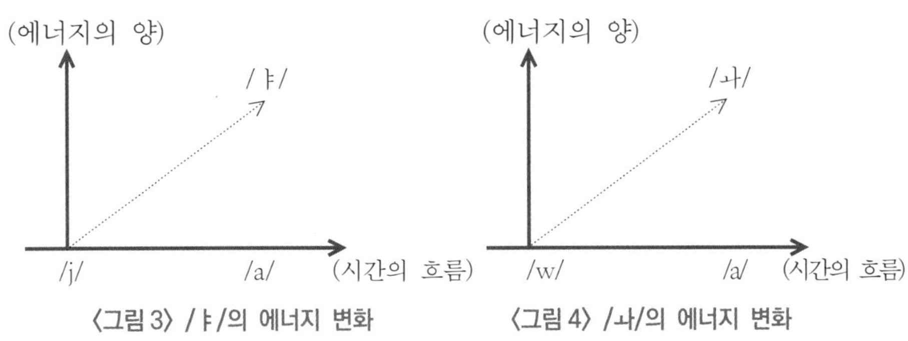

〈그림 3〉 /ㅑ/의 에너지 변화

〈그림 4〉 /ㅘ/의 에너지 변화

첫째, 'ㅣ계 이중 모음'인 [ㅑ], [ㅕ], [ㅛ], [ㅠ], [ㅒ], [ㅖ]는 〈그림 3〉처럼 처음에는 에너지의 양이 적은 /j/로 발음하다가 나중에는 에너지의 양이 많은 단모음으로 발음한다. 둘째, 'ㅜ계 이중 모음'인 [ㅘ], [ㅝ], [ㅙ], [ㅞ]는 〈그림 4〉처럼 처음에는 에너지의 양이 적은 /w/로 발음하다가 나중에는 에너지의 양이 많은 단모음으로 발음한다. 따라서 국어의 이중 모음은 대부분 '상향 이중 모음'이다. 반면에 [ㅢ]는 반모음인 [ɯ]으로 시작하여 단모음인 [ㅣ]로 발음되는 '상향 이중 모음'인 [ɯi]로 보기도 하고, 단모음인 [ɨ]로 발음한 뒤에 반모음인 [j]로 발음하는 '하향 이중 모음'인 [ɨj]로 보기도 한다.

〈 이중 모음의 발음법 〉 현대 국어의 이중 모음을 'ㅣ계 이중 모음', 'ㅜ계 이중 모음', '[ㅢ]'의 구분하여 발음하는 방법을 보이면 다음과 같다.

① 'ㅣ'계 이중 모음의 발음법

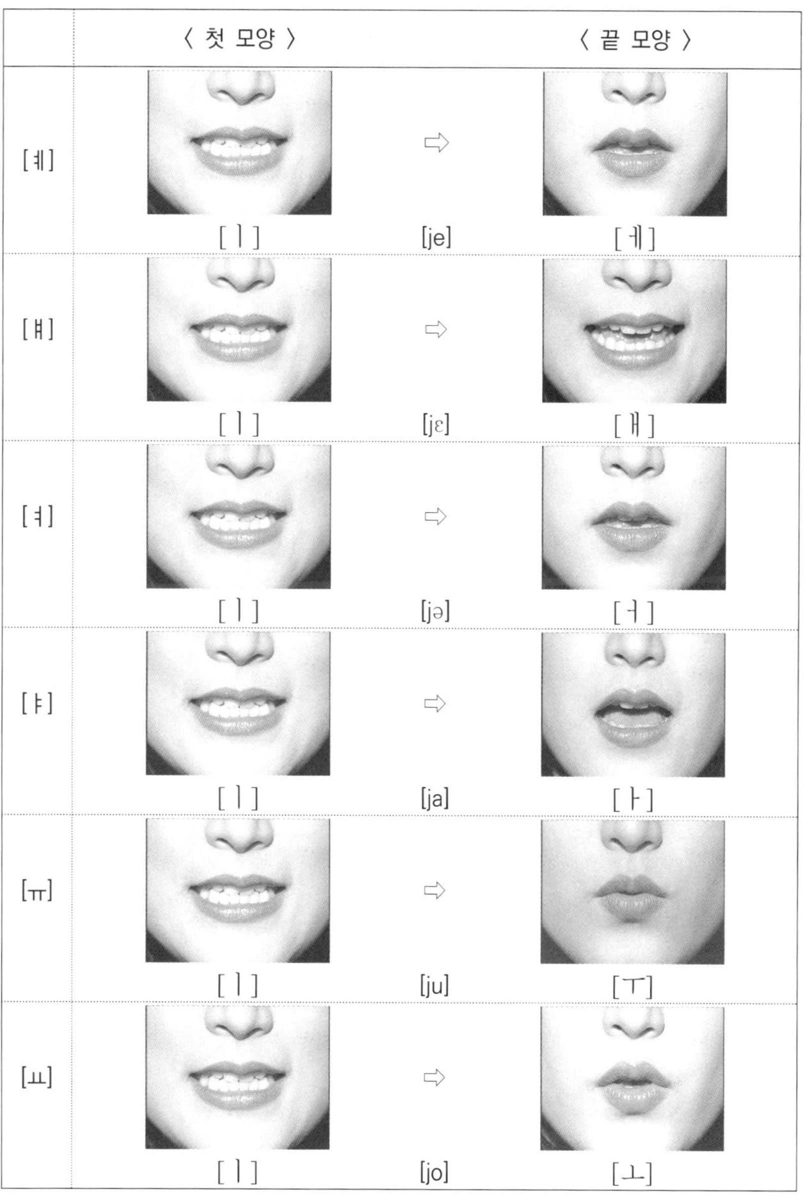

	〈 첫 모양 〉		〈 끝 모양 〉
[ㅖ]	[ㅣ]	⇨ [je]	[ㅔ]
[ㅒ]	[ㅣ]	⇨ [jɛ]	[ㅐ]
[ㅕ]	[ㅣ]	⇨ [jə]	[ㅓ]
[ㅑ]	[ㅣ]	⇨ [ja]	[ㅏ]
[ㅠ]	[ㅣ]	⇨ [ju]	[ㅜ]
[ㅛ]	[ㅣ]	⇨ [jo]	[ㅗ]

② 'ㅜ'계 이중 모음의 발음법

	〈 첫 모양 〉		〈 끝 모양 〉
[ㅞ]	[ㅜ]	⇨ [we]	[ㅔ]
[ㅙ]	[ㅜ]	⇨ [wɛ]	[ㅐ]
[ㅝ]	[ㅜ]	⇨ [wə]	[ㅓ]
[ㅘ]	[ㅜ]	⇨ [wa]	[ㅏ]
([ㅟ])	[ㅜ]	⇨ [wi]	[ㅣ]
([ㅚ])	[ㅜ]	⇨ [we]	[ㅔ]

③ 이중 모음 /의/의 발음법

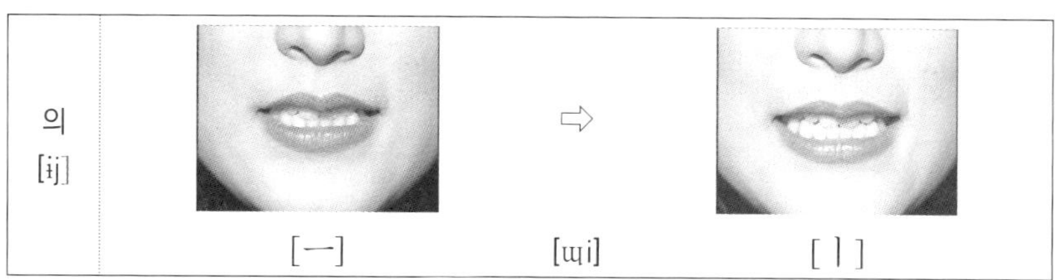

[다만 1] '져, 쪄, 쳐'의 발음

일반적으로 [ㅈ, ㅉ, ㅊ] 이외의 자음 다음에서는 이중 모음인 [ㅕ]는 제 음가대로 발음된다.

(4) 겨레 [겨레], 자녀 [자녀], 며느리 [며느리], 달력[달력]

(5) ㄱ. 당기- + -어 → 당겨 [당겨]
  ㄴ. 지니- + -어 → 지녀 [지녀]
  ㄷ. 저미- + -어 → 저며 [저며]
  ㄹ. 끌리- + -어 → 끌려 [끌려]

(4)와 (5)에서 체언이나 용언에서 [겨], [녀], [며], [려] 등에서 이중 모음인 'ㅕ'가 제 음가인 [ㅕ]로 발음되는 것을 확인할 수 있다.

그런데 용언의 활용형에서 자음인 [ㅈ, ㅉ, ㅊ] 다음에 실현되는 '져, 쪄, 쳐'의 '여'는 [ㅕ]로 발음되지 않고 [ㅓ]로만 발음된다.(반모음 /j/의 탈락)

(6) ㄱ. 가지어 → 가져 [가저],   다지어 → 다져 [다저]
  ㄴ. 살찌어 → 살쪄 [살쩌],   찌어 → 쪄 [쩌]
  ㄷ. 다치어 → 다쳐 [다처],   바치어 → 바쳐 [바처]

(7) ㄱ. 굳히어 → 굳혀 [구처]
  ㄴ. 잊히어 → 잊혀 [이처]
  ㄷ. 붙이어 → 붙여 [부처]

(6)에서 '가져, 살쪄, 다쳐' 등은 '가지어, 살찌어, 다치어'의 준말인데 이처럼 센입천장소리인 [ㅈ, ㅉ, ㅊ] 다음에서는 이중 모음인 [ㅕ]는 발음되지 않고 단모음인 [ㅓ]로만 발음된다. (7)의 '굳혀, 잊혀, 붙여' 등도 [구처, 이처, 부처] 등으로 발음된다. 비록 <한글 맞춤법>의 제36항에 따라서 '가져, 살쪄, 다쳐, 굳혀, 잊혀, 붙여'로 적지만 현실 발음은 [가저, 살쩌, 다처, 구처, 이처, 부처]로 발음한다.

[다만 2] '예'와 '례' 이외의 'ㅖ'의 발음

'예'와 '례'에서 'ㅖ'는 본음대로 [예, 례]로 발음하지만, '계, 몌, 폐, 혜'에서와 같이 '예, 례' 이외의 'ㅖ'는 대체로 [ㅔ]로 발음하는 경우가 많다. 이러한 현실 발음을 고려하여 '예, 례'를 제외한 경우에는 'ㅖ'를 [ㅔ]로 발음하는 것도 허용한다.(반모음 /j/의 탈락)

(8) ㄱ. 계집[계 : 집 / 게 : 집], 계시다[계 : 시다 / 게 : 시다], 시계[시계 / 시게](時計), 연계[연계 / 연게](連繫)

ㄴ. 몌별 [몌별 / 메별](袂別)

ㄷ. 개폐 [개폐 / 개페](開閉)

ㄹ. 지혜 [지혜 / 지헤](知慧), 혜택[혜 : 택 / 헤 : 택](惠澤)

[다만 3, 4] 'ㅢ'의 발음

'의'는 제1음절에서 자음 없이 쓰이면 [ㅢ]로 발음되지만, 자음 다음에 실현되면 [ㅣ]로만 발음된다. 그리고 '의'는 둘째 음절 이하에서는 [ㅣ]로도 발음되고, 조사 '의'는 [ㅔ]로도 발음된다. '다만 3'과 '다만 4'에서는 이렇게 현실 발음에서 'ㅢ'가 [ㅣ]나 [ㅔ]로 쓰이는 현상을 인정한 것이다.

첫째, 자음을 첫소리로 가지고 있는 음절의 'ㅢ'는 [ㅣ]로만 발음한다.

(9) 무늬 [무니], 보늬 [보니], 오늬 [오니], 하늬바람 [하니바람], 늴큼 [닐큼], 씌어 [씨어], 희망[히망], 희다 [히다]

(9)의 단어에서처럼 자음 다음에 실현되는 'ㅢ'는 반드시 [ㅣ]로만 발음된다. 그러나 <한글 맞춤법>의 제9항에서는 (9)와 같은 단어에 쓰인 관습적인 표기를 인정하여, "'의'나, 자음을 첫소리로 가지고 있는 음절의 'ㅢ'는 'ㅣ'로 소리가 나는 경우가 있더라도 'ㅢ'로 적는다."라고 규정하였다.[2] 이렇게 되면 <한글 맞춤법>에 따르는 표기와 현실 발음에

큰 차이가 생기게 되는데, 이를 보완하기 위하여 <표준 발음법>에서 "자음을 첫소리로 가지고 있는 음절의 '의'는 [ㅣ]로만 발음한다."라고 규정하였다. 결국 '무늬, 보늬, 오늬, 하늬바람, 늬큼, 씌어, 희망, 희다' 등으로 적더라도, 실제로는 [무니, 보니, 오니, 하니바람, 니큼, 씨어, 히망, 히다]로 발음해야 한다.

둘째, 단어의 첫음절 이외의 '의'는 [ㅣ]로 발음함을 허용하고, 조사 '의'는 [ㅔ]로 발음함도 허용한다.

(10) ㄱ. 주의[주의 / 주이], 협의[혀븨 / 혀비], 성의[성의 / 성이]
ㄴ. 우리의[우리의 / 우리에], 강의의[강 : 의의 / 강 : 이에]

(ㄱ)의 '주의, 협의, 성의'와 같이 첫음절 이외의 음절에서 실현되는 '의'는 [ㅢ]로 발음하여 [주의, 혀븨, 성의]로 발음하는 것이 원칙이다. 하지만 현실 발음에서는 이때의 '의'를 대체로 [ㅣ]로도 발음하기 때문에 [주이, 혀비, 성이]로 발음하는 것도 허용한다. 그리고 (ㄴ)에서와 같이 조사 '의'도 언어 현실에서 [ㅔ]로 발음하는 것을 수용하여 [ㅔ]로 발음하는 것을 허용한다.

2) <한글 맞춤법>에서는 자음 다음에서 실현되는 'ㅢ'를 'ㅣ'로 적으면 글자 생활에 큰 혼란을 주기 때문에, 기존에 'ㅢ'로 적어 오던 표기 관습은 존중하여 표기 방법을 규정한 것이다.

제3장 음의 길이

제6항 모음의 장단을 구별하여 발음하되, 단어의 첫음절에서만 긴소리가 나타나는 것을 원칙으로 한다.

(1) 눈보라 [눈 : 보라]	말씨 [말 : 씨]	밤나무 [밤 : 나무]
많다 [만 : 타]	멀리 [멀 : 리]	벌리다 [벌 : 리다]
(2) 첫눈 [천눈]	참말 [참말]	쌍동밤 [쌍동밤]
수많이 [수 : 마니]	눈멀다 [눈멀다]	떠벌리다 [떠벌리다]

다만, 합성어의 경우에는 둘째 음절 이하에서도 분명한 긴소리를 인정한다.

반신반의 [반 : 신 바 : 늬 / 반 : 신 바 : 니]　재삼재사 [재 : 삼 재 : 사]

[붙임] 용언의 단음절 어간에 어미 '-아/-어'가 결합되어 한 음절로 축약되는 경우에도 긴소리로 발음한다.

보아→봐 [봐 :]　기어→겨 [겨 :]　되어→돼 [돼 :]　두어→둬 [둬 :]
하여→해 [해 :]

다만, '오아→와, 지어→져, 찌어→쪄, 치어→쳐' 등은 긴소리로 발음하지 않는다.

[제6항] 모음의 길이

자음과 모음과 같은 분절적인 요소뿐만 아니라 비분절적인 소리도 단어의 뜻을 분화하는 기능을 할 수 있다. 이러한 소리를 '**운소**(韻素, suprasegmental features)'라고 하는데, 운소의 종류로는 음(音)의 '길이', '높이', '억양' 등이 있다. 이 중에서 소리의 '길이(長短, length)'는 하나의 모음을 소리내는 데에 걸리는 시간에 따라서 결정되는 운소인데, 음소와 마찬가지로 말의 뜻을 분화하는 데에 중요한 구실을 할 수 있다.

제6항에서는 '**음의 길이**'에 따른 대립인 긴소리와 짧은소리의 두 가지 발음을 표준 발음으로 인정한다.

첫째, 단어의 제1음절에서는 긴소리가 발음되는 것을 인정한다.

(1) ㄱ. 〔目〕[눈] — [눈 :]〔雪〕
ㄴ. 〔馬〕[말] — [말 :]〔言〕
ㄷ. 〔夜〕[밤] — [밤 :]〔栗〕
ㄹ. 〔罰〕[벌] — [벌 :]〔蜂〕
ㅁ. 〔松〕[솔] — [솔 :]〔刷〕

(1)의 단어들은 첫음절의 모음이 긴소리와 짧은소리로 대립하면서 의미가 분화된다. 곧, [눈]과 [눈 :]은 긴소리와 짧은소리로 대립하면서 '目'의 뜻과 '雪'의 뜻으로 분화되고, [말]과 [말 :]도 소리의 길이에 따라서 '馬/斗'와 '言'의 뜻으로 분화된다. 나머지 [밤]과 [밤 :], [벌]과 [벌 :], [솔]과 [솔 :] 등도 마찬가지로 첫음절의 길이에 따라서 의미가 분화된다.

둘째, 단어의 제2 음절 이하에서는 긴소리의 발음이 거의 실현되지 않고 있다.

(2) ㄱ. 눈보라 [눈:보라], 말씨 [말:씨], 밤나무 [밤:나무]
ㄴ. 많다 [만:타], 설다 [설:다], 멀리 [멀:리], 벌리다 [벌:리다], 없다 [업:따], 내다 [내:다], 밷다 [밷:따], 세다 [세:다], 앖다 [업:따] ; 몰다 [몰:다], 돌다 [돌:다], 웃다 [욷:따]

(3) ㄱ. 첫눈[천눈], 참말[참말], 쌍동밤[쌍동밤]
ㄴ. 수많이[수 : 마니], 낯설다[낟썰다], 눈멀다[눈멀다], 떠벌리다[떠벌리다], 맥없다[매겁따], 힘없다[히멉따], 성내다[성내다], 침뱉다[침밷따], 힘세다[힘세다] ; 눈멀다[눈멀다], 휘몰다[휘몰다], 떠돌다[떠돌다], 비웃다[비욷따]

(2)처럼 첫음절에서는 긴소리로 발음되는 단어도, 그것이 합성어 속에서 둘째 음절 이하에 실현될 때에는 긴소리로 발음되지 않는다. 곧 (2)에서 '눈, 말, 밤'과 '많다'처럼 첫음절에서는 긴소리로 발음되는 단어들이, (3)처럼 둘째 음절 이하에 위치할 때에는 짧은소리로 바뀐다.

[다만] 합성어에서 분명히 긴소리로 나는 발음

앞에서 살펴본 바와 같이 긴소리는 단어의 첫음절에서만 인정한다. 그러나 다음과 같이 합성어의 둘째 음절 이하에서 분명하게 긴소리로 나는 것은 예외적으로 긴소리를 인정한다.

(4) ㄱ. 반신-반의(半信半疑) [반 : 신 # 바:니][3]
ㄴ. 재삼-재사(再三再四) [재 : 삼 # 재:사]
ㄷ. 반관-반민(半官半民) [반 : 관 # 반:민]
ㄹ. 선남-선녀(善男善女) [선 : 남 # 선:녀]
ㅁ. 전신-전화(電信電話) [전 : 신 # 전:화]

(4)에서 '반신-반의, 재삼-재사, 반관-반민, 선남-선녀, 전신-전화'와 같은 단어들은 모두 합성어의 어근 사이에 어느 정도의 쉼(휴지)을 둘 수 있는 것이 특징이다. 이처럼 어근 사이에 놓여 있는 쉼 때문에 뒤 어근의 첫음절을 긴소리로 발음할 수 있다.[4]

[붙임] 단음절 어간에 어미 '-아/-어'가 결합되어서 한 음절로 축약되는 경우

용언에서 단음절로 된 어간에 [ㅏ]나 [ㅓ]로 시작하는 어미인 '-아/-어', '-아라/-어라', '-았다/-었다' 등이 결합하여서 한 음절로 축약될 때에는, 축약된 모음은 긴소리로 발음한다.

(5) ㄱ. 보- + -아 → 봐 [봐 :], 고- + -아라 → 과라 [과:라], 쏘- + -았다 → 쐈다 [쏻:따]
ㄴ. 되- + -어 → 돼 [돼 :], 뵈- + -어라 → 봬라 [봬:라], 하- + -았다 → 했다 [햍:따]
ㄷ. 두- + -어 → 둬 [둬 :], 꾸- + -어라 → 꿔라 [꿔:라], 주- + -었다 → 줬다 [줟:따]
ㄹ. 기- + -어 → 겨 [겨 :], 띠- + -어라 → 뗘라 [뗘:라], 치- + -었다 → 쳤다 [쳗:따]

(ㄱ)에서 용언의 어간인 '보-, 고-, 쏘-'에 어미인 '-아, -아라, -았다'가 붙어서 활용한다. 이때 어간의 모음과 어미의 모음이 하나의 음절인 [ㅘ]로 축약되는 과정에서 모음이 긴소리로 발음된다.

이렇게 축약 과정에서 긴소리로 되는 현상은 모음으로 끝나는 어근에 사동이나 피동의 접미사가 붙어서 사동사나 피동사가 형성되는 과정에서도 마찬가지로 일어난다.

(6) ㄱ. 싸- + -이- + -다 → 쌔다 [쌔:다]
ㄴ. 쏘- + -이- + -다 → 쐬다 [쐬:다]
ㄷ. 누- + -이- + -다 → 뉘다 [뉘:다]

3) '#'의 기호는 어말(단어의 끝)의 위치를 나타낸다.

4) 그러나 첩어(疊語)처럼 같은 음절이 반복적으로 실현되어서 두 음절을 구성하는 때에는, 둘째 음절을 긴소리로 발음하지 않는다. (보기) 반반(半半)[반 : 반], 영영(永永)[영 : 영], 시시비비(是是非非)[시 : 시비비], 간간(間間)이[간 : 가니], 서서(徐徐)히[서 : 서히]

ㄹ. 펴- + -이- + -다 → 폐다 [폐:다]
ㅁ. 트- + -이- + -다 → 틔다 [티:다]

(ㄱ)에서 '싸이다(圍)'는 어근인 '싸-'에 사동 접미사인 '-이-'가 붙어서 파생되었는데, '싸이다'가 '쌔다'로 축약되는 과정에서 모음이 긴소리로 발음된다.

[다만] 활용할 때에 축약된 모음을 예외적으로 짧은소리로 발음하는 경우

어간과 어미가 결합하여 활용하더라도, 다음의 두 가지 경우에는 축약된 모음을 예외적으로 짧은소리로 발음한다.

(7) ㄱ. 오- + -아 → 와 [와], 지- + -어 → 져 [저], 찌- + -어 → 쪄 [쩌], 치- + -어 → 쳐 [처]
ㄴ. 가- + -아 → 가 [가], 자- + -아 → 자 [자], 서- + -어 → 서 [서], 켜- + -어 → 켜 [켜]

(ㄱ)처럼 '오아'가 '와'로 축약되고 '지어'가 '져'로, '찌어'가 '쪄'로, '치어'가 '쳐'로 축약될 때에는 긴소리로 발음하지 않는다. 그리고 (ㄴ)에서 '가아'가 '가'로 축약된 것처럼 동일한 모음이 실현되는 과정에서 모음이 탈락하여도 긴소리로 발음하지 않는다.

제7항 긴소리를 가진 음절이라도, 다음과 같은 경우에는 짧게 발음한다.

1. 단음절인 용언 어간에 모음으로 시작된 어미가 결합되는 경우

감다 [감 : 따]-감으니 [가므니]　　밟다 [밥 : 따]-밟으면 [발브면]
신다 [신 : 따]-신어 [시너]　　알다 [알 : 다]-알아 [아라]

다만, 다음과 같은 경우에는 예외적이다.

끌다 [끌 : 다]-끌어 [끄 : 러]　　떫다 [떨 : 따]-떫은 [떨 : 븐]
벌다 [벌 : 다]-벌어 [버 : 러]　　썰다 [썰 : 다]-썰어 [써 : 러]
없다 [업 : 따]-없으니 [업 : 쓰니]

2. 용언 어간에 피동, 사동의 접미사가 결합되는 경우

감다 [감 : 따]-감기다 [감기다]　　꼬다 [꼬 : 다]-꼬이다 [꼬이다]
밟다 [밥 : 따]-밟히다 [발피다]

다만, 다음과 같은 경우에는 예외적이다.

끌리다 [끌 : 리다]　　벌리다 [벌 : 리다]　　없애다 [업 : 쌔다]

[붙임] 다음과 같은 복합어에서는 본디의 길이에 관계없이 짧게 발음한다.

밀-물　　썰-물　　쏜-살-같이　　작은-아버지

[제7항] 음절의 긴소리가 예외적으로 짧은소리로 발음되는 예

제7항은 긴소리로 발음되던 음절이 짧게 발음되는 경우를 규정한 것이다. 곧 원래는 긴소리로 발음되던 용언의 어간이 다음의 경우에는 예외적으로 짧은소리로 발음된다.

[1] 단음절인 용언의 어간에 모음으로 시작되는 어미가 결합될 때에는, 어간의 긴소리는 짧은소리로 바뀌어서 발음된다.

(8) ㄱ. 넘다 [넘 : 따] ― 넘으니 [너므니]
ㄴ. 묻다 [묻 : 따] ― 물을 [무를]
ㄷ. 밟다 [밥 : 따] ― 밟은 [발븐]
ㄹ. 살다 [살 : 다] ― 살아서 [사라서]
ㅁ. 닮다 [담 : 따] ― 닮아도 [달마도]
ㅂ. 밉다 [밉 : 따] ― 미우면 [미우면]
ㅅ. 붓다 [붇 : 따] ― 부어도 [부어도]
ㅇ. 안다 [안 : 따] ― 안아 [아나]

(9) ㄱ. 괴다 [괴 : 다] ― 괴어 [괴어]
ㄴ. 꾀다 [꾀 : 다] ― 꾀어서 [꾀어서]
ㄷ. 쏘다 [쏘 : 다] ― 쏘았다 [쏘앋따]
ㄹ. 호다 [호 : 다] ― 호았다 [호앋따]
ㅁ. 쥐다 [쥐 : 다] ― 쥐어도 [쥐어도]
ㅂ. 뉘다 [뉘 : 다] ― 뉘어야 [뉘어야]
ㅅ. 쉬다 [쉬 : 다] ― 쉬어라 [쉬어라]
ㅇ. 쑤다 [쑤 : 다] ― 쑤어서 [쑤어서]

(8)의 예는 (ㄱ)의 '넘-'처럼 자음으로 끝나는 어간에 모음으로 시작하는 어미인 '-으니'가 결합된 활용이며, (9)의 예는 (ㄱ)의 '괴-'처럼 모음으로 끝나는 어간에 모음으로 시작하는 어미가 결합된 활용이다. (8)과 (9)에서 단음절로 된 어간의 모음은 자음으로 시작하는 어미 앞에서는 [넘 : 따], [괴 : 다]처럼 긴소리로 발음되지만, 모음으로 시작하는 어미와 결합하면 [너므니]와 [괴어]처럼 짧은소리로 발음된다.[5]

['1'의 '다만'] 용언의 어간이 모음으로 시작되는 어미 앞에서 규칙적으로 짧게 발음되는데도 불구하고, 다음의 '끌다, 떫다, 멀다, 벌다, 썰다, 없다, 엷다, 웃다, 적다, 적다'

5) 반면에 용언의 어간이 다음절(多音節)이면, 그 뒤에 모음으로 시작하는 어미가 오더라도 어간의 긴소리는 바뀌지 않고 그대로 발음된다. (보기) '걸치다[걸 : 치다]―걸쳐[걸 : 처]', '더럽다[더 : 럽따]―더러운[더 : 러운]', '졸리다[졸 : 리다]―졸려[졸 : 려]'

등의 용언은 예외적으로 본래의 긴소리가 그대로 유지된다.

(10) ㄱ. 끌다 [끌 : 다] — 끌어 [끄:러] — 끈 [끈 :]
ㄴ. 떫다 [떨 : 따] — 떫어 [떨:버] — 떫은 [떨:븐]
ㄷ. 멀다 [멀 : 다] — 멀어 [머:러] — 먼 [먼:]
ㄹ. 벌다 [벌 : 다] — 벌어 [버:러] — 번 [번:]
ㅁ. 썰다 [썰 : 다] — 썰어 [써:러] — 썬 [썬:]
ㅂ. 얻다 [얻 : 따] — 얻어 [어:더] — 얻은 [어:든]
ㅅ. 없다 [업 : 따] — 없어 [업:써] — 없으니 [업:쓰니]
ㅇ. 엷다 [열 : 따] — 엷어 [열:버] — 엷은 [열:븐]
ㅈ. 웃다 [욷 : 따] — 웃어 [우:서] — 웃은 [우:슨]
ㅊ. 작다 [작 : 따] — 작아 [자:가] — 작은 [자:근]
ㅋ. 적다 [적 : 따] — 적어 [저:거] — 적은 [저:근]

(10)의 단어들은 (8~9)와 같은 음운론적 환경인데도 어간의 긴소리가 모음으로 시작하는 어미 앞에서 짧은소리로 바뀌지 않았다. 이들은 모두 제7항의 1의 규칙에 대한 예외로 처리한다.

[2] 단음절로 된 용언의 어간에 피동과 사동의 접미사인 '-기-, -리-, -이-, -히-' 등이 붙어서 형성된 사동사나 피동사에는, 어간의 긴소리가 짧은소리로 바뀐다.

(11) 감다 [감:따] — 감기다 [감기다]　　안다 [안 : 따] — 안기다 [안기다]
옮다 [옴:따] — 옮기다 [옴기다]　　넘다 [넘 : 다] — 넘기다 [넘기다]
알다 [알:다] — 알리다 [알리다]　　울다 [울 : 다] — 울리다 [울리다]
꼬다 [꼬:다] — 꼬이다 [꼬이다]　　쏘다 [쏘 : 다] — 쏘이다 [쏘이다]
죄다 [죄:다] — 죄이다 [죄이다]　　떼다 [떼 : 다] — 떼이다 [떼이다]
밟다 [밥:따] — 밟히다 [발피다]

(11)에서 단음절 어간인 '감-'는 [감 :]으로 발음되는데, 이 어간에 피동 접미사인 '-기-'가 붙어서 파생된 '감기다'는 어간이 짧은소리로 바뀌어서 [감기다]로 발음된다.

['2'의 '다만'] 앞의 (10)에서 '끌다, 벌다, 썰다, 졸다, 없다, 웃다' 등은 모음으로 시작되

는 어미 앞에서 예외적으로 어간의 긴소리를 유지하였다. 이러한 어간에 접미사가 붙어서 파생된 피동사나 사동사는 일반적으로 본래의 긴소리로 발음한다.

(12) 끌다 [끌 : 다] — 끌리다 [끌:리다]　　　　벌다[벌 : 다] — 벌리다 [벌:리다]
썰다 [썰 : 다] — 썰리다 [썰:리다]　　　　졸다[졸 : 다] — 졸리다 [졸:리다]
없다 [업 : 따] — 없애다 [업:쌔다]　　　　웃다[웃 : 다] — 웃기다 [욷:끼다]

(12)에서 '끌다'의 어간은 긴소리인 [끌 : -]로 발음되는데, 이들은 모음으로 시작하는 어미와 결합해도 어간의 긴소리가 본래대로 유지되는 특징이 있다. 이러한 어간에 파생 접미사가 붙어서 '끌리다'가 파생될 때에는 예외적으로 본래의 긴소리가 그대로 유지되어서 [끌 : 리다]로 발음된다.

[붙임] 용언의 관형사형 어미와 체언이 합쳐져서 형성된 합성어 중에는, 원래의 관형사형은 긴소리로 나지만 합성어에서는 짧은소리로 바뀌는 예가 있다.

(13) ㄱ. 밀다 [밀 : 다] — 밀물 [밀물]　　　　(밀- + -ㄹ + 물)
ㄴ. 써다 [써 : 다] — 썰물 [썰물]　　　　(써- + -ㄹ + 물)
ㄷ. 쏘다 [쏘 : 다] — 쏜살같이 [쏜살가치]　　　　(쏘- + -ㄴ + 살)
ㄹ. 작다 [작 : 따] — 작은아버지 [자그나버지]　　　　(작- + -은 + 아버지)

(ㄱ)에서 '밀다'는 [밀 : 다]로 발음되어서 어간이 긴소리이다. 그런데 '밀다'의 관형사형인 '밀'에 '물'이 결합되어서 합성어 '밀물'이 형성되는 과정에서 '밀'이 짧은소리로 발음된다.

그러나 용언의 관형사형 어미와 체언이 결합된 모든 합성어에서 관형사형의 어간의 긴소리가 짧은소리로 바뀌는 것은 아니다. '먼동', '헌데' 등에서 용언의 관형사형인 '먼'과 '헌'은 원래의 긴소리 그대로 발음된다.[6)]

6) 제7항의 규정은 용언이 활용할 때에만 적용되고 체언에 조사가 결합할 때에는 적용되지 않는다. 곧 체언에 조사가 결합할 때에는 자음으로 시작된 조사나 모음으로 시작된 조사나 관계 없이 언제나 본래의 긴소리대로 발음한다. (보기) '눈〔雪〕이[누 : 니]', '밤〔栗〕을[바 : 믈]', 발〔簾〕에서[바 : 레서], '솔〔刷〕로[솔 : 로]'

제4장 받침의 발음

제8항 받침소리로는 'ㄱ, ㄴ, ㄷ, ㄹ, ㅁ, ㅂ, ㅇ'의 7개 자음만 발음한다.

국어의 자음은 총 19개인데 이들 자음 중에서 음절의 끝소리(종성)에서 발음될 수 있는 자음은 'ㄱ, ㄴ, ㄷ, ㄹ, ㅁ, ㅂ, ㅇ'의 7개로 한정된다. 이러한 제약 때문에 음절의 끝자리에 이 일곱 자음 이외의 자음이 오게 되면 이 7개의 자음 중의 하나로 바뀌어서 발음된다.7)

제9항 받침 'ㄲ, ㅋ', 'ㅅ, ㅆ, ㅈ, ㅊ, ㅌ', 'ㅍ'은 어말 또는 자음 앞에서 각각 대표음 [ㄱ, ㄷ, ㅂ]으로 발음한다.

닦다 [닥따]	키읔 [키윽]	키읔과 [키윽꽈]	옷 [옫]
웃다 [욷 : 따]	있다 [읻따]	젖 [젇]	빚다 [빋따]
꽃 [꼳]	쫓다 [쫃따]	솥 [솓]	뱉다 [밷 : 따]
앞 [압]	덮다 [덥따]		

[제9항] 평파열음화 (음절의 끝소리 규칙)

국어의 음절의 끝에서 발음되는 자음은 'ㄱ, ㄴ, ㄷ, ㄹ, ㅁ, ㅂ, ㅇ'의 일곱 개뿐이다. 이에 따라서 일곱 자음 이외의 홑자음이 끝소리 자리에 올 적에는 이 일곱 자음 중의 하나로 바뀌어서 발음된다.

	(변동 전)		(변동 후)	
(1)	ㄱ. ㄲ, ㅋ	→	[ㄱ]	[여린입천장소리]
	ㄴ. ㅅ, ㅆ ; ㅈ, ㅊ ; ㅌ	→	[ㄷ]	[잇몸소리]
	ㄷ. ㅍ	→	[ㅂ]	[입술소리]

7) 받침소리에서 일어나는 변동 현상에는 '평파열음화(음절의 끝소리 규칙)'와 '자음군 단순화(겹받침 줄이기)'가 있다. 이들 변동 현상 중에서 평파열음화는 '음운의 교체'에 해당하며, '자음군 단순화는 '음운의 탈락'에 해당하다.

(ㄱ)처럼 여린입천장소리인 'ㄲ, ㅋ'이 끝소리(종성)로 쓰일 때에는 [ㄱ]으로, (ㄴ)처럼 잇몸소리인 'ㅌ, ㅅ, ㅆ'과 센입천장소리인 'ㅈ, ㅊ'이 끝소리로 쓰일 때에는 [ㄷ]으로 발음된다. 그리고 (ㄷ)처럼 'ㅍ'이 끝소리로 쓰일 때에는 [ㅂ]으로 발음된다. 이들은 모두 된소리나 거센소리의 파열음이나 마찰음, 파찰음 등이 동일한 조음 위치에서 발음되는 평파열음(平破裂音, 예사소리의 파열음)으로 바뀌는 현상이다.

다음의 예들은 홑받침이 종성의 자리에서 7개 자음 중의 하나로 바뀐 것이다.

(2) ㄱ. 낚시 [낙씨], 닦고 [닥꼬]
ㄴ. 키읔 [키윽], 부엌 [부억], 동녘 [동녁]

(3) ㄱ. 옷 [옫], 낫 [낟], 벗고 [벋꼬] ; 갔고 [갇꼬], 있다 [읻따]
ㄴ. 낮 [낟], 늦고 [늗꼬], 빚다 [빋따] ; 낯 [낟], 꽃 [꼳], 쫓다 [쫃따]
ㄷ. 솥 [솓], 밭 [받], 같고 [갇꼬], 뱉다 [밷 : 따]

(4) 잎 [입], 늪 [늡], 앞 [압], 무릎 [무릅], 깊다 [깁따]

(2)에서는 된소리 파열음인 'ㄲ'과 거센소리 파열음인 'ㅋ'이 평파열음인 [ㄱ]으로 바뀌었다. (3)에서는 마찰음인 'ㅅ, ㅆ'과 파찰음인 'ㅈ, ㅊ', 거센소리의 파열음인 'ㅌ' 등이 평파열음인 [ㄷ]으로 바뀌었다. (4)에서는 끝소리의 자리에서 거센소리의 파열음인 'ㅍ'가 평파열음인 [ㅂ]으로 바뀌었다. (2~4)에서 일어난 변동을 종합적으로 판단해 보면, 된소리나 거센소리의 파열음이 음절의 끝소리 자리에서 평파열음(예사소리의 파열음)인 [ㄱ, ㄷ, ㅂ]으로 바뀐 변동이다.

제10항 겹받침 'ㄳ', 'ㄵ', 'ㄼ, ㄽ, ㄾ', 'ㅄ'은 어말 또는 자음 앞에서 각각 [ㄱ, ㄴ, ㄹ, ㅂ]으로 발음한다.

넋 [넉]	넋과 [넉꽈]	앉다 [안따]	여덟 [여덜]
넓다 [널따]	외곬 [외골]	핥다 [할따]	값 [갑]
없다 [업 : 따]			

다만, '밟-'은 자음 앞에서 [밥]으로 발음하고, '넓-'은 다음과 같은 경우에 [넙]으로 발음한다.

(1) 밟다 [밥 : 따]　　밟소 [밥 : 쏘]　　밟지 [밥 : 찌]

밟는 [밥 : 는 → 밤 : 는] 밟게 [밥 : 께] 밟고 [밥 : 꼬]

(2) 넓-죽하다 [넙쭈카다] 넓-둥글다 [넙뚱글다]

{참고} 자음군 단순화 (겹받침 줄이기)

국어에서 실현될 수 있는 겹받침은 'ㄳ, ㄵ, ㄶ, ㄼ, ㄽ, ㄾ, ㅀ, ㅄ, ㄺ, ㄻ, ㄿ'의 11개가 있는데, 이들 겹받침은 자음 앞이나 휴지 앞에서 한쪽의 자음이 탈락한다. 이들 겹받침 가운데서 'ㄳ, ㄵ, ㄶ, ㄼ, ㄽ, ㄾ, ㅀ, ㅄ'은 뒤의 자음이 탈락하여서 각각 [ㄱ, ㄴ, ㄴ, ㄹ, ㄹ, ㄹ, ㄹ, ㅂ]으로 변동한다. 반면에 'ㄺ, ㄻ, ㄿ'은 앞의 자음이 탈락하여 각각 [ㄱ, ㅁ, ㅂ]으로 변동한다. 제10항은 전자의 변동 현상을 규정한 것이고 제11항은 후자의 변동 현상을 규정한 것이다.

[제10항] 겹받침 중에서 뒤의 자음이 탈락하는 경우

제10항에서는 '자음군 단순화'가 적용되어서, 뒤 자음이 탈락하는 예를 제시하였다. 곧, 두 개의 자음으로 된 겹받침 중에서, 어말의 위치나 자음으로 시작된 조사나 어미 앞에서 'ㄳ'은 [ㄱ]으로, 'ㄵ'은 [ㄴ]으로, 'ㄼ, ㄽ, ㄾ'은 [ㄹ]로[8], 'ㅄ'은 [ㅂ]으로 바뀐다.

(5) ㄱ. 'ㄳ' → [ㄱ] : 몫 [목], 삯 [삭]
ㄴ. 'ㄵ' → [ㄴ] : 앉고 [안꼬], 얹지 [언찌]
ㄷ. 'ㄼ' → [ㄹ] : 여덟 [여덜], 넓게 [널께] cf. 밟게 [밥께], 넓죽하다 [넙쭈카다]
ㄹ. 'ㄽ' → [ㄹ] : 외곬 [외골], 물곬 [물꼴]
ㅁ. 'ㄾ' → [ㄹ] : 핥다 [할따], 훑고 [훌꼬]
ㅂ. 'ㅄ' → [ㅂ] : 없고 [업꼬], 값 [갑]

이와 같이 겹받침이 탈락하는 것은 자음 사이의 소리의 강도가 다르기 때문이다. 곧 자음의 소리는 조음 위치에 따라서 '여린입천장소리 > 입술소리 > 잇몸소리'의 순서로 강도가 정해져 있다. 음절의 끝소리에 실현되는 겹자음에서는 두 소리 중에서 강도가 높은 쪽으로 단순화한다.[9] 그리고 'ㄵ', 'ㄽ', 'ㄾ' 처럼 겹받침의 자음 강도가 동일할

8) (5ㄷ)의 '여덟'과 '넓게'에서 'ㄼ'은 예외적으로 자음의 강도에 따른 단순화의 규칙을 어기고, 약한 소리인 [ㄹ]로 단순화한다. 그러나 '밟다'는 '밟다[밥 : 따], 밟소[밥 : 쏘], 밟지[밥 : 찌], 밟는[밥 : 는 → 밤 : 는], 밟게[밥 : 께], 밟고[밥 : 꼬]'로 발음하고, '넓죽하다'는 '넓죽하다[넙쭈카다], 넓둥굴다[넙뚱글다]'로 발음된다. 따라서 자음의 강도에 따른 단순화 규칙에 맞게 강한 소리인 [ㅂ]으로 단순화한다.

때에는 공명도가 높은 자음으로 단순화한다.(공명도: 유음> 비음> 파열음)

> **제11항** 겹받침 'ㄺ, ㄻ, ㄿ'은 어말 또는 자음 앞에서 각각 [ㄱ, ㅁ, ㅂ]으로 발음한다.
>
> 닭[닥] 흙과[흑꽈] 맑다[막따] 늙지[늑찌]
> 삶[삼 :] 젊다[점 : 따] 읊고[읍꼬] 읊다[읍따]
>
> **다만**, 용언의 어간 말음 'ㄺ'은 'ㄱ' 앞에서 [ㄹ]로 발음한다.
>
> 맑게[말께] 묽고[물꼬] 얽거나[얼꺼나]

[제11항] 겹받침 중에서 앞의 자음이 탈락하는 경우

제11항에서는 '자음군 단순화'가 적용되어서, 앞 자음이 탈락하는 예를 제시하였다. 곧, 겹받침인 'ㄺ', 'ㄻ', 'ㄿ'은 어말의 위치나 자음 앞에서, 겹받침의 선행 자음인 'ㄹ'이 탈락하여 각각 [ㄱ, ㅁ, ㅂ]으로 발음된다.

(6) ㄱ. 닭[닥], 닭도[닥또] ; 칡[칙], 칡도[칙또] ; 흙[흑], 흙과[흑꽈]
　ㄴ. 맑다[막따], 맑지[막찌], 맑소[막쏘] ; 늙다[늑따], 늙지[늑찌], 늙소[늑쏘]

(7) ㄱ. 삶[삼 :], 앎[암 :]
　ㄴ. 닮다[담 : 따], 닮지[담 : 찌] ; 젊다[점 : 따], 젊지[점 : 찌]

(8) 읊다[읍따], 읊고[읍꼬]

(6~8)에서 겹받침의 앞 자음이 탈락하여서 'ㄺ'은 [ㄱ]으로, 'ㄻ'은 [ㅁ]으로, 'ㄿ'은 [ㅂ]으로 발음된다. 이와 같이 겹받침 중의 뒤 자음으로 단순화하는 것은 '여린입천장소리 > 입술소리 > 잇몸소리'의 강도 차이에 따른 것이다.

[다만] 용언의 어간 말음인 'ㄺ'은 'ㄱ'으로 시작하는 어미의 앞에서, 어간의 첫소리인 'ㄱ'이 탈

9) (5ㄱ)에서 'ㄳ'에서, 'ㅅ'에 평파열음화를 적용하면 [ㄷ]으로 바뀐다. 이때 'ㄳ'의 겹자음에서 앞소리인 [ㄱ]은 여린입천장소리이고 [ㄷ]은 잇몸소리이므로, [ㄱ]과 [ㄷ] 중에서 강도가 센 [ㄱ]으로 단순화한다. 그리고 (5ㄴ)의 겹받침인 'ㄵ'에서 'ㅈ'에 평파열음화를 적용하면 [ㄷ]으로 바뀌므로, 'ㄵ'의 겹자음들은 앞 소리와 뒤 소리가 모두 다 잇몸소리가 된다. 따라서 'ㄵ'의 겹자음에서는 공명도가 높은 [ㄴ]으로 단순화한다.

락하고 [ㄹ]로 발음한다.

용언의 어간에 실현되는 겹받침 'ㄺ'은 체언의 경우와는 달리 뒤에 오는 어미의 자음의 종류에 따라서 두 가지로 발음된다.

(9) ㄱ. 맑게 [말께], 묽고 [물꼬], 얽거나 [얼꺼나]
ㄴ. 늙게 [늘께], 늙고 [늘꼬], 늙거나 [늘꺼나]

'ㄺ'은 앞의 (6ㄴ)처럼 'ㄷ, ㅈ, ㅅ'으로 시작하는 어미 앞에서는 [ㄱ]으로 발음된다. 반면에 (9)처럼 'ㄱ'으로 시작하는 어미의 앞에서는, 'ㄱ'의 뒤에서 된소리되기가 먼저 일어난 뒤에 뒤 소리인 [ㄱ]이 탈락하여 [ㄹ]로 단순화한다.[10]

제12항 받침 'ㅎ'의 발음은 다음과 같다.

1. 'ㅎ(ㄶ, ㅀ)' 뒤에 'ㄱ, ㄷ, ㅈ'이 결합되는 경우에는, 뒤 음절 첫소리와 합쳐서 [ㅋ, ㅌ, ㅊ]으로 발음한다.

놓고 [노코] 좋던 [조 : 턴] 쌓지 [싸치] 많고 [만 : 코]
않던 [안턴] 닳지 [달치]

[붙임 1] 받침 'ㄱ(ㄺ), ㄷ, ㅂ(ㄼ), ㅈ(ㄵ)'이 뒤 음절 첫소리 'ㅎ'과 결합되는 경우에도, 역시 두 음을 합쳐서 [ㅋ, ㅌ, ㅍ, ㅊ]으로 발음한다.

각하 [가카] 먹히다 [머키다] 밝히다 [발키다] 만형 [마텽]
좁히다 [조피다] 넓히다 [널피다] 꽂히다 [꼬치다] 앉히다 [안치다]

[붙임 2] 규정에 따라 'ㄷ'으로 발음되는 'ㅅ, ㅈ, ㅊ, ㅌ'의 경우에도 이에 준한다.

옷 한 벌 [오탄벌]낮 한때 [나탄때] 꽃 한 송이 [꼬탄송이] 숱하다 [수타다]

2. 'ㅎ(ㄶ, ㅀ)' 뒤에 'ㅅ'이 결합되는 경우에는, 'ㅅ'을 [ㅆ]으로 발음한다.

닿소 [다쏘] 많소 [만 : 쏘] 싫소 [실쏘]

---

10) 파생어인 '갉작갉작하다, 갉작거리다, 굵다랗다, 굵직하다, 긁적거리다, 늙수그레하다, 늙정이, 얽죽얽죽' 등에서는 겹받침인 'ㄺ'의 뒤에 /ㄱ/이 아닌 소리로 시작하는 형태가 붙었다. 따라서 겹받침 'ㄺ'은 [ㄱ]으로 발음한다. 반면에 [ㄹ]로 발음되는 경우에는, '말끔하다, 말쑥하다, 말짱하다' 등과 같이 'ㄹ'만을 받침으로 적도록 하였다.(〈한글 맞춤법〉의 제21항, 『국어 어문 규정집』(2012:245)을 참조..)

3. 'ㅎ' 뒤에 'ㄴ'이 결합되는 경우에는, [ㄴ]으로 발음한다.

놓는 [논는]　　쌓네 [싼네]

[붙임] 'ㄶ, ㅀ' 뒤에 'ㄴ'이 결합되는 경우에는, 'ㅎ'을 발음하지 않는다.

않네 [안네]　　않는 [안는]　　뚫네 [뚤네→뚤레]　　뚫는 [뚤는 → 뚤른]

* '뚫네 [뚤네 → 뚤레], 뚫는 [뚤는 → 뚤른]'에 대해서는 제20항 참조.

4. 'ㅎ(ㄶ, ㅀ)' 뒤에 모음으로 시작된 어미나 접미사가 결합되는 경우에는, 'ㅎ'을 발음하지 않는다.

낳은 [나은]　　놓아 [노아]　　쌓이다 [싸이다]　　많아 [마 : 나]

않은 [아는]　　닳아 [다라]　　싫어도 [시러도]

받침의 'ㅎ'은 그 앞뒤에 결합되는 소리에 종류에 따라서 여러 가지로 발음되는데, 제12항에서는 'ㅎ'에 관련하여 나타나는 발음 현상을 한데 묶어서 다루었다.

[1] 'ㅎ'과 'ㄱ, ㄷ, ㅈ'이 결합하여 [ㅋ, ㅌ, ㅊ]으로 발음되는 경우 (거센소리되기, 자음 축약)

어간의 끝 받침[11]으로 나타나는 'ㅎ'이나 겹받침인 'ㄶ, ㅀ'의 뒤에 'ㄱ, ㄷ, ㅈ'의 예사소리로 시작하는 어미가 결합될 때에는, 어간의 끝 받침 'ㅎ'이 어미의 예사소리와 합쳐져서 [ㅋ, ㅌ, ㅊ]으로 발음된다.(자음 축약, 거센소리되기)[12]

(10) ㄱ. ㅎ + ㄱ → ㄱ + ㅎ → [ㅋ] : 좋고 [조 : 코], 많고 [만 : 코], 앓고 [알코]

ㄴ. ㅎ + ㄷ → ㄷ + ㅎ → [ㅌ] : 좋던 [조 : 턴], 많던 [만 : 턴], 앓던 [알턴]

ㄷ. ㅎ + ㅈ → ㅈ + ㅎ → [ㅊ] : 좋지 [조 : 치], 많지 [만 : 치], 앓지 [알치]

(10)의 'ㅎ+ㄱ', 'ㅎ+ㄷ', 'ㅎ+ㅈ'에서 'ㅎ'과 'ㄱ, ㄷ, ㅈ'의 자리가 바뀌어서 'ㄱ+ㅎ', 'ㄷ+ㅎ', 'ㅈ+ㅎ'이 된 다음에[13], 예사소리인 'ㄱ, ㄷ, ㅈ'과 'ㅎ'이 거센소리인 [ㅋ, ㅌ, ㅊ]으로 줄어진다. 이러한 현상은 용언의 활용 형태에서만 나타나는 것이 특징이다.

---

11) '끝 받침'은 어떠한 형태소(단어, 어근)의 끝음절의 받침 소리를 가리키는 말로 사용한다.

12) 다만, 합성 명사인 '싫증'은 뒤의 'ㅎ'의 뒤에서 실현되는 'ㅈ'이 거센소리로 되지 않고 된소리인 [실쯩]으로 발음한다.

13) 이처럼 'ㅎ'과 예사소리의 자리가 바뀌는 현상을 'ㅎ 끝소리 자리 옮기기(도치)'라고 한다.(허웅 1986:280 참조.)

[1-붙임 1] 'ㄱ, ㄷ, ㅂ, ㅈ'과 'ㅎ'이 합쳐져서 [ㅋ, ㅌ, ㅍ, ㅊ]으로 발음되는 경우

앞의 본항과는 반대로, 예사소리의 받침인 'ㄱ, ㄷ, ㅂ, ㅈ'이 뒤 음절의 첫소리인 'ㅎ'과 결합되는 경우에도, 두 소리가 축약되어서 거센소리인 [ㅋ, ㅌ, ㅍ, ㅊ]으로 발음된다.

(11) ㄱ. 국화 [구콰], 각하 [가카] ; 정직하다 [정지카다], 먹히다 [머키다], 밝히다 [발키다]
　　ㄴ. 맏형 [마텽] ; 숱하다 [수타다], 굳하다 [구타다]
　　ㄷ. 입학 [이팍] ; 급하다 [그파다], 좁히다 [조피다], 입히다 [이피다], 넓히다 [널피다]
　　ㄹ. 꽂히다 [꼬치다], 잊히다 [이치다], 앉히다 [안치다], 얹히다 [언치다]

(ㄱ)에서는 'ㄱ'과 'ㅎ'이 합쳐져서 거센소리인 [ㅋ]으로, (ㄴ)에서는 'ㄷ'과 'ㅎ'이 합쳐져서 거센소리인 [ㅌ]으로, (ㄷ)에서는 'ㅂ'과 'ㅎ'이 합쳐져서 거센소리인 [ㅍ]으로, (ㄹ)에서는 'ㅈ'과 'ㅎ'이 합쳐져서 거센소리인 [ㅊ]으로 발음된다.

[1-붙임 2] 둘 이상의 단어가 이어져서 한 마디로 발음되는 경우

첫째, 둘 이상의 단어가 이어져서 하나의 마디(구, 句)로 발음될 때에는 [1]의 본항과 같은 '자음 축약(거센소리되기)'을 적용하여서 발음한다.

(12) ㄱ. 밥 한 사발 [바판사발]　　　cf. [밥 # 한 # 사발]
　　ㄴ. 국 한 대접 [구칸대접]　　　cf. [국 # 한 # 대접]

(ㄱ)에서 '밥'의 끝 소리인 'ㅂ'이 '한'의 첫소리인 'ㅎ'과 합쳐져서 [ㅍ]으로 발음되며, (ㄴ)에서 '국'의 끝 소리인 'ㄱ'이 '한'의 첫소리인 'ㅎ'과 합쳐져서 [ㅋ]으로 발음된다. 다만, (12)의 '밥 한 사발'과 '국 한 대접'을 단어마다 끊어서 발음할 때에는, 각각 [밥 한 사발]이나 [국 한 대접]으로 원래대로 발음한다.

둘째, 제9항의 규정(평파열음화)에 따라서 'ㅅ, ㅈ, ㅊ, ㅌ'이 음절의 끝소리에서 [ㄷ]으로 발음되는 경우에도, [제12항-1]과 같은 자음 축약을 적용해서 발음한다.

(13) ㄱ. 옷 한 벌 [옫 # 한벌 → 오탄벌], 몾 한 통 [몯 # 한 통 → 모탄통]
　　ㄴ. 낮 한때 [낟 # 한때 → 나탄때], 온갖 힘 [온 : 갇 # 힘 → 온 : 가틴]
　　ㄷ. 꽃 한 송이 [꼳 # 한송이 → 꼬탄송이], 몇 할 [멷 # 할 → 며탈]
　　ㄹ. 숱하다 [숟 # 하다 → 수타다]

(14) [옫#한#벌], [몯#한#통], [낟#한#때], [온:간#힘], [꼳#한#송이], [면#할], [숟#하다]

(13)에서 앞 말인 '옷, 낮, 꽃, 숱'에 '평파열음화'가 먼저 적용되어서 [옫, 낟, 꼳, 숟]으로 바뀐 뒤에 앞 음절의 끝소리인 'ㄷ'과 뒤 음절의 첫소리인 'ㅎ'이 축약되어서 [ㅌ]으로 발음된다. 다만, (13)의 단어를 끊어서 발음할 때에는 (14)처럼 자음 축약이 일어나지 않는 상태로 발음한다.

[2] 'ㅎ(ㄶ, ㅀ)'의 뒤에 'ㅅ'이 결합되는 경우에는, 'ㅅ'을 [ㅆ]으로 발음한다.

받침 'ㅎ'이 마찰음인 'ㅅ'과 결합할 때에는 'ㅅ'을 된소리인 [ㅆ]으로 발음한다.

(15) ㄱ. 닿소 [다쏘], 닿사오니 [다싸오니], 닿습니다 [다씀니다]
ㄴ. 끊소 [끈쏘], 끊사오니 [끈싸오니], 끊습니다 [끈씀니다]
ㄷ. 싫소 [실쏘], 싫사오니 [실싸오니], 싫습니다 [실씀니다]

(15)에서 '닿소', '끊소', '싫소'는 각각 [다쏘], [끈쏘], [실쏘]로 발음된다. 이러한 현상은 예사소리인 'ㅅ'과 대립되는 거센소리의 짝이 없기 때문에, 'ㅎ'이 'ㅅ'과 결합하면 거센소리로 축약되지 않고 된소리인 [ㅆ]으로 교체된 것으로 설명한다.[14]

[3] 'ㅎ' 뒤에 'ㄴ'이 결합되는 경우에는, [ㄴ]으로 발음한다.

'ㅎ' 받침으로 끝나는 어간에 '-는(다), -네, -나, -느냐'처럼 'ㄴ'으로 시작되는 어미가 결합하면, 받침 'ㅎ'은 [ㄴ]으로 발음된다.

(16) ㄱ. 놓는 [논는], 놓네 [논네], 놓나 [논나], 놓는다 [논는다], 놓느냐 [논느냐]
ㄴ. 쌓는 [싼는], 쌓네 [싼네], 쌓나 [싼나], 쌓는다 [싼는다], 쌓느냐 [싼느냐]
ㄷ. 찧는 [찐는], 찧네 [찐네], 찧나 [찐나], 찧는다 [찐는다], 찧느냐 [찐느냐]

(17) 놓는 [*녿는 → 논는], 놓네 [*녿네 → 논네], 놓나 [*녿나 → 논나], 놓는다 [*녿는다 → 논는다], 놓느냐 [*녿느냐 → 논느냐]

---

14) 닿소 [*닫소→ 닫쏘], 끊소 [*끈소→ *끈쏘→끈쏘], 싫소 [*싫소→*싫쏘→실쏘]의 변동 과정을 가상적으로 설정할 가능성이 있다. 이는 평파열음화에 이어서 된소리되기가 적용된 것으로 처리한다.

(ㄱ)의 '놓는다'는 먼저 어간의 받침인 'ㅎ'이 '평파열음화'에 따라서 [ㄷ]으로 교체되어서 [*녿는다]로 발음된다. 이어서 [*녿는다]에 '비음화'가 적용되어서 [논는다]로 교체된다.[15)]

[3-붙임] 'ㄶ, ㅀ' 뒤에 'ㄴ'이 결합되는 경우에는, 'ㅎ'을 발음하지 않는다.

국어에서 실현될 수 있는 겹받침은 모두 11개가 있는데, 이들 겹받침은 '자음군 단순화'에 따라서 자음 앞이나 휴지 앞에서 한쪽의 자음이 탈락한다. 이들 겹받침 가운데에서 'ㄶ, ㅀ'은 뒤의 자음이 탈락하여서 각각 [ㄴ, ㄹ]로 발음된다.

(18) ㄱ. 않는 [안는], 않네 [안네], 않나 [안나], 않는다 [안는다], 않느냐 [안느냐]
ㄴ. 뚫는 [*뚤는 → 뚤른], 뚫네 [*뚤네→ 뚤레], 뚫나 [*뚤나 → 뚤라], 뚫는다 [*뚤는다 →뚤른다], 뚫느냐 [*뚤느냐 → 뚤르냐]

(ㄱ)에서는 '않다, 끊다, 많다'처럼 'ㄶ'으로 끝나는 용언의 어간에 [ㄴ]으로 시작하는 어미가 결합하였다. 이 때에는 '자음군 단순화'에 따라서 어간의 겹받침 중에서 뒤의 'ㅎ'이 탈락하여 [안네], [끈네], [만네]로 교체되었다. (ㄴ)에서는 '뚫다, 끓다'처럼 'ㅀ'으로 끝나는 용언의 어간에 'ㄴ'으로 시작하는 어미인 '-네'가 결합하였다. 곧, '평파열음화'에 따라서 [*뚫네]와 [*끓네]로 교체되고, '자음군 단순화'에 따라서 'ㄷ'이 탈락하여 [*뚤네]와 [*끌네]로 바뀐다. 최종적으로 유음화가 적용되어서 [뚤레, 끌레]로 발음된다.

[4] 'ㅎ(ㄶ, ㅀ)' 뒤에 모음으로 시작된 어미나 접미사가 결합되는 경우

'ㅎ(ㄶ, ㅀ)'의 뒤에 모음의 어미나 접미사가 결합될 때에는, 'ㅎ'을 발음하지 않는다.

(19) ㄱ. 넣어 [너어], 넣으니 [너으니], 넣을 [너을], 넣은 [너은]
ㄴ. 많아 [마나], 많으니 [마느니], 많을 [마늘], 많은 [마는]
ㄷ. 옳아 [오라], 옳으니 [오르니], 옳을 [오를], 옳은 [오른]

(20) ㄱ. 쌓이다 [싸이다], 쌓이니 [싸이니], 쌓일 [싸일], 쌓인 [싸인]
ㄴ. 끊이다 [끄니다], 끊이니 [끄니니], 끊일 [끄닐], 끊인 [끄닌]

---

15) 어간의 받침 'ㅎ'이 실제로 [ㄷ]으로 변동하는 것인지를 확인할 방법이 없다. 다만, '놓는'이 [논는]으로 발음되고 '놓소'가 [노쏘]로 발음되는 과정을 설명할 때에는 비음화와 된소리되기를 적용하여야 하는데, 그 과정에서 'ㅎ'이 [ㄷ]으로 변동한다고 설명한다. 곧, 음절의 끝에서 'ㅎ'이 [ㄷ]으로 먼저 변동한 다음에, 비음화나 된소리되기가 적용되었다고 설명하는 것이다.

ㄷ. 끓이다 [끄리다], 끓이니 [끄리니], 끓일 [끄릴], 끓인 [끄린]

(19)에서 어간이 'ㅎ'으로 끝나는 용언인 '넣다, 많다, 옳다' 등에 모음으로 시작하는 어미에 결합하는 과정에서, 어간의 'ㅎ'이 탈락한다. 그리고 (20)에서는 '쌓다, 끊다, 끓다'처럼 'ㅎ'으로 끝나는 어간에 파생 접미사 '-이-'가 붙어서 파생 용언이 되는 과정에서도, 어근의 [ㅎ]이 탈락하여 [싸이다, 끄니다, 끄리다] 등으로 발음된다.

이러한 현상은 [ㅎ]이 공명음과 모음 사이에서 유성음화하여 약화됨으로써 일어나는 현상이다. 곧 [ㅎ]이 (19)과 (20)처럼 처럼 공명음과 모음의 사이에서는 원래의 무성의 후두 마찰음인 [h]의 음가를 유지하지 못하고, 유성의 후두 마찰음인 [ɦ]으로 바뀌었다. 이에 따라서 언중들이 약화된 [ɦ]의 소리를 음소로 인식하지 못하므로, [ㅎ]이 탈락한 것으로 생각하는 것이다.[16]

{참고} 한자어나 복합어에서, 모음과 'ㅎ'이 결합되거나 또는 'ㄴ, ㅁ, ㅇ, ㄹ'과 'ㅎ'이 결합된 경우에는 본음대로 발음하는 것이 원칙이다.

(21) 경제학(經濟學), 광어회(廣魚膾)

(22) ㄱ. 신학(神學), 전화(電話), 피곤하다(疲困-)
ㄴ. 임학(林學), 셈하다
ㄷ. 공학(工學), 상학(商學), 경영학(經營學)
ㄹ. 실학(實學), 철학(哲學), 실하다, 팔힘

(21)처럼 한자어 복합어인 '경제학'과 '광어회'의 'ㅎ'은 앞 형태소의 모음 뒤에서 'ㅎ'을 그대로 발음한다. 그리고 (22)에서 '신학, 임학, 공학, 실학' 등의 예는 복합어 안에서 'ㄴ, ㅁ, ㅇ, ㄹ' 뒤에 'ㅎ'이 실현되었는데, 이들 단어의 'ㅎ'도 원칙적으로 [ㅎ]으로 발음한다. 다만, (22ㄹ)에서 '실학, 철학, 실하다, 팔힘'처럼 'ㄹ' 뒤에 'ㅎ'이 실현될 때에는, 앞 음절의 'ㄹ'을 뒤의 음절로 연음시키면서 'ㅎ'이 섞인 소리로 발음한다.(『국어 어문 규정집』(2012:247) 참조.)

---

16) (19)와 (20)의 예문에서 [ㅎ]이 유성음화된 [ɦ]는 실제로 존재하는 소리(음성)이다. 곧 용언의 활용 과정에서 '넣으니, 넣을, 넣은'처럼 매개 모음인 [ㅡ]가 실현되는 것을 보면, 후두 유성 마찰음인 [ɦ]이 존재하는 것을 알 수 있다. 만일 '넣다'의 받침 [ㅎ]이 완전히 존재하지 않는다면, '넣으니, 넣을, 넣은'의 활용형은 '너니, 널, 넌'처럼 실현되어야 한다. 이른바 'ㅎ' 불규칙 용언인 '하얗다'는 '하야니, 하얄, 하얀' 등으로 활용하여 매개 모음이 실현되지 않는다.

> **제13항** 홑받침이나 쌍받침이 모음으로 시작된 조사나 어미, 접미사와 결합되는 경우에는, 제 음가대로 뒤 음절 첫소리로 옮겨 발음한다.
>
> 깎아 [까까]　　옷이 [오시]　　있어 [이써]　　낮이 [나지]
> 꽂아 [꼬자]　　꽃을 [꼬츨]　　쫓아 [쪼차]　　밭에 [바테]
> 앞으로 [아프로]　덮이다 [더피다]

[제13항] 홑받침과 쌍받침의 연음 규칙

어떠한 형태소의 끝음절의 받침은 모음으로 시작하는 형식적이고 의존적인 형태소(어미, 조사, 접미사)가 이어 나올 때에는, '평파열음화'를 적용받지 않고 뒤 형태소의 첫음절의 첫소리로 이어서 발음된다.[17] 제13항은 홑받침이나 'ㄲ, ㅆ'과 같은 쌍받침에 적용되는 '**연음 규칙**'이다.

(23) ㄱ. 밥이 [바비], 무릎을 [무르플]
　　ㄴ. 밭에서 [바테서], 젖이 [저지]
　　ㄷ. 꽃이다 [꼬치다], 옷이 [오시]
　　ㄹ. 국이 [구기], 부엌에서 [부어케서]

(24) ㄱ. 입었다 [이벋따], 엎으니 [어프니]
　　ㄴ. 걷었다 [거덛다], 같아서 [가타서]
　　ㄷ. 벗어 [버서], 있었다 [이썯따], 낮은 [나즌]
　　ㄹ. 먹으면 [머그면], 깎아 [까까], 깎이다 [까끼다]

(23)의 예는 체언과 조사가 결합하는 과정에서 체언의 받침 소리가 뒤 조사의 음절 첫소리로 옮겨서 발음된다. 곧 (23ㄱ)의 '밥-이'는 체언에 주격 조사가 결합하는 과정에서, 앞 형태소의 받침 소리인 'ㅂ'이 뒤 형태소의 첫음절로 옮겨서 [바비]로 발음된다. 그리고 (24)의 예는 용언의 어간과 어미가 결합하는 과정에서, 어간의 받침 소리가 어미의 첫소리로 어어서 발음된다. 예를 들어서 (ㄱ)의 '입었다'에서는 앞 형태소의 끝소리인 'ㅂ'이 뒤 형태소의 첫소리로 옮겨서 각각 [이벋따]로 발음된다.[18]

---

17) 이러한 음운 변동 현상을 '**연음 규칙**(連音規則, 소리 이음, linking)'이라고 하는데, 보편적이면서 필연적인 음운 변동이다.(자동적 교체)

18) 'ㅎ'의 탈락(제12항)과 '구개음화'(제17항)와 '불규칙 활용'에서는, 제13항의 규칙이 적용되지 않는

제14항 겹받침이 모음으로 시작된 조사나 어미, 접미사와 결합되는 경우에는 뒤엣것만을 뒤 음절 첫소리로 옮겨 발음한다.(이 경우, 'ㅅ'은 된소리로 발음함.)

넋이 [넉씨] 앉아 [안자] 닭을 [달글] 젊어 [절머]
곬이 [골씨] 핥아 [할타] 읊어 [을퍼] 값을 [갑쓸]
없어 [업ː써]

[제14항] 겹받침의 연음 규칙

제14항도 연음 규칙에 따른 변동의 유형인데, 'ㄳ, ㄵ, ㄺ, ㄻ, ㄽ, ㄾ, ㄿ, ㅄ' 등의 겹받침 중에서 두 번째 받침이 뒤 음절의 첫소리로 연음되는 현상을 규정했다.

(25) ㄱ. 넋이 [넉씨], 곬이 [골씨], 값이 [갑씨], 흙이 [흘기], 여덟이 [여덜비]
ㄴ. 얹어서 [언저서], 읽어 [일거], 젊어 [절머], 핥아 [할타], 읊어 [을퍼], 없어 [업ː써]

(ㄱ)의 '값이'는 끝소리가 겹받침인 체언과 모음으로 된 조사가 결합하였는데, 겹받침의 두 번째의 소리인 'ㅅ'이 뒤 음절의 첫소리로 옮겨서 [갑씨]로 발음된다.[19] 그리고 (ㄴ)의 '얹어서'는 끝소리가 겹받침인 어간과 모음으로 시작하는 어미가 결합하면서, 겹받침의 두 번째 소리인 'ㅈ'이 뒤 음절의 첫소리로 옮겨서 [언저서]로 발음된다.

연음의 과정에서 옮겨진 받침 소리는 본음대로 발음되는 것이 원칙이지만, 연음된 소리가 예외적으로 바뀔 수가 있다.

(26) ㄱ. 끊어서 [끄너서], 끊으니 [끄느니], 끊어라 [끄너라], 끊었다 [끄넏따]
ㄴ. 앓아서 [아라서], 앓으니 [아르니], 앓아라 [아라라], 앓았다 [아랃따]
ㄷ. 훑이다 [훌티다 → 훌치다]

(26)에서 (ㄱ)과 (ㄴ)처럼 'ㄶ, ㅀ'의 뒤에 모음으로 시작하는 어미가 실현되면, '끊어서[끄너서]'와 '앓아서[아라서]'처럼 'ㅎ'이 탈락한다. 그리고 (ㄷ)처럼 'ㄾ'의 뒤에 모음으로 시작하는 파생 접사 '-이-'가 실현되면, '훑이다[훌치다]'처럼 'ㅌ'이 뒤 음절로 연음된

경우가 있다.

19) 이러한 변동 현상은 '**된소리되기**(경음화)'에 해당한다. 된소리되기에 대하여는 〈표준 발음법〉 제6장의 내용을 참조하기 바란다.

뒤에 구개음화가 적용되어서 'ㅌ'이 [ㅊ]으로 바뀐다.

그리고 체언이나 용언 어간의 끝 음절이 겹받침인 'ㄳ, ㄽ, ㅄ'인 때에는 'ㅅ'을 뒤 음절로 연음하되, 된소리되기에 따라서 [ㅆ]으로 발음한다.

(27) ㄱ. 넋이 [넉씨], 넋을 [넉쓸] ; 몫이 [목씨], 몫을 [목쓸]
　　ㄴ. 곬이 [골씨], 외곬으로 [외골쓰로]
　　ㄷ. 값이 [갑씨], 값에 [갑쎄] ; 없이 [업 : 씨], 없으면 [업 : 쓰면]

(27)에서는 'ㄳ, ㄽ, ㅄ'의 겹받침으로 끝나는 체언이나 조사 뒤에 모음으로 시작하는 조사나 어미가 결합하였다. 곧 '넋이[넉씨], 곬이[골씨], 값이[갑씨]'처럼 두 번째 겹받침인 'ㅅ'이 뒤 음절의 첫소리로 연음된다. 이어서 연음된 [ㅅ]은 앞 음절에 남아 있던 받침 소리인 [ㄱ, ㄹ, ㅂ]과 이어지면서 된소리되기에 따라서 [ㅆ]으로 발음된다.

第15항 받침 뒤에 모음 'ㅏ, ㅓ, ㅗ, ㅜ, ㅟ' 들로 시작되는 실질 형태소가 연결되는 경우에는, 대표음으로 바꾸어서 뒤 음절 첫소리로 옮겨 발음한다.

밭 아래 [바다래] 늪 앞 [느밥] 젖어미 [저더미] 맛없다 [마덥따]
겉옷 [거돋] 헛웃음 [허두슴] 꽃 위 [꼬뒤]

다만, '맛있다, 멋있다'는 [마신따], [머신따]로도 발음할 수 있다.

[붙임] 겹받침의 경우에는 그 중 하나만을 옮겨 발음한다.

넋 없다 [너겁따] 닭 앞에 [다가페] 값어치 [가버치] 값있는 [가빈는]

[第15항] '평파열음화'가 적용된 뒤에 일어나는 연음 규칙

형태소의 끝 자음 뒤에 [ㅏ, ㅓ, ㅗ, ㅜ, ㅟ][20]로 시작하는 실질 형태소(어근)가 이어 나올 때에는, 실질 형태소 사이에 음절의 경계가 생긴다. 이에 따라서 평파열음화나 자음

20) 뒤의 실질 형태소가 'ㅏ, ㅓ, ㅗ, ㅜ, ㅟ'의 모음으로 시작하는 것으로 제한한 것은, 앞 형태소가 'ㅣ, ㅑ, ㅕ, ㅛ, ㅠ'로 시작하는 형태소와 결합하면 연음이 일어나지 않기 때문이다. 곧, '앞일[암닐], 꽃잎[꼰닙], 한여름[한녀름]'처럼 앞 형태소와 뒤 형태소 사이에 사잇소리인 [ㄴ]이 첨가되는 경우가 있다. 그리고 뒤 형태소의 모음이 'ㅐ, ㅔ, ㅚ'인 것도 연음이 일어나는 조건에서 제외하였는데, 이는 표준어에서 그러한 음성 조건에 있는 형태소가 결합하는 예가 드물기 때문이다. 단, '조국애[조구개], 국외[구괴/구궤]'와 같은 단어에서는 예외적으로 연음이 일어난다.(『국어 어문 규정집』(2012)의 249쪽 내용을 참조.)

군 단순화가 적용된 다음에, 최종적으로 연음 규칙이 적용된다.

첫째, 단어와 단어가 이어져서 형성된 구의 단위에서, 평파열음화에 이어서 연음 규칙이 적용되는 수가 있다.

(28) ㄱ. 옷 안에 [옫# 안에 → 오다네]
ㄴ. 밭 아래 [받# 아래 → 바다래]
ㄷ. 늪 앞 [늡# 압 → 느밥]
ㄹ. 꽃 위 [꼳# 위 → 꼬뒤]

(ㄱ)의 '옷 안에'와 (ㄴ)의 '밭 아래'에서는 평파열음화에 따라서 앞의 단어가 [옫]과 [받]으로 변동한 다음에, 다시 연음 규칙이 적용되어서 [오다네]와 [바다래]로 발음된다. 그리고 (ㄷ)의 '늪 앞'과 (ㄹ)의 '꽃 위'도 각각 평파열음화와 연음 규칙을 차례로 적용받아서 [느밥]과 [꼬뒤]로 발음된다.

둘째, 어근과 어근이 결합하여서 형성된 합성어에서도 어근 사이에 음절의 경계가 생긴다. 이 경우에도 평파열음화에 이어서 연음 규칙이 적용될 수가 있다.

(29) ㄱ. 겉옷 [걷옫 → 거돋]
ㄴ. 헛웃음 [헏우슴 → 허두슴][21]
ㄴ. 젖어미 [젇어미 → 저더미]

(30) ㄱ. 값있다 [갑읻따 → 가빋따]
ㄴ. 맛없다 [맏업따 → 마덥따]

(29)의 '겉옷'과 (30)의 '값있다'는 어근과 어근이 결합되어서 형성된 합성어이다. 이들은 앞 어근의 끝소리에 평파열음화가 적용되어서 각각 [걷]과 [갑]으로 변동한 다음에, 다시 연음 규칙이 적용되어서 최종적으로 [거돋]과 [가빋따]로 발음된다. 이처럼 뒤 형태소가 실질 형태소(= 어근)이면 앞 형태소와 뒤 형태소 사이에 쉼(휴지, 休止, pause)이 있어서 평파열음화가 적용된 다음에, 앞 형태소의 끝소리가 뒤 음절로 연음되는 것이다.

---

21) '헛웃음'에서 접두사인 '헛-'은 원래부터 [헏]으로만 발음된다. 따라서 '헛웃음'에서는 평파열음화가 일어나지 않았으며, 접두사인 '헛-[헏]'에서 끝소리인 [ㄷ]이 뒤 음절의 첫소리로 연음된 것이다. 〈표준 발음법〉은 기본적으로 표기 형태를 기준으로 표준 발음을 규정하기 때문에, 접두사인 '헛-[헏]'에서 종성 표기 형태인 'ㅅ'의 글자가 음절의 끝에서 [ㄷ]으로 발음된 것으로 설명하였다.

[다만] '맛있다'와 '멋있다'의 발음

'맛있다'와 '멋있다'는 어근과 어근이 결합되어서 형성된 합성 용언이므로, 평파열음화와 연음 규칙을 적용하여서 [마딛따]와 [머딛따]로 발음하는 것이 원칙이다. 그러나 실제로는 언중들이 [마싣따]와 [머싣따]로 발음하는 것이 일반적이므로, 이러한 언어 현실을 감안하여 [마싣따]와 [머싣따]로 발음하는 것도 인정한다.[22]

[붙임] '자음군 단순화'와 '연음 규칙'

자음군 단순화에 따르면 겹받침 가운데서 'ㄳ, ㄵ, ㄶ, ㄼ, ㄽ, ㄾ, ㅀ, ㅄ'은 휴지나 자음 앞에서 뒤의 자음이 탈락하며, 'ㄺ, ㄻ, ㄿ'은 앞 자음이 탈락한다. '붙임'의 규정은 겹받침으로 끝나는 앞 형태소에서 자음군 단순화를 먼저 적용한 뒤에, 남은 홑받침을 뒤 음절로 연음하여 발음하는 것을 규정한 것이다.

(31) ㄱ. 넋 없다 [넉 # 업따 → 너겁따]
ㄴ. 닭 앞에 [닥 # 아페 → 다가페]

(32) ㄱ. 값어치 [갑 # 어치 → 가버치]
ㄴ. 값있는 [갑 # 있는 → 가빈는]

(31)의 '넋 업다'와 '닭 앞에'에서는, '넋'과 '닭'의 겹받침이 줄어들어서 각각 [넉]과 [닥]으로 변동한 다음에, 남은 홑받침을 뒤 형태소의 첫음절로 연음하여 [너겁다]와 [다가페]로 발음한다. 그리고 (32)의 '값어치'와 '값있는'의 합성어 구성에서도, 먼저 앞 형태소인 '값'에 자음군 단순화가 적용되어 [갑]으로 바뀐 다음에, 남은 홑받침 'ㅂ'을 뒤 형태소의 첫음절로 연음하여서 [가버치]와 [가빈는]으로 발음된다.

제4장에서는 '받침의 발음'과 관련하여 '자음군 단순화(겹받침 줄이기), 평파열음화(일곱 끝소리되기), 연음 규칙, 거센소리되기(자음 축약) 등의 음운 변동 현상을 다루었다. 이들 음운 변동은 보편적 · 필연적 변동이기 때문에 동일한 음운적 환경에서는 자동적으로 일어나는 음운 변동이다.[23]

---

22) 이러한 발음은 '맛있다'와 '멋있다'의 두 단어에만 국한되므로, '옷 있다[오딛다], 빛있다[비딛따], 꽃 있다[꼬딛따], 솥 있다[소딛따]' 등은 '[*옷싣다], [*비짇따], [*고칟따], [*소틷따]' 등으로 발음하지 않는다.

23) '보편적 변동'과 '한정적 변동', '필연적 변동'과 '임의적 변동' 등 변동의 유형에 대해서는 나찬연(2019:163)의 내용을 참조할 것이다.

제16항 한글 자모의 이름은 그 받침 소리를 연음하되, 'ㄷ, ㅈ, ㅊ, ㅋ, ㅌ, ㅍ, ㅎ'의 경우에는 특별히 다음과 같이 발음한다.

디귿이 [디그시]	디귿을 [디그슬]	디귿에 [디그세]
지읒이 [지으시]	지읒을 [지으슬]	지읒에 [지으세]
치읓이 [치으시]	치읓을 [치으슬]	치읓에 [치으세]
키읔이 [키으기]	키읔을 [키으글]	키읔에 [키으게]
티읕이 [티으시]	티읕을 [티으슬]	티읕에 [티으세]
피읖이 [피으비]	피읖을 [피으블]	피읖에 [피으베]
히읗이 [히으시]	히읗을 [히으슬]	히읗에 [히으세]

[제16항] 한글 자모의 이름에 대한 발음

한글의 자모 중에서 자금 글자는 초성의 발음과 종성의 발음을 모두 표현하기 위하여, 첫음절의 초성과 둘째 음절의 종성을 동일하게 정하였다.24) 이러한 자음 글자 중에서 'ㄱ, ㄴ, ㅁ, ㅂ, ㅅ, ㄹ'의 이름을 발음할 때에는, 그 뒤에 모음으로 시작하는 조사가 결합하면 원칙적으로 자음의 이름의 받침 소리를 그대로 연음하여 발음한다.

(33) 기역 + -이 → [기여기], 니은 + -을 → [니으늘], 미음 + -의 → [미으믜/미으메]
비읍 + -에 → [비으베], 시옷 + -이 → [시오시], 리을 + -을 → [리으를]

(33)에서 한글 자모의 이름은 받침의 원래 소리를 그대로 모음으로 시작하는 조사에 연음하여 발음된다. 곧 '기역'과 '니은'에 모음으로 시작하는 조사가 결합하면, 각각 [기여기]와 [니으늘]처럼 앞 음절의 받침이 원래 소리 그대로 뒤 음절의 첫소리로 연음된다.

그런데 'ㄷ, ㅈ, ㅊ, ㅋ, ㅌ, ㅍ, ㅎ'은 현실 언어에서 별다른 이유 없이 받침의 원래의 음가대로 발음되지 않고 다른 소리로 바뀌어서 뒤의 음절로 연음된다.

(34) 디귿 + -이 → [디그시/ *디그디], 지읒 + -을 → [지으슬/ *지으즐]
치읓 + -의 → [치으싀/ *지으싀], 티읕 + -에 → [티으세/ *티으테]
히읗 + -이 → [히으시/ *히으히]

---

24) 한글 자모의 명칭에 대한 역사적인 유래에 대하여는 나찬연(2019:196)의 내용을 참조하기 바란다.

(35) 키읔 + -이 → [키으기/ *키으키]

(36) 피읖 + -을 → [피으블/ *피으플]

(34)의 'ㄷ, ㅈ, ㅊ, ㅌ, ㅎ'은 자음의 이름의 끝 받침이 [ㅅ]으로 바뀌어서 연음되고, (35)의 'ㅋ'과 (36)의 'ㅍ'은 각각 [ㄱ]과 [ㅂ]으로 바뀌어서 발음된다.

이러한 발음은 연음 규칙에는 맞지 않는 예외적인 현상이지만, 〈표준 발음법〉에서는 자모의 이름에 대한 언어 현실의 발음을 반영하여서 제16항의 규정을 만든 것이다.[25)]

25) 〈표준 발음법〉의 제16항에서 'ㄷ, ㅈ, ㅊ, ㅋ, ㅌ, ㅍ, ㅎ'의 자음 글자의 이름을 현실 발음을 반영하여 예외적으로 허용한 것은 문제가 있다. 곧 서울 지방의 젊은 사람들은 '꽃이[꼬치], 밤낮으로[밤나즈로], 솥은[소튼], 무릎을[무르플], 부엌에[부어케]'를 [*꼬시], [*밤나스로], [*소슨], [*무르블], [*부어게]로 발음하는 경향이 강하지만, 이들 발음을 표준 발음으로 인정하지는 않는다. 반면에 이와 동일한 발음 현상인데도 제16항의 자음 글자 명칭에 대한 발음은 현실 발음을 반영하여서, 표준 발음으로 인정한 것은 모순된다. 그리고 제16항의 자음 글자의 이름에 대한 현실 발음을 인정하게 되면, 〈한글 맞춤법〉의 제4항에서 규정한 자모의 표기 형태와 〈표준 발음법〉에서 규정한 발음이 아주 달라져 버린다. 그리고 제16항의 현실 발음을 인정하게 되면 '국어의 전통성과 합리성을 고려한다'라고 하는 표준 발음법 제1항의 대원칙을 어기게 되는 문제가 생긴다.

제5장 음의 동화

'동화(同化, assimilation)'는 이처럼 발음을 편하게 하기 위하여 인접한 두 음운이 서로 닮는 현상을 말하는데, 주로 앞이나 뒤의 소리의 조음 위치나 조음 방법이 비슷해지거나 같아지는 현상이다. 이러한 동화 현상의 종류로는 '구개음화, 비음화, 유음화, 자음의 위치 동화, 'ㅣ' 모음 순행 동화' 등이 있다.

> **제17항** 받침 'ㄷ, ㅌ(ㄾ)'이 조사나 접미사의 모음 'ㅣ'와 결합되는 경우에는, [ㅈ, ㅊ]으로 바꾸어서 뒤 음절 첫소리로 옮겨 발음한다.
>
> 곧이듣다 [고지듣따]　　굳이 [구지]　　미닫이 [미다지]
>
> 땀받이 [땀바지]　　밭이 [바치]　　벼훑이[26] [벼훌치]
>
> **[붙임]** 'ㄷ' 뒤에 접미사 '히'가 결합되어 '티'를 이루는 것은 [치]로 발음한다.
>
> 굳히다 [구치다]　　닫히다 [다치다]　　묻히다 [무치다]

[제17항] '구개음화'에 따른 표준 발음

'구개음화(口蓋音化)'는 앞 형태소(어근)의 끝 받침 'ㄷ, ㅌ'이 모음 'ㅣ'로 시작되는 형식 형태소(서술격 조사, 파생 접미사 등)와 만날 때에, 치조음(齒槽音)인 'ㄷ, ㅌ'이 구개음(口蓋音)인 [ㅈ, ㅊ]으로 바뀌는 변동 현상이다.

(1) 밭이 [바치], 끝이 [끄치], 솥이다 [소치다]

(2) ㄱ. 곧이듣다 [고지듣따], 굳이 [구지], 미닫이 [미다지], 땀받이 [땀바지]
ㄴ. 벼훑이 [벼훌치], 붙이다 [부치다]

(1)에서 체언인 '밭, 끝, 솥'에 주격 조사인 '-이'와 서술격 조사인 '-이다'가 결합하면서,

---

26) 벼훑이 : 두 개의 나뭇가지나 수숫대 또는 댓가지의 한끝을 동여매어 집게처럼 만들고 그 틈에 벼 이삭을 넣고 벼의 알을 훑는 농기구이다.

체언의 끝 받침인 'ㅌ'이 뒤 음절로 연음한 다음에 [ㅊ]으로 바뀌었다. 그리고 (2)에서는 용언의 어근인 '곧-, 굳-, 닫-, 받- ; 훑-, 붙-'에 파생 접미사인 '-이/-이-'가 결합하면서 어근의 받침 'ㄷ'과 'ㅌ'이 각각 [ㅈ]와 [ㅊ]로 바뀌었다.

[붙임] 'ㄷ' 뒤에 '히'가 결합되어서 동화된 [티]는 [치]로 발음한다.

'걷히다, 굳히다, 닫히다, 묻히다' 등은 용언의 어근에 사동이나 피동의 파생 접미사인 '-히-'가 붙어서 사동사나 피동사가 형성되는 과정에서 'ㅌ'이 [ㅊ]으로 바뀐다.

(3) ㄱ. 걷히다 [거티다 → 거치다]
ㄴ. 굳히다 [구티다 → 구치다]
ㄷ. 닫히다 [다티다 → 다치다]
ㄹ. 묻히다 [무티다 → 무치다]

'걷히다'는 어근의 끝소리 'ㄷ' 뒤에 파생 접미사인 '-히-'가 붙었는데, 이 경우는 다음과 같은 변동 과정을 거친다. 먼저 'ㄷ'과 'ㅎ'이 '자음 축약'에 따라서 한 음소로 축약되어서 [ㅌ]이 된 다음에, 'ㅌ'이 그 뒤의 'ㅣ'에 이끌려서 구개음인 [ㅊ]으로 바뀐 것이다.

제18항 받침 'ㄱ(ㄲ, ㅋ, ㄳ, ㄺ), ㄷ(ㅅ, ㅆ, ㅈ, ㅊ, ㅌ, ㅎ), ㅂ(ㅍ, ㄼ, ㄿ, ㅄ)'은 'ㄴ, ㅁ' 앞에서 [ㅇ, ㄴ, ㅁ]으로 발음한다.

먹는 [멍는]	국물 [궁물]	깎는 [깡는]
키읔만 [키응만]	몫몫이 [몽목씨]	긁는 [긍는]
흙만 [흥만]	닫는 [단는]	짓는 [진 : 는]
옷맵시 [온맵씨]	있는 [인는]	맞는 [만는]
젖멍울 [전멍울]	쫓는 [쫀는]	꽃망울 [꼰망울]
붙는 [분는]	놓는 [논는]	잡는 [잠는]
밥물 [밤물]	앞마당 [암마당]	밟는 [밤 : 는]
읊는 [음는]	없는 [엄 : 는]	값매다 [감매다]

[붙임] 두 단어를 이어서 한 마디로 발음하는 경우에도 이와 같다.

책 넣는다 [챙넌는다]	흙 말리다 [흥말리다]	옷 맞추다 [온만추다]
밥 먹는다 [밤멍는다]	값 매기다 [감매기다]	

{ 참고 } 비음화

어떠한 음절의 끝 자음이 그 뒤에 오는 음절의 첫 자음과 만날 때에, 어느 한쪽이 다른 쪽의 자음을 닮아서 그와 비슷하거나 같은 자음으로 바뀌거나 양쪽이 서로 닮아서 두 소리가 다 바뀌는 현상이다. 이와 같은 동화의 종류로는 '**비음화**(鼻音化)'와 '**유음화**(流音化)'가 있다.

[제18항] 파열음의 비음화

'**파열음의 비음화**'는 앞 형태소의 받침인 'ㄱ, ㄷ, ㅂ'이 그 뒤에 'ㅁ, ㄴ'으로 시작한 형태소가 이어질 때에, 파열음인 'ㄱ, ㄷ, ㅂ'이 각각 동일한 조음 위치에서 발음되는 비음인 [ㅇ, ㄴ, ㅁ]으로 바뀐다.(역행 동화)

(4) ㄱ. [ㄱ-ㅁ] → [ㅇ-ㅁ] : 국물 [궁물], 떡만 [떵만]
ㄴ. [ㄱ-ㄴ] → [ㅇ-ㄴ] : 막내 [망내], 먹는다 [멍는다]

(5) ㄱ. [ㄷ-ㅁ] → [ㄴ-ㅁ] : 맏며느리 [만며느리]
ㄴ. [ㄷ-ㄴ] → [ㄴ-ㄴ] : 닫는 [단는], 받는다 [반는다]

(6) ㄱ. [ㅂ-ㅁ] → [ㅁ-ㅁ] : 밥물 [밤물], 법문 [범문], 밥먹다 [밤먹다]
ㄴ. [ㅂ-ㄴ] → [ㅁ-ㄴ] : 잡느냐 [잠느냐], 접는다 [점는다]

(4)의 '국물'에서는 여린입천장소리의 파열음인 'ㄱ'이 비음인 'ㅁ'에 동화되어서 [ㅇ]으로 바뀌었으며, (5)의 '맏며느리'에서는 잇몸소리의 파열음인 'ㄷ'이 'ㅁ'에 동화되어서 [ㄴ]으로 바뀌었다. 그리고 (6)의 '밥물'에서는 입술소리의 파열음인 'ㅂ'이 'ㅁ'에 동화되어서 같은 자리에서 발음되는 [ㅁ]으로 바뀌었다. 이들 변동은 모두 조음 위치는 변하지 않은 상태에서 조음의 방법만 파열음에서 비음으로 바뀐 것이다.

그런데 형태소와 형태소가 결합할 때에 파열음의 비음화만 일어날 수도 있지만, 특정한 변동 현상이 일어난 다음에 다시 파열음의 비음화가 일어날 수도 있다.

첫째, **평파열음화**가 적용된 다음에, 파열음이 비음으로 바뀌는 경우가 있다.

(7) ㄱ. 부엌문 [부억문 → 부엉문], 키읔만 [키윽만 → 키응만], 깎는 [깍는 → 깡는]
ㄴ. 짓는 [짇는 → 진는], 있는 [읻는 → 인는], 젖멍울 [젇멍울 → 전멍울], 쫓는 [쫃는 → 쫀는], 붙는 [붇는 → 분는], 낳느냐 [낟느냐 → 난느냐], 놓는 [녿는 → 논는]

ㄷ. 앞마당 [압마당 → 암마당], 잎만 [입만 → 임만]

(ㄱ)의 '부엌문', (ㄴ)의 '짖는', (ㄷ)의 '앞마당'은 평파열음화에 따라서 각각 [부억문], [짇는], [압마당]으로 변동한 다음에, 다시 파열음이 비음화되어서 [부엉문], [진는], [암마당]으로 실현되었다.

둘째, **자음군 단순화**가 적용된 다음에 파열음이 비음으로 바뀌는 경우가 있다.

(8) 흙만 [흑만 → 흥만], 긁는 [극는 → 긍는], 밟는 [밥 : 는 → 밤 : 는]

'흙만', '긁는', 밟는'은 자음군 단순화에 따라서 [흑만], [극는], [밥 : 는]으로 변동한 다음에, 파열음의 비음화에 따라서 [흥만], [긍는], [밤 : 는]으로 실현되었다.

셋째, **평파열음화**와 **자음군 단순화**가 적용된 뒤에, 파열음이 비음이 되는 경우가 있다.

(9) ㄱ. 값나가다 [갑ㅅ나가다 → 갑나가다 → 감나가다]
ㄴ. 없는 [업ㅅ는 → 업는 → 엄는]
ㄷ. 몫몫이 [목ㄷ목씨 → 목목씨 → 몽목씨]
ㄹ. 삯만 [삭ㄷ만 → 삭만 → 상만]
ㅁ. 읊는다 [읇는다 → 읍는다 → 음는다]

(9)에서 '값나가다', '없는', '몫몫이', 삯만, '읊는'는 평파열음화와 자음군 단순화에 따라서 [갑나가다], [업는], [목목씨], [삭만], [읍는다]로 바뀌었다. 이어서 파열음의 비음화에 따라서 [감나가다], [엄는], [몽목씨], [상만], [음는다]로 실현되었다.

[붙임] 두 단어가 이어질 때에 일어나는 파열음의 비음화

두 단어를 이어서 한 마디로 발음할 때에도, 파열음이 비음으로 변동한다.

(10) ㄱ. 책 넣는다 [챙넌는다], 밥 먹는다 [밤멍는다]
ㄴ. 옷 맞추다 [온맏추다], 닻 놓다 [단노타]
ㄷ. 흙 말리다 [흥말리다], 값 매기다 [감매기다]

(ㄱ)의 '책 넣는다', (ㄴ)의 '옷 맞추다', (ㄷ)의 '흙 말리다'는 두 단어로 된 구인데, 이

경우에도 파열음의 비음화가 일어나서 [챙넌는다], [온만추다], [홍말리다]로 발음된다.

> **제19항** 받침 'ㅁ, ㅇ' 뒤에 연결되는 'ㄹ'은 [ㄴ]으로 발음한다.
>
> 담력 [담 : 녁]　　침략 [침냑]　　강릉 [강능]
>
> 항로 [항 : 노]　　대통령 [대 : 통녕]
>
> **[붙임]** 받침 'ㄱ, ㅂ' 뒤에 연결되는 'ㄹ'도 [ㄴ]으로 발음한다.
>
> 막론 [막논→망논]　　백리 [백니→뱅니]　　협력 [협녁→혐녁]
>
> 십리 [십니→심니]

[제19항] 유음의 비음화

한자어의 복합어에서 앞 형태소의 끝 받침인 'ㅁ'이나 'ㅇ'의 뒤에 이어지는 유음 'ㄹ'이 비음화되어서 [ㄴ]으로 발음된다.(역행 동화)

(11) ㄱ. 담력 [담 : 녁], 침략 [침냑], 감량 [감냥]
　　ㄴ. 강릉 [강능], 항로 [항 : 노], 대통령 [대 : 통녕]

(ㄱ)의 '담력'에서는 앞 형태소의 끝 받침인 'ㅁ' 뒤에 이어지는 'ㄹ'이 비음화되어서 [담 : 녁]으로 발음된다. 그리고 (ㄴ)의 '강릉'에서는 앞 형태소의 끝 받침인 'ㅇ' 뒤에 이어지는 'ㄹ'이 비음화되어 [강능]으로 발음된다.

[붙임] 받침 'ㄱ, ㅂ'의 뒤에 연결되는 'ㄹ'의 비음화

한자어의 복합어에서 앞 형태소의 끝 받침인 'ㄱ'과 'ㅂ' 뒤에 이어지는 유음 'ㄹ'이 비음화되어서 [ㄴ]으로 바뀔 수 있다.[27] 그 다음에 다시 역행 동화로서 'ㄱ'과 'ㅂ'의 파열음이 비음화되어서 각각 [ㅇ]과 [ㅁ]으로 발음된다.

(12) ㄱ. 섭리 [섭니 → 섬니], 십리 [십니 → 심니], 압력 [압녁 → 암녁], 협력 [협녁 → 혐녁)]
　　ㄴ. 막론 [막논 → 망논], 박람회 [박남회 → 방남회], 백로 [백노 → 뱅노], 백리 [백니 → 뱅니]

---

27) 이 변동은 '음절 배열의 제약' 때문에 일어나는 음운 현상이다. 곧, 뒤 음절의 /ㄹ/의 앞에 올 수 있는 자음은 /ㄹ/뿐이다. 이 제약에 따라서 앞 음절의 /ㄱ/과 /ㅂ/의 뒤에서, 뒤 음절의 /ㄹ/이 /ㄴ/으로 교체된 것이다.(이진호 2012:108 참조.)

(ㄱ)의 '섭리'는 유음인 'ㄹ'이 [ㄴ]으로 비음화되어 [섭니]로 바뀐 뒤에, 파열음 'ㅂ'이 [ㅁ]으로 비음화됨에 따라서 역행 동화가 일어나서 [섬니]로 변동하였다. 그리고 (ㄴ)의 '막론'은 유음인 'ㄹ'이 [ㄴ]으로 비음화되어서 [막논]으로 바뀐 다음에, 다시 파열음 'ㄱ'이 [ㅇ]으로 비음화됨에 따라서 [망논]으로 변동하였다.28)

> **제20항** 'ㄴ'은 'ㄹ'의 앞이나 뒤에서 [ㄹ]로 발음한다.
>
> (1) 난로[날 : 로]　신라[실라]　천리[철리]　광한루[광 : 할루]
> 대관령[대 : 괄령]
>
> (2) 칼날[칼랄]　물난리[물랄리]　줄넘기[줄럼끼]　할는지[할른지]
>
> **[붙임]** 첫소리 'ㄴ'이 'ㅀ', 'ㄾ' 뒤에 연결되는 경우에도 이에 준한다.
>
> 닳는[달른]　뚫는[뚤른]　핥네[할레]
>
> **다만**, 다음과 같은 단어들은 'ㄹ'을 [ㄴ]으로 발음한다.
>
> 의견란[의 : 견난]　임진란[임 : 진난]　생산량[생산냥]
> 결단력[결딴녁]　공권력[공꿘녁]　동원령[동 : 원녕]
> 상견례[상견녜]　횡단로[횡단노]　이원론[이 : 원논]
> 입원료[이붠뇨]　구근류[구근뉴]

[제20항] 비음 'ㄴ'의 유음화

'**유음화**(流音化)'는 앞 형태소의 끝 받침인 'ㄹ'에 이어서 뒤 형태소의 첫소리인 'ㄴ'이 실현되거나 반대로 'ㄴ'에 이어서 'ㄹ'이 실현될 때에, 비음인 'ㄴ'이 유음인 'ㄹ'에 동화되어서 [ㄹ]로 발음되는 음운 변동의 현상이다.

[1] 앞 형태소의 끝 받침인 'ㄴ'이 [ㄹ]로 바뀜

한자어로 된 복합어에서 앞 형태소의 끝 받침인 'ㄴ'이 뒤 형태소의 첫소리인 'ㄹ'에

28) '몇 리'는 관형사와 의존 명사 사이에서 제19항의 [붙임] 규정에 따른 발음 변화와 유사한 변화가 일어나는 예이다. '몇 리'는 먼저 '평파열음화'에 따라서 [멷리]로 바뀌고 나서, 다음으로 유음의 비음화에 따라서 [멷니]로 바뀌고, 끝으로 파열음의 비음화가 일어나서 [면니]로 변동하였다. 받침 'ㄱ, ㅂ'의 뒤가 아니라 'ㄷ'의 뒤라는 조건이 다르기는 하지만 'ㄹ'이 [ㄴ]으로 바뀌고 나서 파열음의 비음화가 이루어지는 것은 동일하다.

동화되어서 [ㄹ]로 바뀌어서 발음된다.(역행 동화)

(13) 광한루 [광할루], 권력 [궐력], 난로 [날로], 대관령 [대괄령], 만리 [말리], 산림 [살림], 신라 [실라], 천리 [철리]

'광한루'에서는 앞 형태소의 끝 받침인 'ㄴ'이 뒤 형태소의 첫소리인 'ㄹ'에 동화되어서 [ㄹ]로 바뀌어서 [광할루]로 실현되었다. (13)에 제시된 단어는 모두 한자어로 형성된 복합어인데, 모두 의존 형태소와 의존 형태소가 결합된 것이 특징이다.

[2] 뒤 형태소의 첫소리인 'ㄴ'이 [ㄹ]로 바뀜

복합어에서 뒤 형태소의 첫소리인 'ㄴ'이 앞 형태소의 끝 받침인 'ㄹ'에 동화되어서, [ㄹ]로 바뀌어서 발음된다.(순행 동화)

(14) ㄱ. 길눈 [길룬], 달나라 [달라라], 달님 [달림], 물난리 [물랄리], 설날 [설랄], 줄넘기 [줄럼끼], 칼날 [칼랄], 땔나무 [땔 : 라무]
ㄴ. 할는지 [할른지], 먹을는지 [머글른지]
ㄷ. 갈 놈 [갈롬], 바람 잦을 날 [바람자즐랄]

(ㄱ)의 복합어에서 '길눈'에서는 앞 음절의 끝 받침인 'ㄹ'에 동화되어서 뒤 음절의 첫소리인 'ㄴ'이 [ㄹ]로 실현되었다. 그리고 (ㄴ)의 활용형에서 '할는지, 먹을는지'는 'ㄹ' 뒤에 이어지는 'ㄴ'이 [ㄹ]로 실현되었다. (ㄷ)의 관형사형인 어미 '-을' 뒤에 'ㄴ'으로 시작하는 체언이 이어질 때에도, 체언의 첫소리인 'ㄴ'이 [ㄹ]로 실현되었다.

[붙임] 앞 형태소의 끝 받침인 'ㅀ', 'ㄾ'에 이어지는 'ㄴ'이 [ㄹ]로 바뀜

앞 형태소의 끝 받침인 'ㅀ', 'ㄾ' 뒤에 뒤 형태소의 첫소리인 'ㄴ'이 이어질 때에는, 'ㅀ', 'ㄾ'이 자음군 단순화에 따라서 'ㄹ'로 바뀐 다음에, 'ㄴ'이 다시 [ㄹ]로 바뀌어서 발음된다.(순행 동화)

(15) ㄱ. 끓는 [끌는 → 끌른], 앓느냐 [알느냐 → 알르냐], 닳네 [달네 → 달레]
ㄴ. 핥는 [할는 → 할른], 핥느냐 [할느냐 → 할르냐], 훑네 [훌네 → 훌레]

(ㄱ)의 '끓는'과 (ㄴ)의 '핥는'은 먼저 앞 형태소의 자음군 단순화에 따라서 'ㅎ'이 탈락하여 [끌는]과 [할는]으로 바뀌었다. 그 다음에 뒤 형태소의 'ㄴ'이 앞 음절의 'ㄹ'에 동화되어 [ㄹ]로 바뀌어서 각각 [끌른]과 [할른]으로 발음된다.[29]

[다만] 유음 'ㄹ'의 비음화

자립적인 한자어 어근의 끝 받침인 /ㄴ/의 뒤에 /ㄹ/로 시작하는 파생 접미사가 이어지면, 특이하게 /ㄹ/이 /ㄴ/에 동화되어서 /ㄴ-ㄴ/으로 실현된다.

(16) 결단-력 [결딴녁], 공권-력 [공꿘녁], 동원-령 [동원녕], 보존-료 [보존뇨], 상견-례 [상견녜], 생산-량 [생산냥], 신문-로 [신문노], 음운-론 [음운논], 임진-란 [임진난], 입원-료 [이붠뇨]

'결단-력'은 자립적으로 쓰이는 '결단'에 접미사인 '-력'이 붙어서 형성된 파생어이다. 그런데 이때에는 접미사인 /ㄹ/이 앞 어근 끝 소리인 /ㄴ/에 동화되어서 /ㄴ/으로 바뀐다.

제21항 위에서 지적한 이외의 자음 동화는 인정하지 않는다.

감기 [감 : 기]	(× [강 : 기])	옷감 [옫깜]	(× [옥깜])
있고 [읻꼬]	(× [익꼬])	꽃길 [꼳낄]	(× [꼭낄])
젖먹이 [전머기]	(× [점머기])	문법 [문뻡]	(× [뭄뻡])
꽃밭 [꼳빧]	(× [꼽빧])		

[제21항] '자음의 위치 동화'에 따른 발음 변화는 인정하지 않는다.

앞 형태소의 끝소리가 뒤 형태소의 첫소리의 조음 위치로 옮겨서 발음되는 변동 현상을 '자음의 위치 동화'라고 한다.

(17) ㄱ. [ㄷ] → [ㅂ], [ㄴ] → [ㅁ] (잇몸소리 → 입술소리)
ㄴ. [ㄷ] → [ㄱ], [ㄴ] → [ㅇ] (잇몸소리 → 여린입천장소리)
ㄷ. [ㅂ] → [ㄱ], [ㅁ] → [ㅇ] (입술소리 → 여린입천장소리)

---

29) '만들다', '흔들다', '알다'처럼 어간의 끝 받침이 본디부터 'ㄹ'일 때에는, 그 뒤에 'ㄴ'으로 시작하는 어미가 결합되면 어간의 끝 받침 'ㄹ'은 탈락한다. 보 만드니(만들- + -니), 흔드네(흔들- + -네), 아니까(알- + -니까), 만든(만들- + -ㄴ), 흔든(흔들- + -ㄴ), 안(알- + -ㄴ)……

(18) ㄱ. 꽃밭 [꼳빧 → *꼽빧], 듣보다 [듣뽀다 → *듭뽀다], 낮부터 [낟뿌터 → *납뿌터]
ㄴ. 젖먹이 [전머기 → *점머기], 문법 [문뻡 → *뭄뻡], 신발 [신발 → *심발], 신문 [신문 → *심문]

(19) ㄱ. 옷감 [옫깜 → *옥깜], 있고 [읻꼬 → *익꼬], 꽃길 [꼳낄 → *꼭낄], 벗기다 [벋끼다 → *벅끼다], 맡기다 [맏끼다 → *막끼다]
ㄴ. 손가락[손까락→*송까락], 산기슭[산끼슥→*상끼슥], 안고[안꼬→*앙꼬]

(20) ㄱ. 밥그릇 [밥끄릇 → *박끄릇], 잡곡 [잡꼭 → *작꼭]
ㄴ. 감기 [감 : 기 → *강 : 기], 숨고 [숨 : 꼬→*숭 : 꼬], 임금 [임금 → *잉 : 금]

(18~20)과 같은 음운적 특징을 가진 형태소가 결합할 때는, 개인의 발음 습관에 따라 두 가지 형태가 나타날 수 있다.30) 예를 들어서 (18)의 '꽃밭'은 원칙적으로 [꼳빧]으로 발음하지만, 잇몸소리인 'ㄷ'이 입술소리인 'ㅃ'의 조음 자리에 이끌려서 [*꼽빧]으로 발음하는 수도 있다. (19)의 '옷감'은 원칙적으로 [옫깜]으로 발음하지만, 잇몸소리인 'ㄷ'이 여린입천장소리인 'ㄲ'의 조음 자리에 이끌려서 [*옥깜]으로 발음하는 수도 있다. (19)의 '밥그릇'은 원칙적으로 [밥끄릇]으로 발음되지만, 입술소리인 'ㅂ'이 여린입천장소리인 'ㄲ'의 조음 자리에 이끌려서 [*박끄릇]으로 발음하는 수도 있다.

그런데 (18~20)의 단어들은 현실 발음에서 화자의 발음 습관에 따라서 원래대로 발음될 수도 있고 자음의 위치 동화가 일어난 형태로 발음될 수도 있다. 그러나 <표준 발음법>에서는 동화가 일어나지 않는 형태만을 표준 발음으로 인정하고, 동화가 일어난 발음을 '임의적 변동'에 따른 발음으로 보아서 표준 발음으로 인정하지 않는다.

> **제22항** 다음과 같은 용언의 어미는 [어]로 발음함을 원칙으로 하되, [여]로 발음함도 허용한다.
>
> 되어 [되어/되여]　　　　피어 [피어/피여]
>
> **[붙임]** '이오, 아니오'도 이에 준하여 [이요, 아니요]로 발음함을 허용한다.

[제22항] 모음 충돌의 회피를 위한 'ㅣ' 모음의 순행 동화 현상

'ㅣ'나 'ㅐ, ㅔ, ㅚ, ㅟ, ㅢ'로 끝나는 용언의 어간에 어미인 '-어'가 결합할 때, '-어'는 [어]로 발음하는 것을 원칙으로 하되, [여]로 발음하는 것을 허용한다.

30) (18)은 잇몸소리가 입술소리로 바뀐 예이며, (19)는 잇몸소리가 여린입천장소리로 바뀐 예이며, (20)는 입술소리가 여린입천장소리로 바뀐 예이다.

(20) ㄱ. 피어 [피어/피여], 피어서 [피어서/피여서], 피었다 [피얻따/피엳따]
ㄴ. 개어 [개어/개여], 개어서 [개어서/개여서], 개었다 [개얻따/개엳따]
ㄷ. 베어 [베어/베여], 베어서 [베어서/베여서], 베었다 [개얻따/베엳따]
ㄹ. 되어 [되어/되여], 되어서 [되어서/되여서], 되었다 [되얻따/되엳따]
ㅁ. 뀌어 [뀌어/뀌여], 뀌어서 [뀌어서/뀌여서], 뀌었다 [뀌얻따/뀌엳따]
ㅂ. 띄어 [띠어/띠여], 띄어서 [띠어서/띠여서], 띄었다 [띠얻따/띠엳따]

용언의 어간에 어미 '-어'가 붙어서 활용할 때에는, '-어'는 [어]로 발음하는 것이 원칙이다. 그러나 '되어'나 '피어'처럼 활용하는 과정에서 모음과 모음이 충돌하면 발음하기가 거북하다. 이러한 이유로 현실 언어에서는 모음 충돌을 피하여 편하게 발음하기 위하여, 어미의 '-어'에 반모음 /j/를 개입시켜서 [되여]나 [피여]로 발음할 수 있다. 이러한 음운 변동 현상을 "'ㅣ' **모음 순행 동화**'(반모음 /j/의 첨가)라고 하는데, 〈표준 발음법〉에서는 이렇게 동화된 발음을 허용한 것이다.

[붙임] '이오, 아니오'의 발음

'이오'와 '아니오'도 [이오]와 [아니오]로 발음하는 것을 원칙으로 하되, 'ㅣ' 모음 순행 동화에 따라서 [이요]와 [아니요]로 발음하는 것도 허용한다.

(21) ㄱ. 이것은 책이오. [채기오/채기요]
ㄴ. 저것은 책이 아니오. [아니오/아니요]

다만, 이처럼 'ㅣ' 뒤에 결합하는 어미인 '-오'를 [요]로 발음하는 것을 허용한 것은, '이오'와 '아니오'에 한정된 규정이다.

(22) ㄱ. 아기가 기오. [기오/ *기요]
ㄴ. 반지를 끼오. [끼오/ *끼요]
ㄷ. 맛이 시오. [시오/ *시요]
ㄹ. 꽃이 피오. [피오/ *피요]

(22)처럼 'ㅣ'로 끝나는 어간인 '기-, 끼-, 시-, 피-'의 뒤에 어미 '-오'가 붙어서 활용할 때에는, 어미가 [요]로 발음되는 것은 허용하지 않는다.

제6장 된소리되기

두 형태소가 이어지는 과정에서 앞 형태소의 끝소리의 영향을 받아서 뒤 형태소의 예사소리가 된소리로 바뀌는 현상을 '**된소리되기**(경음화, 硬音化)'라고 한다. 된소리되기에는 '장애음의 뒤에서 일어나는 것'과 '유성 자음의 뒤에서 일어나는 것'이 있다.

제23항 받침 'ㄱ(ㄲ, ㅋ, ㄳ, ㄺ), ㄷ(ㅅ, ㅆ, ㅈ, ㅊ, ㅌ), ㅂ(ㅍ, ㄼ, ㄿ, ㅄ)' 뒤에 연결되는 'ㄱ, ㄷ, ㅂ, ㅅ, ㅈ'은 된소리로 발음한다.

국밥 [국빱]	깎다 [깍따]	넋받이 [넉빠지]
삯돈 [삭똔]	닭장 [닥짱]	칡범 [칙뻠]
뻗대다 [뻗때다]	옷고름 [옫꼬름]	있던 [읻떤]
꽂고 [꼳꼬]	꽃다발 [꼳따발]	낯설다 [낟썰다]
밭갈이 [받까리]	솥전 [솓쩐]	곱돌 [곱똘]
덮개 [덥깨]	옆집 [엽찝]	넓죽하다 [넙쭈카다]
읊조리다 [읍쪼리다]	값지다 [갑찌다]	

[제23항] 장애음의 뒤에서 일어나는 된소리되기

앞 형태소의 끝 받침의 소리가 장애음인 [ㄱ, ㄷ, ㅂ]일 때에, 뒤 형태소의 첫소리로 나는 'ㄱ, ㄷ, ㅂ, ㅅ, ㅈ'은 된소리인 [ㄲ, ㄸ, ㅃ, ㅆ, ㅉ]으로 발음된다. 된소리되기는 문법적 단위의 성격과 음운론적 환경에 따라서 구분할 수 있다.

첫째, 된소리되기가 일어나는 문법적 단위의 성격을 다음과 같이 구분할 수 있다.

(1) ㄱ. 국밥 [국빱], 입버릇 [입뻐릇]
ㄴ. 곱돌 [곱똘], 꽃다발 [꼳따발]
ㄷ. 밭갈이 [받까리], 옷고름 [옫꼬름]
ㄹ. 낯설다 [낟썰다], 책상 [책쌍]
ㅁ. 옆집 [엽찝], 작전 [작쩐]

(2) ㄱ. 깎다[깍따], 잊다[읻따]
ㄴ. 춥고[춥꼬], 없고[업꼬]
ㄷ. 먹소[먹쏘], 갔소[갇쏘]
ㄹ. 깎지[깍찌], 읽지[익찌]
ㅁ. 넣습니다[너 : 씁니다], 낳소[나 : 쏘], 않소[안쏘][31]

(3) 국도[국또], 값도[갑또]

(1)은 복합어를 이루는 어근(접두사)와 어근이 결합하고 (2)는 용언의 어간과 어미가 결합하고, (3)은 체언과 조사가 결합하는 과정에서 된소리되기가 일어났다.

둘째, 된소리되기가 일어나는 음운론적 환경을 다음과 같이 구분할 수 있다.

(4) ㄱ. 곱돌 [곱똘], 밥솥 [밥쏟], 밥보 [밥뽀], 덮개 [덥깨], 옆집 [엽찝]
ㄴ. 넓죽하다 [넙쭈카다], 넓둥글다 [넙뚱글다], 읊고 [읍꼬], 읊조리다 [읍쪼리다] ; 값지다 [갑찌다], 값도 [갑또]

(5) ㄱ. 뻗대다 [뻗때다], 받들다 [받뜰다]
ㄴ. 밭갈이 [받까리], 솥전 [솓쩐]
ㄷ. 옷고름 [옫꼬름], 옷도 [옫또]
ㄹ. 있던 [읻떤], 갔소 [갇쏘]
ㅁ. 꽂고 [꼳꼬], 잊다 [읻따], 꽃다발 [꼳따발], 낯설다 [낟썰다]

(6) ㄱ. 학교 [학꾜], 국밥 [국빱], 독사 [독싸], 깎다 [깍따]
ㄴ. 삯돈 [삭똔], 넋받이 [넉빠지] ; 닭장 [닥짱], 칡범 [칙뻠]

(4)처럼 앞 형태소의 끝 받침이 'ㅂ, ㅍ, ㄼ, ㄿ, ㅄ'이고 뒤 형태소의 첫소리가 예사소리인 'ㅂ, ㄷ, ㄱ, ㅅ, ㅈ'일 때는, 뒤 형태소의 첫소리가 된소리인 [ㅃ, ㄸ, ㄲ, ㅆ, ㅉ]으로 발음된다. (5)처럼 앞 형태소의 끝 받침이 'ㄷ, ㅌ, ㅅ, ㅆ, ㅈ, ㅊ'이고 뒤 형태소의 첫소리가 예사소리인 'ㄷ, ㄱ, ㅅ'이면, 뒤 형태소의 첫소리가 [ㄸ, ㄲ, ㅆ]으로 발음된다. (6)처럼 앞 형태소의 끝 받침이 'ㄱ, ㄲ, ㄳ, ㄺ'이고 뒤 형태소의 첫소리가 예사소리인 'ㅂ, ㄷ, ㄱ, ㅅ, ㅈ'이면,

31) (2ㅁ)의 '넣습니다, 낳소, 않소' 등은 '넣-, 낳-, 않-'처럼 어간의 끝소리 /ㅎ/가 /ㅅ/로 시작하는 어미와 결합하는 과정에서 /ㅆ/의 된소리로 변동했다. 이는 /ㅅ/에 대립되는 거센소리의 짝이 없기 때문이다.

뒤 형태소의 첫소리가 [ㅃ, ㄸ, ㄲ, ㅆ, ㅉ]으로 발음된다.

된소리되기의 변동은 '평파열음화'와 '자음군 단순화'가 먼저 적용된 뒤에 일어나는 수도 있다. 곧 (4)에서 앞 소리인 'ㅂ, ㅍ, ㄼ, ㄿ, ㅄ'는 [ㅂ]으로, (5)에서 앞 소리인 'ㄷ, ㅌ, ㅅ, ㅆ, ㅈ, ㅊ'은 [ㄷ]으로, (6)에서 앞 소리인 'ㄱ, ㄲ, ㅋ, ㄳ, ㄺ'이 [ㄱ]으로 변동한 뒤에, 이어서 된소리되기 현상이 일어나는 것이다.32)

제24항 어간 받침 'ㄴ(ㄵ), ㅁ(ㄻ)' 뒤에 결합되는 어미의 첫소리 'ㄱ, ㄷ, ㅅ, ㅈ'은 된소리로 발음한다.			
신고[신 : 꼬]	껴안다[껴안따]	앉고[안꼬]	얹다[언따]
삼고[삼 : 꼬]	더듬지[더듬찌]	닮고[담 : 꼬]	젊지[점 : 찌]
다만, 피동, 사동의 접미사 '-기-'는 된소리로 발음하지 않는다.			
안기다	감기다	굶기다	옮기다

[제24항] 어간의 끝 받침 'ㄴ, ㅁ' 뒤에서 일어나는 된소리되기

비음인 'ㄴ, ㅁ'으로 끝나는 용언의 어간에 예사소리인 'ㄷ, ㄱ, ㅅ, ㅈ'으로 시작하는 어미가 붙어서 활용할 때에, 어미의 첫소리인 'ㄷ, ㄱ, ㅅ, ㅈ'이 된소리인 [ㄸ, ㄲ, ㅆ, ㅉ]으로 바뀔 수 있다.

(7) ㄱ. 신도록[신또록], 신기[신끼], 안습니다[안씀니다], 껴안지[껴안찌]
ㄴ. 앉더니[안더니 → 안떠니], 앉기[안기 → 안끼], 얹소[언소 → 언쏘], 얹자[언자 → 언짜]

(8) ㄱ. 담더니[담떠니], 삼기[삼끼], 감습니다[감씀니다], 더듬지[더듬찌]
ㄴ. 삶도록[삼도록 → 삼또록], 굶기[굼기 → 굼끼], 닮소[담소 → 담쏘], 젊지[점지 → 점찌]

(7)의 '신다(履)'와 '앉다(坐)'처럼 'ㄴ'으로 끝나는 어간이나 (8)의 '담다'와 '삶다'처럼 'ㄹ'로 끝나는 어간에 'ㄷ, ㄱ, ㅅ, ㅈ'으로 시작하는 어미가 붙어서 활용하면, 어미의 첫소리인 /ㄷ, ㄱ, ㅅ, ㅈ/이 된소리인 /ㄸ, ㄲ, ㅆ, ㅉ/로 발음된다.33) 이처럼 'ㄴ, ㄹ' 뒤에서

---

32) 변동이 일어나기 전의 앞 형태소의 끝소리인 'ㅂ, ㅍ, ㄼ, ㄿ, ㅄ'과 'ㄷ, ㅌ, ㅅ, ㅆ, ㅈ, ㅊ', 'ㄱ, ㄲ, ㄳ, ㄺ' 등은 먼저 '음절의 끝소리 규칙'을 적용받아서, 같은 자리에서 나는 불파음(不破音, 내파음)인 [p˺], [t˺], [k˺]으로 된다. 뒤 이어서 앞 형태소의 'ㅂ, ㄷ, ㄱ'과 뒤 형태소의 첫소리인 'ㅂ, ㄷ, ㄱ, ㅅ, ㅈ' 등이 이어지면서, 뒤 형태소의 예사소리가 된소리인 [ㅃ, ㄸ, ㄲ, ㅆ, ㅉ]으로 실현된다.

일어나는 된소리되기는특정한 용언의 어간과 어미에서만 일어나고, 피동이나 사동 접미사가 붙거나 체언에 조사가 붙을 때에는 일어나지 않는다. 따라서 (7)과 (8)처럼 용언의 'ㄴ, ㄹ' 뒤에서 일어나는 된소리되기는 한정적 변동이다.

[다만] 피동이나 사동의 접미사인 '-기-'는 된소리로 발음되지 않는다.

'ㄴ, ㅁ'의 끝 받침으로 끝나는 용언의 어간에 피동이나 사동의 접미사인 '-기-'가 결합하여 활용할 때에는, 된소리되기 현상이 일어나지 않는다.

(9) ㄱ. 안-기-다 [안기다]
ㄴ. 감-기-다 [감기다], 담-기-다 [담기다], 굶-기-다 [굼기다], 옮-기-다 [옴기다]

(9)에서는 'ㄴ'과 'ㅁ'의 받침으로 끝나는 용언의 어근에 피동이나 사동의 파생 접미사인 '-기-'가 이어졌으나, 이 경우의 '-기-'의 'ㄱ'은 된소리로 바뀌지 않는다.[34]

참고로 체언에 조사가 결합하는 과정에서도 'ㄴ'과 'ㅁ'의 뒤에서 된소리되기 현상이 일어나지 않는다.

(10) ㄱ. 간-도 [간도], 돈-과 [돈과]
ㄴ. 담-도 [담도], 섬-과 [섬과], 삶도 [삼 : 도]

(10)처럼 체언과 조사가 결합할 때에도, 체언의 끝 받침 'ㄴ, ㅁ' 뒤에 실현되는 예사소리는 된소리로 발음되지 않는다.

> **제25항** 어간 받침 'ㄼ, ㄾ' 뒤에 결합되는 어미의 첫소리 'ㄱ, ㄷ, ㅅ, ㅈ'은 된소리로 발음한다.
>
> 넓게 [널께]　　핥다 [할따]　　훑소 [훌쏘]　　떫지 [떨 : 찌]

[제25항] 용언 어간의 겹받침 'ㄼ, ㄾ' 뒤에서 일어나는 된소리되기

용언 어간의 겹받침인 'ㄼ, ㄾ' 뒤에 'ㄱ, ㄷ, ㅅ, ㅈ'으로 시작하는 어미가 결합할 때에는,

33) (7~8)의 '앉더니[안떠니]'와 '삶도록[삼또록]'에는 '자음군 단순화'와 '된소리되기'가 적용되었다.
34) 용언의 어간에 명사형인 '-기'가 붙어서 활용할 때에는, '아기를 안기[안 : 끼], 실을 감기[감 : 끼]'와 '학교에 남기[남끼], 하룻동안 굶기[굼 : 끼]'처럼 된소리되기가 일어난다.

어미의 첫소리인 'ㄱ, ㄷ, ㅅ, ㅈ'이 된소리로 바뀐다.

(11) ㄱ. 넓게 [널께], 넓다 [널따], 떫소 [떨ː쏘], 떫지 [떨ː찌]
ㄴ. 핥게 [할께], 핥다 [할따], 훑소 [훌쏘], 훑지 [훌찌]

(11)에서 '넓다, 떫다'와 '핥다, 훑다'처럼 어간의 겹받침인 'ㄼ, ㄾ'은 'ㄱ, ㄷ, ㅅ, ㅈ'으로 시작되는 어미와 결합하면, 평파열음화에 따라서 [ㄼ]과 [ㄾ]으로 변한다. 그리고 파열음 뒤에서 어미의 첫소리 'ㄱ, ㄷ, ㅅ, ㅈ'이 된소리인 [ㄲ, ㄸ, ㅆ, ㅉ]으로 바뀌었다. 이렇게 변동한 뒤에 자음군 단순화에 따라서 어간이 [ㄹ]로 실현되었다. (11)의 된소리되기는 어간의 끝 소리가 [ㄼ, ㄾ]일 때에만 적용되는 한정적인 변동이므로, 이와 동일한 음운론적인 환경에서도 된소리되기가 일어나지 않을 수 있다.

(12) ㄱ. 여덟도 [여덜도], 여덟과 [여덜과], 여덟보다 [여덜보다]
ㄴ. 만들고 [만들고], 만들더니 [만들더니], 만들지 [만들지]

제25항의 규정은 동일한 음운론적 환경에서도 (12ㄱ)의 '여덟도[여덜도]'처럼 체언과 조사가 결합할 때에는 적용되지 않는다. 또한 이 규정은 어간의 겹받침인 [ㄼ, ㄾ]에서 '자음군 단순화' 규칙의 적용을 받아서 변동된 [ㄹ] 받침에만 한정하여 적용된다. 예를 들어서 (12ㄴ)의 '만들고[만들고]'처럼 원래부터 [ㄹ]을 홑받침으로 가진 어간 다음에서는, 그 뒤에 실현되는 어미가 된소리로 바뀌지 않는다.

제26항 한자어에서, 'ㄹ' 받침 뒤에 연결되는 'ㄷ, ㅅ, ㅈ'은 된소리로 발음한다.

갈등 [갈뜽]	발동 [발똥]	절도 [절또]	말살 [말쌀]
불소 [불쏘](弗素)	일시 [일씨]	갈증 [갈쯩]	물질 [물찔]
발전 [발쩐]	몰상식 [몰쌍식]	불세출 [불쎄출]	

다만, 같은 한자가 겹쳐진 단어의 경우에는 된소리로 발음하지 않는다.

허허실실 [허허실실](虛虛實實)　　절절-하다 [절절하다](切切-)

[제26항] 한자어 복합어에서 'ㄹ' 받침 뒤에서 일어나는 된소리되기

한자어 복합어에서 유음인 'ㄹ'로 끝나는 앞 어근에 'ㄷ, ㅅ, ㅈ'으로 시작하는 뒤 어근이 이어질 때에, 뒤 어근의 첫소리는 된소리인 [ㄸ, ㅆ, ㅉ]으로 발음될 수가 있다.

(13) ㄱ. 갈등 [갈뜽], 발달 [발딸], 절도 [절또]
ㄴ. 말살 [말쌀], 발성 [발썽], 불소 [불쏘], 일시 [일씨]
ㄷ. 갈증 [갈쯩], 물질 [물찔], 열정 [열쩡]

(13)에서는 앞 어근의 끝소리가 'ㄹ'일 때에 뒤 어근의 첫소리인 'ㄷ, ㅅ, ㅈ'이 각각 된소리인 [ㄸ, ㅆ, ㅉ]으로 바뀌어서 발음된다.

반면에 앞 어근의 끝소리가 'ㄹ'일지라도, 뒤 어근의 첫소리가 'ㅂ'이나 'ㄱ'일 때에는 된소리되기가 일어나지 않는다.

(14) ㄱ. 발각 [발각], 물건 [물건], 발견 [발견], 팔경 [팔경], 설계 [설계], 출고 [출고], 결과 [결과], 열기 [열기], 절기 [절기]
ㄴ. 출발 [출발], 불복 [불복], 발병 [발병], 활보 [활보]

(ㄱ)의 '발각'이나 (ㄴ)의 '출발'처럼 뒤 어근의 첫소리가 'ㅂ'이나 'ㄱ'일 때에는 이러한 된소리되기 현상이 일어나지 않는다. 그리고 (14)의 된소리되기는 특정한 한자 복합어의 안에서만 일어나는 개별적인 변동이다.[35)]

[다만] 같은 한자가 겹쳐진 단어에서는 된소리로 발음하지 않는다.

같은 한자가 겹쳐진 한자어 단어에서는, 앞 형태소의 'ㄹ' 받침 다음에 뒤 형태소의 첫소리 'ㄷ, ㅅ, ㅈ'이 이어지더라도 된소리로 발음하지 않는다.

(15) 결결(缺缺) [결결], 별별(別別) [별별], 허허실실(虛虛實實) [허허실실], 절절(切切) [절절]

(15)의 '결결(缺缺), 별별(別別), 실실(實實), 절절(切切)'처럼 동일한 한자가 겹쳐져서 형성된 단어에서는 'ㄹ' 뒤에서 이어지는 'ㄱ, ㅂ, ㅅ, ㅈ'이 된소리로 발음되지 않는다.

---

35) 복합어에서 'ㄹ' 뒤에서 일어나는 된소리되기는 고유어에서는 일어나지 않고, 한자어에서만 일어난다. 그리고 한자어 복합어에서도 모든 경우에 된소리되기가 일어나는 것은 아니다. 예를 들어서 '몰상식[몰쌍식]'과는 달리 '몰지각[몰지각]'은 [ㄹ]의 뒤에서 [ㅈ]이 예사소리로 발음된다.

제27항 관형사형 '-(으)ㄹ' 뒤에 연결되는 'ㄱ, ㄷ, ㅂ, ㅅ, ㅈ'은 된소리로 발음한다.

할 것을[할꺼슬] 갈 데가[갈떼가] 할 바를[할빠를]
할 수는[할쑤는] 할 적에[할쩌게] 갈 곳[갈꼳]
할 도리[할또리] 만날 사람[만날싸람]

다만, 끊어서 말할 적에는 예사소리로 발음한다.

[붙임] '-(으)ㄹ'로 시작되는 어미의 경우에도 이에 준한다.

할걸[할껄] 할밖에[할빠께] 할세라[할쎄라]
할수록[할쑤록] 할지라도[할찌라도] 할지언정[할찌언정]
할진대[할찐대]

[재27항] 관형사형 어미인 '-(으)ㄹ'의 뒤에서 일어나는 된소리되기

용언의 관형사형 어미인 '-(으)ㄹ'의 뒤에 체언이 연결되는 구조에서는 두 단어 사이의 경계를 의식하여 'ㄹ' 뒤를 끊어서 발음하게 된다.36) 곧 관형사형 어미인 '-(으)ㄹ'이 실현된 음절의 끝을 폐쇄함으로써 휴지(休止, 쉼)가 생겨서 그 뒤에 이어지는 예사소리 'ㄱ, ㄷ, ㅂ, ㅅ, ㅈ'이 된소리로 발음된다.

(16) ㄱ. 할 바를[할빠를], 있을 법하다[이쓸뻐파다]
ㄴ. 갈 데가[갈떼가], 할 도리[할또리]
ㄷ. 할 것을[할꺼슬], 갈 곳[갈꼳]
ㄹ. 할 수는[할쑤는], 만날 사람[만날싸람]
ㅁ. 할 적에[할쩌게]

(16)의 예들은 용언의 관형사형 어미인 '-(으)ㄹ' 뒤에 'ㄱ, ㄷ, ㅂ, ㅅ, ㅈ'으로 시작하는 체언이 결합되었는데, 이 경우에는 관형사형 뒤에 실현된 체언의 예사소리는 된소리인 [ㄲ, ㄸ, ㅃ, ㅆ, ㅉ]으로 바뀌어서 발음된다.

36) 15세기 말에서는 이러한 소리의 특징을 반영하여 관형사형 어미를 '-ㄹ' 뒤에 'ㆆ'을 붙여서 '-ᄋᆖᇙ'으로 표기하였다.(보기 : 長湍ᄋᆞᆯ 건너시ᇙ 제, 가ᇙ 길히, 니르고져 호ᇙ 배, 도라오ᇙ 軍士, 지브로 도라오시ᇙ 제. 나찬연 2020:46 참조.)

[다만] 용언의 관형사형과 체언 사이에 쉼을 두어서 발음할 때에는, 체언의 'ㄱ, ㄷ, ㅂ, ㅅ, ㅈ'을 예사소리로 발음한다.

용언의 관형사형 '-(으)ㄹ'의 뒤에 쉼(휴지)을 두어서 끊어서 발음하면, 된소리되기가 일어나지 않으므로, 체언의 'ㄱ, ㄷ, ㅂ, ㅅ, ㅈ'이 그대로 발음되는 것을 규정했다.

[붙임] '-(으)ㄹ'로 시작되는 활용 어미의 된소리되기

'-(으)ㄹ'로 시작되는 어미의 내부에 실현된 'ㄱ, ㄷ, ㅂ, ㅅ, ㅈ'도 본항의 예처럼 된소리로 바뀌어서 발음된다.

(17) ㄱ. 할밖에 [할빠께]
ㄴ. 할걸 [할껄]
ㄷ. 할세라 [할쎄라], 할수록 [할쑤록]
ㄹ. 할지라도 [할찌라도], 할지언정 [할찌언정], 할진대 [할찐대]

(18) ㄱ. 할밖에 : 하- + -ㄹ # 밖 + -에
ㄴ. 할걸 : 하- + -ㄹ # 것 + -을
ㄷ. 할세라 : 하- + -ㄹ # ᄉᆞ + -ㅣ- + -라
ㄹ. 할지라도 : 하- + -ㄹ # ᄃᆞ + -ㅣ- + -라도

(17)에서는 '-(으)ㄹ'로 시작하는 활용 어미에서 '-(으)ㄹ' 뒤의 예사소리가 된소리로 바뀌어서 발음된다. 이러한 현상은 이들 어미가 국어사적으로 볼 때에 (18)처럼 관형사형 어미인 '-을'과 체언이 융합되어서 하나의 어미로 형성된 것이기 때문이다. 결국 [붙임]의 조항은 국어사적인 전통을 고려하여, (17)의 예에서 일어나는 발음 변화를 (16)에서 일어나는 된소리되기 현상과 동일하게 간주하여 표준 발음으로 삼은 것이다.

제28항 표기상으로는 사이시옷이 없더라도, 관형격 기능을 지니는 사이시옷이 있어야 할(휴지가 성립되는) 합성어의 경우에는, 뒤 단어의 첫소리 'ㄱ, ㄷ, ㅂ, ㅅ, ㅈ'을 된소리로 발음한다.

문-고리 [문꼬리]	눈-동자 [눈똥자]	신-바람 [신빠람]
산-새 [산쌔]	손-재주 [손째주]	길-가 [길까]
물-동이 [물똥이]	발-바닥 [발빠닥]	굴-속 [굴 : 쏙]
술-잔 [술짠]	바람-결 [바람껼]	그믐-달 [그믐딸]

아침-밥 [아침빱]	잠-자리 [잠짜리]	강-가 [강까]
초승-달 [초승딸]	등-불 [등뿔]	창-살 [창쌀]
강-줄기 [강쭐기]		

{참고} **사잇소리 현상의 개념과 유형**

실질 형태소(어근)와 실질 형태소(어근)가 결합하여 하나의 합성 명사를 이룰 때, 뒤 어근의 예사소리가 된소리로 바뀌거나 두 어근 사이에 어떠한 소리가 첨가되는 경우가 있다. 이러한 음운 변동 현상을 '**사잇소리 현상**'이라고 한다.37)

(19) ㄱ. 나루 + 배 → [나루빼] cf. 나무배 [나무배]
ㄴ. 회(回) + 수(數) → [회쑤] cf. 회수(回收) [회수]

(20) ㄱ. 코 + 물 → [콘물] cf. 머리말 [머리말]
ㄴ. 공(空) + 일〔事〕 → [공닐] cf. 공일(空日) [공일]

(19ㄱ)에서는 '나루'와 '배'가 결합하여 합성 명사가 되면서 '배'의 'ㅂ'이 된소리인 [ㅃ]으로 발음되며, (19ㄴ)에서는 '회(回)'와 '수(數)'가 결합하면서 'ㅅ'이 [ㅆ]으로 발음된다. 그리고 (20ㄱ)에서는 '코'와 '물'이 결합되면서 두 어근 사이에 [ㄴ]을 첨가하여 발음하며, (20ㄴ)에서는 '공(空)'과 '일(事)'이 결합하면서 두 어근 사이에 [ㄴ]을 첨가하여 발음한다.

그런데 (19~20)과 동일한 음운 환경에 놓여 있는 단어인데도 사잇소리 현상이 일어나지 않는 예가 있다. 곧 (19)의 '나무배(木船), 회수(回收)'와 (20)의 '머리말, 공일(空日)'에서는 사잇소리 현상이 일어나지 않는데, 이러한 예를 보면 사잇소리 현상이 개별적 변동이라는 사실을 확인할 수 있다.

종속적인 의미 관계로 짜인 합성 명사에서 사잇소리가 일어나는 현상을 음운론적으로 설명하면 다음과 같다.

---

37) 사이시옷은 15세기 국어에서는 관형격 조사의 한 종류로 쓰였다. 그런데 근대 국어를 거쳐서 현대 국어가 되면서 많은 변화를 겪은 결과로 사이시옷은 명사와 명사 사이에서 일어나는 일반적인 관형격 기능은 없어지고, 종속 관계로 형성된 합성 명사 속에서 어근과 어근 사이에서 발생하는 사잇소리를 표기하는 글자로 바뀌었다. 중세 국어의 사잇소리 표기 글자에 대하여는 나찬연(2020:36)의 내용을 참조하기 바란다.

어근의 결합	기저 형태			표면 형태	표기 형태
	(기저 형태 1)	⇨	기저 형태 2		
초 + 불	/초ㅅ + 불/	→	/초ㄷ + 불/	/초뿔/	촛불
배 + 사공	/배ㅅ + 사공/	→	/배ㄷ + 사공/	/배싸공/	뱃사공
촌 + 사람	/촌ㅅ + 사람/	→	/촌ㄷ + 사람/	/촌싸람/	촌사람
밤 + 길	/밤ㅅ + 길/	→	/밤ㄷ + 길/	/밤낄/	밤길
물 + 독	/물ㅅ + 독/	→	/물ㄷ + 독/	/물똑/	물독
등 + 불	/등ㅅ + 불/	→	/등ㄷ + 불/	/등뿔/	등불
어근 + 어근	/ㄷ/의 첨가			된소리되기	사이시옷

〈표 1〉 사잇소리 현상의 적용 과정

어근과 어근이 결합하는 과정에서 기저에서 두 어근 사이에 먼저 'ㅅ'의 첨가가 일어난다[38] 다음으로 평파열음화에 따라서 'ㅅ'이 [ㄷ]으로 바뀐 다음에 [ㄷ]의 영향으로 뒤 어근의 예사소리 파열음이 된소리로 변동한다.[39]

그런데 현대 국어에서는 중세 국어와는 달리 관형격 조사인 'ㅅ'이 쓰이지 않기 때문에, 음운론적인 단계에서는 기저에 /ㄷ/의 첨가만 인정한다. 곧, 합성 명사에서 앞 어근의 끝음절이 모음으로 끝날 때에는 사잇소리인 /ㄷ/이 첨가된 것으로 본다. 이처럼 관형격 조사인 '-ㅅ'의 첨가를 인정하지 않게 되면

이러한 사잇소리는 합성어 또는 이에 준하는 구조에서 앞 어근(단어)의 끝을 폐쇄하여 기류를 정지시킴으로써, 두 단어 사이에 휴지(pause)를 성립시켜서 형태소의 경계를 표시한다.

[제28항] 종속적 합성 명사에서 사이시옷이 없어도 된소리로 발음되는 예

〈한글 맞춤법〉의 제30항에서는 합성 명사에서 사잇소리가 나더라도, 앞 어근의 끝음절이 모음으로 끝났을 때에만 사이시옷을 붙여서 표기한다고 규정하였다.[40] 따라서 〈표준

38) 이때의 'ㅅ'의 첨가는 중세 국어와 근대 국어에서 널리 쓰였던 관형격 조사인 '-ㅅ'을 고려한 것이다. 이는 현대 국어의 음운 현상을 설명할 때에 국어의 전통을 고려한 것이다.(총칙 제1항)

39) 허웅(1986:287)에서는 어근과 어근 사이에 /ㄷ/이 첨가되었다고 처리했고, 이문규(2013:256)에서는 어근과 어근 사이에 /ㅅ/이 첨가되었다고 처리했다. 이문규(2013)에서는 중세 국어의 관형격 조사인 '-ㅅ'을 고려하여서, /ㅅ/이 첨가된 후에 /ㅅ/이 종성에서 평파열음화되어서 /ㄷ/으로 실현된 것으로 보았다. 이 책에서는 허웅(1985)의 견해를 좇아서 음운론적인 단계에서는 /ㄷ/ 첨가만 인정한다. 이에 따르면 제28항의 된소리되기 현상을 설명할 때에 기저에서 '-ㅅ'의 첨가와 평파열음화를 설정하지 않아도 되는 장점이 있다.

발음법〉의 제28항에서는 표기상으로는 사이시옷이 드러나지 않더라도, 기능상 사이시옷이 있는 합성어에 뒤 어근이 된소리로 발음되는 예를 제시하고 있다.

(21) ㄱ. 문고리 [문꼬리], 눈동자 [눈똥자], 신바람 [신빠람], 산새 [산쌔], 손재주 [손째주]
ㄴ. 길가 [길까], 물동이 [물똥이], 발바닥 [발빠닥], 굴속 [굴ː쏙], 술잔 [술짠]
ㄷ. 바람결 [바람껼], 그믐달 [그믐딸], 아침밥 [아침빱], 잠자리 [잠짜리](寢所)
ㄹ. 강가 [강까], 초승달 [초승딸], 등불 [등뿔], 창살 [창쌀], 강줄기 [강쭐기]

(21)의 예들은 앞 어근과 뒤 어근이 결합하여 합성 명사가 되는 과정에서 사잇소리가 실현되어서 뒤 어근의 예사소리의 자음이 된소리로 바뀌었다. (ㄱ)의 '문고리'는 'ㄴ' 뒤에서 'ㄱ'이, (ㄴ)의 '길가'는 'ㄹ' 뒤에서 'ㄱ'이 [ㄲ]으로 바뀌어서 발음된다. (ㄷ)의 '바람결'에서는 'ㅁ' 뒤에서 'ㄱ'이, (ㄹ)에서는 'ㅇ' 뒤에서 'ㄱ'이 [ㄲ]으로 바뀌어서 발음된다. 그러나 이들 단어들은 〈한글 맞춤법〉의 제30항에서 앞 어근의 끝소리가 자음으로 끝나면 사이시옷을 표기하지 않는다고 규정하고 있다. 따라서 (21)의 단어들은 비록 사이시옷이 표기되지는 않았지만 뒤 어근의 첫소리를 된소리로 발음한다.

40) 사이시옷이 표기상으로 드러난 경우에 그 사이시옷에 관련된 발음에 대한 사항은 <표준 발음법>의 제30항에서 별도로 규정하였다.

제7장 음의 첨가

형태소와 형태소가 합쳐져서 합성 명사가 될 때에 그 사이에 음운이 덧붙은 현상이 있는데, 이를 '음의 첨가(添加)'라고 한다. 〈표준 발음법〉 제7장의 '음의 첨가'는 넓은 의미에서 '사잇소리 현상'에 따른 발음법을 규정한 것이다.

제29항 합성어 및 파생어에서, 앞 단어나 접두사의 끝이 자음이고 뒤 단어나 접미사의 첫음절이 '이, 야, 여, 요, 유'인 경우에는, 'ㄴ' 음을 첨가하여 [니, 냐, 녀, 뇨, 뉴]로 발음한다.

솜-이불[솜 : 니불] 홑-이불[혼니불] 막-일[망닐]
삯-일[상닐] 맨-입[맨닙] 꽃-잎[꼰닙]
내복-약[내 : 봉냑] 한-여름[한녀름] 남존-여비[남존녀비]
신-여성[신녀성] 색-연필[생년필] 직행-열차[지캥녈차]
늑막-염[능망념] 콩-엿[콩녇] 담-요[담 : 뇨]
눈-요기[눈뇨기] 영업-용[영엄뇽] 식용-유[시굥뉴]
국민-윤리[궁민뉼리] 밤-윷[밤 : 뉻]

다만, 다음과 같은 말들은 'ㄴ' 음을 첨가하여 발음하되, 표기대로 발음할 수 있다.

이죽-이죽[이중니죽/이주기죽] 야금-야금[야금냐금/야그먀금]
검열[검 : 녈/거 : 멸] 욜랑-욜랑[욜랑뇰랑/욜랑욜랑]
금융[금늉/그뮹]

[붙임 1] 'ㄹ' 받침 뒤에 첨가되는 'ㄴ' 음은 [ㄹ]로 발음한다.

들-일[들 : 릴] 솔-잎[솔립] 설-익다[설릭따]
물-약[물략] 불-여우[불려우] 서울-역[서울력]
물-엿[물렫] 휘발-유[휘발류] 유들-유들[유들류들]

[붙임 2] 두 단어를 이어서 한 마디로 발음하는 경우에도 이에 준한다.

한 일[한닐] 옷 입다[온닙따] 서른 여섯[서른녀섣]
3연대[삼년대] 먹은 엿[머근녇] 할 일[할릴]
잘 입다[잘립따] 스물 여섯[스물려섣] 1연대[일련대]

먹을 엿[머글렫]

다만, 다음과 같은 단어에서는 'ㄴ(ㄹ)' 음을 첨가하여 발음하지 않는다.

6·25 [유기오]　　3·1절 [사밀쩔]　　송별-연 [송 : 벼련]
등-용문 [등용문]

[제29항] 자음으로 끝나는 어근이나 접두사에, '이, 야, 여, 요, 유'로 시작하는 뒤 어근이 이어질 때에, 'ㄴ'이 첨가되는 현상

자음으로 끝나는 어근이나 접두사에 '이, 야, 여, 요, 유'로 시작되는 어근이 이어질 때에는, /ㄴ/이 하나 혹은 둘이 겹쳐서 소리가 날 수가 있다.[41]

(1) ㄱ. 솜 + 이불 : [솜니불]	(2) ㄱ. 콩 + 엿 : [콩녇]
ㄴ. 논 + 일 : [논닐]	ㄴ. 좀 + 약 : [좀냑]
ㄷ. 맨- + 입 : [맨닙]	ㄷ. 한- + 여름 : [한녀름]

(1)의 '솜이불, 논일, 맨입' 등은 합성 명사에서 뒤 어근의 모음이 /ㅣ/일 때에 /ㄴ/이 첨가되었으며, (2)의 '콩엿[콩녇], 좀약[좀냑], 한여름[한녀름]' 등은 뒤 어근이 반모음인 /j/일 때에 /ㄴ/이 첨가되었다.

그런데 (1~2)처럼 'ㄴ' 첨가만 일어나는 경우도 있지만, 'ㄴ' 첨가에 이어서 여러 가지 다른 음운 변동 현상이 뒤따르는 경우가 있다.

첫째, 'ㄴ' 첨가가 일어난 뒤에, 비음화가 일어난 예가 있다.

(3) ㄱ. 집 + 일 : [집닐 → 짐닐]	('ㄴ' 첨가 → 비음화)
ㄴ. 색 + 연필 : [색년필 → 생년필]	('ㄴ' 첨가 → 비음화)

(ㄱ)의 '집일'과 (ㄴ)의 '색연필'은 'ㄴ'이 첨가되어서 [집닐]과 [색년필]로 변동된 뒤에, 다시 비음화가 일어나서 [짐닐]과 [생년필]로 변동했다.

둘째, 'ㄴ' 첨가가 일어난 뒤에, 평파열음화나 자음군 단순화가 일어나고, 이어서 비음

41) 제29항은 사잇소리 'ㄴ'이 첨가되는 표준 발음을 규정하였다. 제29항에 제시된 예는 자음으로 끝나는 앞 어근이나 접두사가 붙어서 형성된 합성어나 파생어이므로, <한글 맞춤법> 제30항의 규정에 따라서 사이시옷을 표기하지 않는 것이 특징이다. 제29항의 보기 가운데에서 '막-일, 맨-입, 한-여름, 신-여성, 설-익다' 등은 접두 파생어에 해당한다.

화가 일어난 예가 있다.

(4) ㄱ. 꽃 + 잎 : [꼳닙→ 꼳닙 → 꼰닙] (평파열음화 → 'ㄴ' 첨가 → 비음화)
ㄴ. 삯 + 일 : [삭ㄷ일→ 삭ㄷ닐→ 삭닐 → 상닐] (평파열음화 → 'ㄴ' 첨가 → 자음군 단순화 → 비음화)

(ㄱ)의 '꽃잎'과 (ㄴ)의 '삯일'은 평파열음화와 'ㄴ' 첨가에 따라서 [꼳닙]과 [삭ㄷ닐]로 변동한 뒤에, 자음군 단순화와 비음화에 따라서 최종적으로 [꼰닙]과 [상닐]로 실현되었다.

[다만] 'ㄴ' 음을 첨가하여 발음하되, 표기대로 발음할 수도 있는 경우

'ㄴ' 음의 첨가는 화자의 발음 습관에 따라서 차이가 있어서, 일률적으로 적용하기가 어려운 때가 있다. 따라서 다음과 같은 말들은 예외적으로 'ㄴ' 음을 첨가하여 발음하되, 표기대로 발음할 수 있다.

(5) ㄱ. 이죽이죽 [이중니죽/이주기죽], 야금야금 [야금냐금/야그먀금]
ㄴ. 검열 [검 : 녈/거 : 멸], 금융 [금늉/그뮹], 욜랑욜랑 [욜랑뇰랑/욜랑욜랑]

(6) ㄱ. 이기죽이기죽[이기죽이기죽]
ㄴ. 야옹야옹[야옹냐옹]

(5)의 단어들은 'ㄴ'이 첨가된 발음과 그렇지 않은 발음을 모두 인정한다. 곧 '이죽이죽'은 [이중니죽]이나 [이주기죽]으로 발음할 수 있고, '검열'도 [검 : 녈]이나 [거 : 멸]로 발음할 수 있다. 반면에 (6)에서 (ㄱ)의 '이기죽이기죽'은 'ㄴ' 첨가가 이루어지지 않은 [이기죽이기죽]으로만 발음하며, (ㄴ)의 '야옹야옹'은 [야옹냐옹]으로만 발음한다.

[붙임 1] 'ㄹ' 받침 뒤에 첨가되는 'ㄴ' 소리는 유음화에 따라서 [ㄹ]로 발음한다.

형태소와 형태소가 결합할 때에 앞 형태소의 'ㄹ' 끝 받침 뒤에 뒤 형태소의 첫소리인 'ㄴ'이 이어지면, 비음인 'ㄴ'이 유음인 'ㄹ'에 동화되어서 [ㄹ]로 변하는데, 이를 '유음화(流音化)'라고 한다. 유음화에 따라서 'ㄹ' 받침 뒤에 'ㄴ'이 첨가될 때에도 'ㄴ'이 [ㄹ]로 바뀌어서 발음된다.

(7) ㄱ. 들일 [들 : 닐 → 들 : 릴], 솔잎 [솔닙 → 솔립], 물약 [물냑 → 물략], 불여우 [불녀우 →

불려우], 서울역 [서울녁 → 서울력], 물엿 [물녇 → 물렫], 휘발유 [휘발뉴 → 휘발류], 유들유들 [유들뉴들 → 유들류들]

ㄴ. 설익다 [설닉다 → 설릭따]

(7)의 단어들은 모두 합성어나 접두 파생어가 형성되는 과정에서, 자음의 뒤에 '이, 야, 여, 요, 유'가 이어지면서 'ㄴ' 첨가가 일어나고, 이어서 유음화에 따라서 'ㄴ'이 [ㄹ]로 바뀌어서 발음된다. 곧, (ㄱ)에서 '들일'은 어근과 어근이 결합하는 과정에서 'ㄴ'이 첨가되어서 [들 : 닐]로 바뀐 뒤에, 'ㄹ' 뒤에 실현되는 'ㄴ'이 유음화되어서 [ㄹ]로 발음된다. 마찬가지로 (ㄴ)에서 '설익다'는 접두사인 '설-'에 어근인 '익다' 결합하여 파생 동사가 되는 과정에서, 'ㄴ'이 첨가된 뒤에 유음화에 따라서 'ㄴ'이 [ㄹ]로 바뀌어서 발음된다.

[붙임 2] 두 단어를 이어서 한 마디로 발음하는 경우에도 'ㄴ' 첨가를 인정한다.

제29항의 본항은 합성어나 접두 파생어의 안에서 일어나는 'ㄴ' 첨가 현상의 발음법을 규정했다. 그러나 '붙임 2'에서는 두 단어를 하나의 단어처럼 한 마디로 이어서 발음할 때에도, 본항처럼 'ㄴ' 첨가가 일어나는 발음을 인정한다.

(8) ㄱ. 한 일 [한닐], 서른 여섯 [서른녀섣], 3연대 [삼년대], 먹은 엿 [머근녇]

ㄴ. 옷 입다 [온닙다 → 온닙따]

(9) ㄱ. 잘 입다 [잘닙다 → 잘립따]

ㄴ. 할 일 [할닐 → 할릴]

ㄷ. 스물 여섯 [스물녀섣 → 스물려섣]

ㄹ. 먹을 엿 [머글녇 → 머글렫]

ㅁ. 1연대 [일년대 → 일련대]

(8)에서 '한 일[한닐]'은 두 단어를 이어서 한 마디로 발음할 때에 'ㄴ'이 첨가되어서 발음되는 예이다. 그리고 (9)에서 '잘 입다[잘립따]'는 'ㄴ'이 첨가된 뒤에, 유음화에 따라서 'ㄴ'이 [ㄹ]로 발음되는 예이다.

반면에 다음의 표현들은 두 단어로 인식하여서, 'ㄴ'이나 'ㄹ'를 첨가하지 않고 발음할 수도 있다.

(10) ㄱ. 잘 입다 [자립따/잘립따],

ㄴ. 잘 익히다 [자리키다/잘리키다]

ㄷ. 못 이기다 [모디기다/몬니기다]

ㄹ. 못 잊다 [모딛따/몬닏따]

(10)의 '잘 입다' 등을 두 단어로 인식하고서 단어와 단어를 끊어서 발음할 수도 있다. 이때는 'ㄴ'이나 'ㄹ'을 첨가하지 않고 '잘 입다[자립따]'처럼 앞 음절의 'ㄹ'을 뒤 음절로 연음하여 발음한다. 단, 이들 단어들도 두 단어를 이어서 발음할 때에는, '잘 입다[잘립따]'처럼 'ㄴ'이나 'ㄹ'이 첨가된 형태로 발음한다.

[다만] 다음과 같은 단어에서는, 'ㄴ(ㄹ)' 음을 첨가하여 발음하지 않는다.

다음과 같은 단어는 예외적으로 'ㄴ'이나 'ㄹ'을 첨가하지 않고 발음한다.

(11) ㄱ. 6·25 [유기오/*융니오]

ㄴ. 3·1절 [사밀쩔/*삼닐쩔]

ㄷ. 송별연 [송 : 벼련/*송 : 별련]

ㄹ. 등용문 [등용문/*등뇽문]

(11)에서 '육이오'와 '삼일절, 송별연, 등용문' 등은 'ㄴ'이나 'ㄹ'이 첨가되지 않고, 각각 [유기오], [사밀쩔], [송벼련], [등용문]으로만 발음한다.

{주의} 체언에 서술격 조사인 '-이오'의 준말인 '-요'가 붙을 때의 발음

제29항에서 논의한 내용은 한자어나 합성어 및 파생어 안에서 'ㄴ'이나 'ㄹ'이 첨가되는 현상을 규정한 것이었다. 그런데 서술격 조사 '-이다'의 의문형인 '-이오'를 줄여서 '-요'로 발음할 때에는, 'ㄴ'을 첨가하지 않고 체언의 받침을 연음하여 발음한다.

(12) ㄱ. 웅담이오? → 웅담요 [웅다묘/ *웅담뇨]

ㄴ. 대문이오? → 대문요 [대무뇨/ *대문뇨]

ㄷ. 찬물이오? → 찬물요 [찬무료/ *찬물뇨]

ㄹ. 책상이오? → 책상요 [책상요/ *책상뇨]

(12)에서 '웅담'에 '-이다'의 의문형인 붙어서 된 '웅담이오'가 '웅담요'의 형태로 축약되

었다. 이 경우에는 'ㄴ'이 첨가되지 않고 체언이 '웅담'의 받침 'ㅁ'을 다음 음절로 연음하여서 [웅다묘]로 발음한다.

제30항 사이시옷이 붙은 단어는 다음과 같이 발음한다.

1. 'ㄱ, ㄷ, ㅂ, ㅅ, ㅈ'으로 시작하는 단어 앞에 사이시옷이 올 때는 이들 자음만을 된소리로 발음하는 것을 원칙으로 하되, 사이시옷을 [ㄷ]으로 발음하는 것도 허용한다.

냇가 [내 : 까/낻 : 까]　샛길 [새 : 낄/샏 : 낄]　빨랫돌 [빨래똘/빨랟똘]
콧등 [코뜽/콛뜽]　깃발 [기빨/긷빨]　대팻밥 [대 : 패빱/대 : 팯빱]
햇살 [해쌀/핻쌀]　뱃속 [배쏙/밷쏙]　뱃전 [배쩐/밷쩐]
고갯짓 [고개찓/고갣찓]

2. 사이시옷 뒤에 'ㄴ, ㅁ'이 결합되는 경우에는 [ㄴ]으로 발음한다.

콧날 [콛날→콘날]　아랫니 [아랟니→아랜니]
툇마루 [퇻 : 마루→퇸 : 마루]　뱃머리 [밷머리→밴머리]

3. 사이시옷 뒤에 '이' 음이 결합되는 경우에는 [ㄴㄴ]으로 발음한다.

베갯잇 [베갣닏→베갠닏]　깻잎 [깯닙→깬닙]
나뭇잎 [나묻닙→나문닙]　도리깻열 [도리깯녈→도리깬녈]
뒷윷 [뒫 : 뉻→뒨 : 뉻]

[제30항] 사이시옷이 붙은 단어의 발음

제30항에서는 합성어 명사를 형성하는 어근과 어근 사이에서 '사이시옷'의 글자가 실현된 단어에서 나는 사잇소리를 규정하였다.

{ 참고 } '사잇소리'와 '사이시옷'

'사잇소리'는 어근과 어근, 혹은 접두사와 어근이 결합하어 명사를 형성할 때에, 그 사이에 음이 첨가되거나 어근의 소리가 변하는 현상이다. 사잇소리 현상은 다음과 같은 조건에서 일어난다.(『고등학교 문법』(2010:73) 참조.)

첫째, 앞말의 끝소리가 울림소리이고 뒷말의 첫소리가 안울림의 예사소리이면, 뒤의 예사소리가 된소리로 바뀔 수가 있다.

(13) ㄱ. 촛불(초 + 불) → [초뿔]
ㄴ. 뱃사공(배 + 사공) → [배싸공]
ㄷ. 밤길(밤 + 길) → [밤낄]
ㄹ. 봄비(봄 + 비) → [봄삐]
ㅁ. 촌사람(촌 + 사람) → [촌싸람]
ㅂ. 물독(물 + 독) → [물똑]

둘째, 앞말이 모음으로 끝나고 뒤의 말이 [ㅁ, ㄴ]으로 시작되면, [ㄴ] 소리가 첨가될 수가 있다.42)

(14) ㄱ. 잇몸(이 + 몸) → [읻몸] → [인몸]
ㄴ. 콧물(코 + 물) → [콛물] → [콘물]
ㄷ. 콧날(코 + 날) → [콛날] → [콘날]
ㄹ. 곗날(계 + 날) → [겯날] → [곈날]

셋째, 뒤의 말이 모음 [i]나 반모음 [j]로 시작될 때에, [ㄴ]이 하나 혹은 둘이 겹쳐 첨가될 수가 있다.

(15) ㄱ. 집일(집 + 일) → [집닐] → [짐닐]
ㄴ. 뒷일(뒤 + 일) → [뒤닐] → [뒨닐]
ㄷ. 물약(물 + 약) → [물냑] → [물략]

이러한 사잇소리는 합성어에서 앞 어근의 끝을 폐쇄하여 기류를 정지시킴으로써, 두 어근 사이에 휴지(pause)를 두어서 형태소의 경계를 표시하는 기능을 한다.

〈한글 맞춤법〉의 제30항에 따르면, 고유어 어근이 포함된 명사 합성어에서 사잇소리가 날 때에는, 앞 어근이 모음으로 끝나는 것에 한정해서 'ㅅ' 글자를 앞 어근의 뒤에 덧붙인다. 이처럼 어근과 어근 사이에서 일어나는 사잇소리를 표기하는 글자 'ㅅ'을 '사이시옷'이라고 한다.

---

42) '맨-입[맨닙], 막-일[망닐], 한-여름[한녀름]'의 접두 파생어에서는, 어근에 접두사가 붙는 과정에서 어근의 앞에 사잇소리인 [ㄴ]이 첨가되었다.

[1] 사이시옷의 뒤에 실현되는 'ㄱ, ㄷ, ㅂ, ㅅ, ㅈ'은 된소리로 발음한다.

합성 명사에서 사이시옷의 뒤에 실현된 뒤 어근이 예사소리인 'ㄱ, ㄷ, ㅂ, ㅅ, ㅈ'으로 시작할 때에는, 이들 자음만을 된소리로 발음하는 것을 원칙으로 하되, 사이시옷을 [ㄷ]으로 발음하는 것을 허용한다.

(16) ㄱ. 냇가 [내 : 까 / 낻 : 까], 샛길 [새 : 낄 / 샏 : 낄]
ㄴ. 빨랫돌 [빨래똘 / 빨랟똘], 콧등 [코뜽 / 콛뜽]
ㄷ. 깃발 [기빨 / 긷빨], 대팻밥 [대 : 패빱 / 대 : 팯빱]
ㄹ. 햇살 [해쌀 / 핻쌀], 뱃속 [배쏙 / 밷쏙]
ㅁ. 뱃전 [배쩐 / 밷쩐], 고갯짓 [고개찓 / 고갣찓]

(16)의 합성 명사에서 (ㄱ)의 '냇가'에는 'ㄱ'으로 시작하는 어근이, (ㄴ)의 '빨랫돌'에는 'ㄷ'으로 시작하는 어근이, (ㄷ)의 '깃발'에는 'ㅂ'으로 시작하는 어근이, (ㄹ)의 '햇살'에는 'ㅅ'으로 시작하는 어근이, (ㅁ)의 '뱃전'에는 'ㅈ'으로 시작하는 어근이 쓰였다. 이러한 경우에는 사이시옷의 뒤에서 실현되는 예사소리를 된소리로 발음하여 [내 : 까], [빨래똘], [기빨], [해쌀], [배쩐]으로 발음하는 것을 원칙으로 한다. 다만 사이시옷을 [ㄷ]으로 발음하여 [낻 : 까], [빨랟똘], [긷빨], [핻쌀], [밷쩐]으로 발음하는 것도 허용한다.

이처럼 사이시옷이 실현되는 합성어에 대하여 두 가지의 표준 발음을 인정하게 된 것은, 음운론에 기반한 이론적 발음과 언중들의 현실적 발음이 차이가 나기 때문이다.

(17) ㄱ. 냇가(내 + 가) :	[낻 + 가]	→	[낻까 / 내까]
ㄴ. 햇살(해 + 살) :	[핻 + 살]	→	[핻쌀 / 해쌀]
	/ㄷ/의 첨가	⇨	된소리되기

(17)에서 '냇가'와 '햇살'은 어근과 어근이 결합하는 과정에서, 'ㄷ' 첨가, 된소리되기의 음운 변동이 적용되면 각각 [낻까]와 [핻쌀]로 발음된다. 이러한 음운 규칙을 따르면 [낻까]와 [핻쌀]을 표준 발음으로 정하는 것이 합리적이다. 하지만 일상의 언어 생활에서 언중들이 [낻까]와 [내까]를 구분하거나 [핻쌀]과 [해쌀]을 구분하기가 대단히 어렵다. 이러한 점을 고려하여 〈표준 발음법〉에서는 사이시옷의 뒤에 실현된 소리만을 된소리로 발음하여서, [내까]와 [해쌀]로 발음하는 것을 원칙으로 한다. 그리고 음운 규칙에 따라서 사이시옷을 [ㄷ]으로 발음하는 [낻까]와 [핻쌀]의 발음도 허용한다.[43)]

[2] 사이시옷의 뒤에 'ㄴ, ㅁ'으로 시작하는 어근이 결합할 때에는, 사이시옷을 [ㄴ]으로 발음한다.

앞의 어근이 모음으로 끝나고 뒤의 어근이 [ㄴ], [ㅁ]으로 시작되면, [ㄴ] 소리가 첨가될 수가 있다.(고등학교 문법 2010:74 참조) 이러한 음운 변동은 결과적으로는 'ㄴ'의 첨가이지만, 그 과정을 살펴보면 'ㄷ'의 첨가 현상에 이어서 비음화가 적용된 것이다.

(18) ㄱ.	콧날(코 + 날) :	[콛날]	→	[콘날]
ㄴ.	잇몸(이 + 몸) :	[읻몸]	→	[인몸]
		/ㄷ/의 첨가	⇨	비음화

먼저 (ㄱ)에서 '코 + 날'과 '이 + 몸'이 결합하여 합성 명사가 될 때에는, 두 어근 사이에 [ㄷ]이 첨가되어서 각각 [콛날]과 [읻몸]으로 변동한다. 그리고 [콛날]과 [읻몸]에서 앞 음절의 끝소리인 [ㄷ]은 뒤 음절의 첫소리인 [ㄴ]과 [ㅁ]에 동화되어서 비음화가 일어난다. 이러한 변동에 따라서 '콧날'과 '잇몸'은 최종적으로 [콘날]과 [인몸]으로 실현된다.

[3] 사이시옷의 뒤에 '이' 또는 '야, 여, 요, 유'로 시작하는 어근이 결합할 때에는, 사이시옷을 [ㄴㄴ]으로 발음한다.

사이시옷 뒤에 '이' 또는 '야, 여, 요, 유'로 시작하는 어근이 결합되는 때에는 사이시옷은 [ㄴㄴ]으로 발음된다. 이러한 변동은 어근과 어근이 결합하는 과정에서 'ㄷ' 첨가와 'ㄴ' 첨가가 일어난 뒤에, 다시 평파열음화와 비음화가 차례대로 적용된 결과이다.

아래의 예에서 '베갯잇, 나뭇잎, 댓잎, 뒷윷, 농삿일'은 각각 '배게 + 잇', '나무 + 잎', '대 + 잎', '뒤 + 윷', '농사 + 일'의 짜임으로 된 합성 명사이다.

(19) ㄱ.	베개 + 잇 :	[베갣잇]	→	[베갣닏]	→	[베갠닏]
ㄴ.	나무 + 잎 :	[나묻잎]	→	[나묻닙]	→	[나문닙]
ㄷ.	대 + 잎 :	[댇잎]	→	[댇닙]	→	[댄닙]
ㄹ.	뒤 + 윷 :	[뒫윷]	→	[뒫뉻]	→	[뒨뉻]
ㅁ.	농사 + 일 :	[농삳일]	→	[농삳닐]	→	[농산닐]
		/ㄷ/의 첨가	⇨	/ㄴ/의 첨가	⇨	비음화

43) 〈표준 발음법〉 제21항에서는 '자음의 위치 동화'에 따른 음운 변동은 표준 발음으로 인정하지는 않는다. 따라서 '깃발'의 발음 중에서 [기빨]과 [긷빨]을 표준 발음으로 인정하고, 여기에 '자음의 위치 동화'가 다시 적용된 [*깁빨]은 표준 발음으로 인정하지 않는다. 동일한 취지에서 '뱃머리'는 [밴머리]를 표준 발음으로 인정하고, 여기에 '자음의 위치 동화'까지 일어난 [*뱀머리]는 표준 발음으로 인정하지 않는다.

첫째, (ㄱ)과 (ㄴ)에서 '베갯잇'과 '나뭇잎'은 먼저 두 어근 사이에 [ㄷ]과 [ㄴ]이 첨가되어서 각각 [베갣닛]과 [나묻닢]으로 바뀐다. 둘째, 뒤 형태에는 별도로 평파열음화가 적용되어서 [베갣닏]과 [나묻닙]으로 변동한다. 셋째, 앞 형태소의 종성과 뒤 형태의 초성 사이에 비음화가 일어나서 [베갠닏]과 [나문닙]으로 실현된다. 그리고 (ㄷ~ㄹ)의 '댓잎', '뒷윷', '농사일'도 동일한 음운 변동이 차례대로 적용되어서 각각 [댄닙], [뒨뉻], [농산닐]로 실현된다.

이처럼 여러 가지 변동이 일어난 최종의 결과만 놓고 볼 때에는 (19)의 단어에서 사이시옷이 [ㄴㄴ]으로 발음된 것이다.

단원 정리 문제와 풀이

제1부 〈국어의 음운 이론〉의 단원 정리

제1장 음성의 개념과 분류
제2장 음운과 음절의 체계
제3장 음운의 변동

제2부 〈표준 발음법〉의 단원 정리

제1부 <국어의 음운 이론>의 단원 정리

[단원 정리 문제 1]

(제1장 음성의 개념과 실현 양상)

1.1. 음성의 개념

1. '화자'와 '청자'를 고려하여서, 언어 전달 과정을 다음의 3단계로 설명하시오.

① 언어학적 단계 ② 생리학적 단계 ③ 음향학적 단계

2. '음향'과 '음성'의 차이를 설명하시오.

① 음향 : ② 음성 :

1.2. 발음 기관

3. 발음 기관의 기능을 다음과 같이 나누어서 설명하시오.

① 발동부 : ② 발성부 : ③ 조음부 :

4. 아래의 그림에서 ①~⑲에 제시된 조음 기관의 명칭을 표에 적으시오.

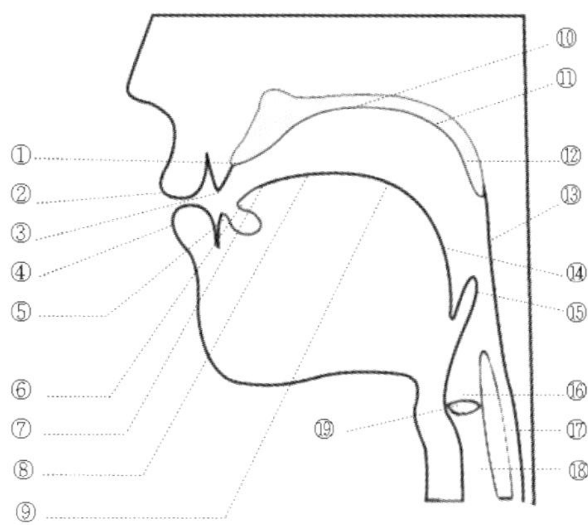

①		②		③		④	
⑤		⑥		⑦		⑧	
⑨		⑩		⑪		⑫	
⑬		⑭		⑮		⑯	
⑰		⑱		⑲			

1.3. 음성 분류의 기준

5. 발음 기관 중에서 '조음부'에 속한 발음 기관을 '고정부'와 '능동부'로 나누시오. 그리고 국어의 자음을 발음할 때에 각각의 능동부가 고정부에 작용하는 위치와 소리가 나는 방법(파열음, 마찰음, 비음, 유음, 예사소리, 된소리, 거센소리 등)을 설명하시오.

국제 음성 부호	대응 한글	단어 보기	소리 나는 자리		소리 내는 방법
			고정부	능동부	
[h]	ㅎ	하루	성대	성대	마찰음
[k^h]					
[tɕ]					
[ɦ]					
[k]					
[k']					
[k˺]					
[l]					
[m]					
[n]					
[ɲ]					
[ŋ]					
[p]					
[ɸ]					
[p']					
[p^h]					
[p˺]					
[ɾ]					

[s]					
[s']					
[t]					
[t']					
[tɕ']					
[$tɕ^h$]					
[t˺]					
[ʎ]					
[β]					

1.4. 국어 음성의 분류

6. 국어의 음성을 '자음'과 '모음'으로 나눌 때에, [ㄱ]과 [ㅏ]의 조음 방법을 기술함으로써 자음과 모음의 차이를 설명하시오.

7. 국어의 음성을 공깃길의 차이에 따라서 '구강음'과 '비강음'으로 구분할 수 있다. 국어의 자음과 모음을 구강음과 비강음으로 구분해서 한글로 적어 보시오.

(가) 구강음 :
(나) 비강음 :

8. 다음의 모음 음성을 이용하여 모음을 분류하는 세 가지 기준에 대하여 설명하시오.

(모음 음성) [ㅣ], [ㅔ], [ㅐ], [ㅟ], [ㅚ], [ㅡ], [ㅓ :], [ㅏ], [ㅜ], [ㅗ], [ㅓ]

9. 다음의 이중 모음에 해당하는 예를 한글과 국제 음성 기호로 표기하시오.

(가) 'ㅣ'계 이중 모음 :
(나) 'ㅜ'계 이중 모음 :
(다) 'ㅢ' :

10. '상향 이중 모음'과 '하향 이중 모음'과 관련하여, 15세기 국어와 현대 국어에 쓰인 이중 모음의 차이를 설명하시오.

11. 국어에서 이중 모음을 구성하는 활음 [j]와 [w]을 반자음으로 볼 가능성에 대한 근거와 반모음으로 볼 가능성에 대한 근거를 설명하시오.

12. '기본 모음 사각도'를 그리고, '기본 모음 사각도'에 국어의 모음 음성의 조음 위치를 '국제 음성 부호'를 사용하여 밝히시오.

13. 자음의 음성을 조음 방법에 따라서 다음과 같이 분류할 때에, 각각의 조음 방법을 설명하고 해당 자음의 음성을 한글로 적으시오.

(가) 파열음 :
(나) 마찰음 :
(다) 파찰음 :
(라) 비 음 :
(마) 유 음 :

14. 국어의 자음 음성에 대응되는 국제 음성 부호(I.P.A)을 다음 표에 적어 넣으시오.

조음 위치 / 조음 방법			입술소리	잇몸소리	센입천장소리		여린입천장 소리	목청소리
					앞	뒤		
파열음	예사소리	무성						
		유성						
	된 소 리							
	거센소리							
마찰음	예사소리	무성						
		유성						
	된 소 리							
파찰음	예사소리	무성						
		유성						
	된 소 리							
	거센소리							
비 음								
유 음	설측음							
	탄설음							

〈표〉 현대 국어의 자음 음성

15. 국어의 자음 음성 중에서 '파열음, 마찰음, 파찰음'은 소리의 세기에 따라서 '예사소리, 된소리, 거센소리'로 구분할 수 있다. 이들 음성을 한글로 적어 보시오.

(가) 예사소리 :

(나) 된 소 리 :

(다) 거센소리 :

16. '각기(各其)'의 단어에 실현된 'ㄱ'의 세 가지 음성을 이용하여, 파열음이 발음되는 과정(3단계)을 설명하시오.

17. 현대 국어의 초분절음과 15세기의 중세 국어에서 나타난 초분절음을 예를 들어서 비교해 보시오.

(가) 현대 국어의 초분절음

① '중부 방언'의 초분절음

② '동남 방언'의 초분절음

(나) 15세기 중세 국어의 초분절음

{풀이 1}

1. (풀이)

[말하는 이] [듣는 이]

[개념 → 청각 영상 → 음성 발화] … 음파 …음파 … [음성 청취 → 청각 영상 → 개념]

① **언어학적 단계** : 말하는 이의 머릿속에서 '개념(概念)'이라고 하는 의식 속의 사실이 언어 기호의 표상인 '청각 영상(시니피앙)'과 맺어진다.

② **생리학적인 단계** : 뇌수(腦髓)가 음성 기관에 대하여 이러한 영상에 맞는 자극을 전달하여 음성을 생성한다.

③ **음향학적 단계** : 음성이 일으키는 음파가 말하는 이의 입으로부터 듣는 이(청자)의 귀로 전해진다.

2. (풀이)

① **음향 :** 인간의 언어를 구성하는 음성 이외의 자연계의 모든 소리를 '음향(音響, sound)'이라고 하여 '음성'과 구분한다. 음향은 자음과 모음으로 구분되지 않는 '비분절적 소리'이다.

② **음성 :** 이 세상에는 수많은 소리가 있는데, 이들 소리 가운데서 인간의 발음 기관을 통하여 생성되어서 인간의 언어를 구성하는 소리가 음성이다. 음성은 자음과 모음으로 쪼개어질 수 있는 '분절적인 소리'이다.

3. (풀이)

① **발동부 :** '발동부(發動部, initiator)'는 음파의 생성에 필요한 기류를 일으키는 작용을 하는데, 이러한 작용은 허파(肺)가 담당하므로 허파를 발동부라고 한다.

② **발성부 :** '발성부(發聲部, organs of voice)'는 목청의 울림을 통하여 유성음과 무성음을 만들어내는데, 이러한 작용은 목청(성대)가 담당하므로 성대를 발성부라고 한다.

③ **조음부 :** 성문을 통과한 공기가 '인두강(咽頭腔, 목안, pharyngeal), 구강(口腔, 입안), 비강(鼻腔, 코안), 순강(脣腔)'을 통하여 입 밖으로 나오면서 개개의 음성이 만들어진다. 이처럼 구체적인 소리를 만들어 내는 입안이나 코안의 기관들을 '조음부(調音部, articulator)'라고 한다. 조음부에 속하는 기관으로는 '혀'를 비롯하여 '입술, 이, 잇몸, 입천장, 코안, 인두' 등이 있다.

4. (풀이)

①	윗잇몸	②	윗입술	③	윗니	④	아랫입술
⑤	아랫니	⑥	혀끝	⑦	혓날	⑧	앞혓바닥
⑨	뒤혓바닥	⑩	센입천장	⑪	여린입천장	⑫	목젖
⑬	인두벽	⑭	혀뿌리	⑮	후두개	⑯	후두
⑰	목청(성대)	⑱	식도	⑲	기도		

5. (풀이)

국제 음성 부호	대응 한글	단어 보기	소리 나는 자리		소리 내는 방법
			고정부	능동부	
[h]	ㅎ	하루	성대(목청)	성대(목청)	마찰음
[k^h]	ㅋ	칼	여린입천장	뒤혓바닥	파열음, 거센소리
[tɕ]	ㅈ	자리	센입천장	앞혓바닥	파찰음, 예사소리
[ɦ]	ㅎ	좋아	성대(목청)	성대(목청)	마찰음, 유성음
[k]	ㄱ	가루	여린입천장	뒤혓바닥	파열음, 예사소리
[k']	ㄲ	꼬마	여린입천장	뒤혓바닥	파열음, 된소리
[k˺]	ㄱ	입	윗입술	아랫입술	파열음, 미파음
[l]	ㄹ	알	윗잇몸	혀끝	유음, 설측음
[m]	ㅁ	물	윗입술	아랫입술	비음
[n]	ㄴ	날	윗잇몸	혀끝	비음
[ɲ]	ㄴ	냐	센입천장	앞혓바닥	비음
[ŋ]	ㅇ	강	여린입천장	뒤혓바닥	비음
[p]	ㅂ	발	윗입술	아랫입술	파열음, 예사소리
[ɸ]	ㅎ	회의	윗입술	아랫입술	마찰음
[p']	ㅃ	뿔	윗입술	아랫입술	파열음, 된소리
[p^h]	ㅍ	팔	윗입술	아랫입술	파열음, 거센소리
[p˺]	ㅂ	말굽	윗입술	아랫입술	파열음, 미파음
[ɾ]	ㄹ	다리	윗잇몸	혀끝	유음, 탄설음
[s]	ㅅ	소	윗잇몸	혀끝	마찰음, 예사소리
[s']	ㅆ	싸리	윗잇몸	혀끝	마찰음, 된소리
[t]	ㄷ	달	윗잇몸	혀끝	파열음, 예사소리
[t']	ㄸ	딸	윗잇몸	혀끝	파열음, 된소리
[tɕ']	ㅉ	짧다	센입천장	앞혓바닥	파찰음, 된소리
[$tɕ^h$]	ㅊ	찰떡	센입천장	앞혓바닥	파찰음, 거센소리
[t˺]	ㄷ	닫(다)	윗잇몸	혀끝	파열음, 미파음
[ʎ]	ㄹ	달려	센입천장	앞혓바닥	유음, 설측음
[β]	ㅂ	갈비	윗입술	아랫입술	마찰음, 유성음

6. (풀이)

'자음'은 조음 기관의 어떤 능동부가 고정부에 가 닿거나 아주 가까이 다가가서 나는 소리이다. 예를 들어서 자음 [ㄱ]은 뒤혓바닥이 여린입천장에 닿게 했다가 막혔던 공기를 터뜨려서 내는 소리이다. 반면에 '모음'은 조음 기관의 장애가 없이, 오로지 성대의 울림이 입안에서 공명(共鳴)을 얻어서 나는 소리이다. 예를 들어서 [ㅏ]는 혀의 가운데 부분을 최고점으로 하여서 입을 크게 벌리고 입술을 펴서 발음하는데, 이때 조음 기관에 장애가 없이 성대의 울림이 입안에서 공명을 얻어서 나는 소리이다.

7. (풀이)

(가) 구강음 : 모든 모음, [ㅂ], [ㄷ], [ㄱ], [ㅃ], [ㄸ], [ㄲ], [ㅍ], [ㅌ], [ㅋ] ; [ㅅ], [ㅆ], [ㅎ] ; [ㅈ], [ㅉ], [ㅊ] ; [ㄹ]

(나) 비강음 : [ㅁ], [ㄴ], [ㅇ]

8. (풀이)

(가) 혀 최고점의 높이 기준 : 모음을 발음할 때에, '혀 최고점'의 높이, 곧 입을 벌리는 정도인 개구도(開口度)를 말한다.

① 고모음 : [ㅣ], [ㅟ], [ㅡ], [ㅜ]
② 중모음 : [ㅔ], [ㅚ], [ㅓ ː], [ㅗ]
③ 저모음 : [ㅐ], [ㅏ], [ㅓ]

(나) 혀 최고점의 앞뒤 기준 : 모음을 발음을 할 때에, '혀 최고점'의 앞뒤 위치를 기준으로 정한 것이다.

① 전설 모음 : [ㅣ], [ㅔ], [ㅐ], [ㅟ], [ㅚ]
② 중설 모음 : [ㅡ], [ㅓ ː], [ㅏ]
③ 후설 모음 : [ㅜ], [ㅗ], [ㅓ]

(다) 입술의 모양 기준 : 모음을 발음할 때에 형성되는 입술의 모양이 펴지느냐 둥글게 되느냐의 기준으로 모음을 분류한 것이다.

① 평순 모음 : [ㅣ], [ㅔ], [ㅐ], [ㅡ], [ㅓ :], [ㅏ], [ㅓ]

② 원순 모음 : [ㅟ], [ㅚ], [ㅜ], [ㅗ]

9. (풀이)

(가) 'ㅣ'계 이중 모음 : ㅖ[je], ㅒ[jɛ], ㅕ[jə], ㅕ[jə :], ㅑ[ja], ㅠ[ju], ㅛ[jo]

(나) 'ㅜ'계 이중 모음 : ㅞ/ㅚ[we], ㅙ[wɛ], ㅝ[wə :], ㅝ[wə], ㅘ[wa], ㅟ[wi]

(다) 'ㅢ' : ㅢ[ɰi]

10. (풀이)

현대 국어에서는 이중 모음은 모두 반모음이 단모음의 앞에 실현되는 '상향적 이중 모음'이다. 이에 반해서 15세기 국어의 이중 모음은 '상향적 이중 모음'과 단모음 뒤에 반모음이 실현되는 '하향적 이중 모음'도 함께 쓰였다. 그리고 상향식과 하향식이 함께 나타나는 3중 모음도 쓰였다.

15세기에 쓰였던 이중 모음의 예는 다음과 같다.(※15세기 때에 하향적 이중 모음이었던 'ㅔ[əj], ㅐ[aj], ㅚ[oj], ㅟ[uj]' 등이 18세기 후반 무렵에 각각 단모음인 [e], [ɛ], [ø], [y]로 바뀜에 따라서 하향적 이중 모음이 사라졌다.)

(가) 상향 이중 모음 : ㅛ[jo], ㅑ[ja], ㅠ[ju], ㅕ[jə] ; ㅘ[wa], ㅝ[wə]

(나) 하향 이중 모음 : ㆎ[ʌj], ㅢ[ɨj], ㅚ[oj], ㅐ[aj], ㅟ[uj], ㅔ[əj]

(다) 삼중 모음(상향 + 하향) : ㆉ[joj], ㅒ[jaj]], ㆌ[juj], ㅖ[jəj] ; ㆉ[joj], ㅒ[jaj]

11. (풀이)

(가) **반자음으로 보는 근거 :** 활음인 [j]와 [w], [ɰ]는 단독으로 발음되지 못하고, 반드시 그 뒤의 단모음과 결합해서만 하나의 음절을 구성할 수 있다는 점에서는 자음과 비슷하다.

(나) **반모음으로 보는 근거 :** 활음인 [j]와 [w], [ɰ]는 조음할 때에 막음이나 마찰이 일어나지 않는다는 점에서는 모음과 비슷하다.

12. (풀이)

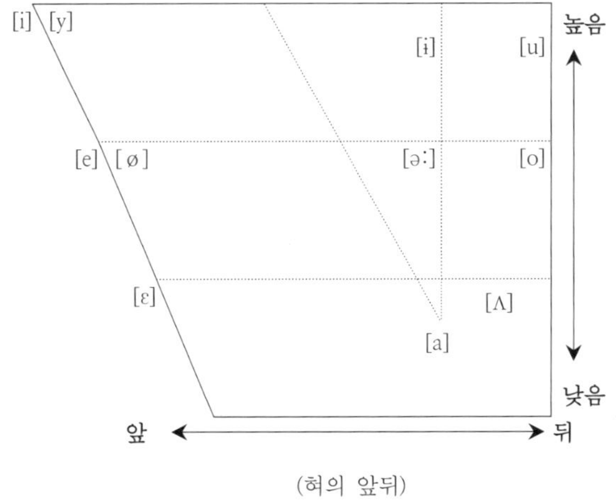

(혀의 앞뒤)

13. (풀이)

(가) **파열음 :** 허파에서 나오는 공기의 흐름을 일단 막았다가 그 막은 자리를 터트리면서 내는 소리이다. (예) [ㅂ], [ㅃ], [ㅍ] ; [ㄷ], [ㄸ], [ㅌ] ; [ㄱ], [ㄲ], [ㅋ]

(나) **마찰음 :** 입안이나 성대 사이의 통로를 좁히고 공기를 그 좁은 틈 사이로 내보내어 마찰을 일으키면서 내는 소리이다. (예) [ㅅ], [ㅆ] ; [ㅎ]

(다) **파찰음 :** 허파에서 나오는 공기를 막았다가 서서히 터트리면서 마찰을 일으켜서 내는 소리이다. (예) [ㅈ], [ㅉ], [ㅊ]

(라) **비　음 :** 여린입천장에 붙어 있는 목젖을 내려서 콧길을 열어 놓고, 입안의 통로를 막아서 코로 공기를 내보내면서 내는 소리이다. (예) [ㅁ], [ㄴ], [ㅇ]

(마) **유　음 :** 혀끝을 잇몸에 가볍게 대었다가 떼어서 공기를 혀의 가운데로 흘려 보내어서 내는 소리(탄설음)로 발음하거나, 혀끝을 윗잇몸에 댄 채 공기를 그 양 옆으로 흘려 보내어서 발음하는 소리(설측음)이다. (예) [ㄹ]

14. (풀이)

조음 방법 \ 조음 위치			입술소리	잇몸소리	센입천장소리		여린입천장소리	목청소리
					앞	뒤		
파열음	예사소리	무성	p, p˺	t, t˺			k, k˺	
		유성	b	d			g	
	된 소 리		p'	t'			k'	
	거센소리		p^h	t^h			k^h	
마찰음	예사소리	무성	ɸ	s			x	h
		유성	β				ɣ	ɦ
	된 소 리			s'	ɕ	ç		
파찰음	예사소리	무성			tɕ			
		유성			dʑ			
	된 소 리				tɕ'			
	거센소리				$tɕ^h$			
비 음			m	n	ɲ		ŋ	
유 음	설측음			l	ʎ			
	탄설음			ɾ				

15. (풀이)

(가) **예사소리 :** 발음할 때 입속의 기압이나 발음 기관의 긴장도가 가장 낮아서 약하게 발음되는 소리이다. (예) [ㅂ], [ㄷ], [ㄱ] ; [ㅅ] ; [ㅈ]

(나) **된 소 리 :** 파열음, 마찰음, 파찰음을 낼 때에 막혔거나 좁혀졌던 공깃길을 여는 순간에 후두 근육을 긴장시켜서 소리이다. (예) [ㅃ], [ㄸ], [ㄲ] ; [ㅆ] ; [ㅉ]

(다) **거센소리 :** 파열음이나 파찰음을 발음할 때에, 막혔던 공깃길을 개방하는 순간 성문이 넓게 열리고, 그 사이로 강한 기류가 빠져나가면서 나는 소리이다. (예) [ㅍ], [ㅌ], [ㅋ] ; [ㅊ]

16. (풀이)

국어의 '제각기'는 [제각끼]로 소리나는데, 이 [제각끼]에 실현된 '여린입천장소리의 파열음'은 파열되는 방식이 서로 다르다.

(보기) ① 제2 음절의 초성 [ㄱ] : 막음 – 지속 – 개방
② 제2 음절의 종성 [ㄱ] : 막음 – 지속
③ 제3 음절의 초성 [ㄲ] : 지속 – 개방

① 제2 음절의 초성 [ㄱ]은 능동부인 뒤혀가 고정부인 여린입천장에 작용하여 '막음–지속–개방'의 세 단계를 모두 거친다.

② 제2 음절의 종성 [ㄱ]은 그 뒤에 잇따라서 발음되는 둘째 음절의 초성 때문에 조음부의 '개방'이 없는 미파음으로 발음한다.

③ 제3 음절의 초성 [ㄲ]은 앞서서 발음된 첫 음절의 종성 [ㄱ] 때문에 조음부의 '막음'이 없이 발음된다.

17. (풀이)

(가) ① 길이 : 중부 방언

㉠ (目) [눈] / [눈 :] (雪)

㉡ (馬) [말] / [말 :] (言)

㉢ (夜) [밤] / [밤 :] (栗)

② 높이 : 동남 방언

㉠ 말(馬) – 고조

㉡ 말(斗) – 중조

㉢ 말(言) – 저조

(나) 15세기의 중세 국어에서는 초분절음이 '소리의 높낮이(성조)'로 실현되었다. 첫째, 거성(去聲)은 가장 높은 소리였는데, 글자의 왼쪽에 한 점을 찍어서 표기하였다. 둘째, 상성(上聲)은 처음에는 낮았다가 나중이 높은 소리였는데, 글자의 왼쪽에 점을 두 개 찍어서 표시하였다. 셋째, 평성(平聲)은 가장 낮은 소리였는데, 글자의 왼쪽에 점을 찍지 않았다.

참고로 15세기 국어의 성조 체계와 방점이 쓰인 예를 보이면 다음과 같다.

사성 (四聲)		좌가점 (左加點)	용례	소리의 성질
비입성 (非入聲)	거성(去聲)	一 點	·갈(刀), ·키(箕)	가장 높은 소리
	상성(上聲)	二 點	:돌(石), :범(虎)	처음이 낮고 나중이 높은 소리
	평성(平聲)	無 點	벼(稻), 콩(大豆)	가장 낮은 소리

[단원 정리 문제 2]

(제2장 음운과 음절의 체계)

2.1. 음운의 체계

1. 보기에 실현된 'ㅂ'의 소리를 '음성 차원'과 '음소 차원'의 국제 음성 부호로 각각 표기하시오.

① 바가지 [ ], ② 아버지 [ ], ③ 헝겊 [ ]

(가) 음성 수준의 표기 :

(나) 음소 수준의 표기 :

2. 음성에 대비되는 음운의 특징을 다음의 세 가지 관점에서 설명하시오.

(가) 소리에 대한 인식 :

○ '도토리'의 /ㄷ/와 /ㅌ/

(나) 단어의 의미를 변별하는 기능 :

① 불(火) : 뿔(角) : 풀(草)
② 발(足) : 벌(蜂) : 볼(腮)
③ 감(柿) : 간(肝) : 각(各) : 강(江)

(다) 소리가 실현되는 분포 : 위의 (가)와 (나)에 제시된 (보기)를 활용할 것.

3. 하나의 음운이 음운론적 환경에 따라서 여러 가지 변이음(變異音)으로 실현될 수 있다는 사실을 '불법(佛法)'의 단어에 실현된 /ㅂ/의 음운을 이용하여 설명하시오.

4. 이 세상에 있는 '소리'의 특징을 '음향(音響), 음성(音聲), 음운(音韻), 음소(音素), 운소(韻素)' 등의 용어로 구분할 수 있다. 이들 용어의 개념을 정리하여 간단히 기술하시오.

(가) 음향 :

(나) 음성 :

(다) 음운 :

(라) 음소 :

(마) 운소 :

5. 국어의 모음 음소는 단모음과 이중 모음으로 나눌 수 있다. 단모음과 이중 모음의 개념을 기술하고, 단모음과 이중 모음에 해당하는 모음 음소를 모두 적으시오.

(가) 단모음의 개념과 종류 :

① 개념 :

② 종류(10개) :

(나) 이중 모음의 개념과 종류 :

① 개념 :

② 종류(12개) :

6. 국어 단모음의 음소 체계에 대하여 다음의 사항을 기술하시오.

(가) '단모음 음소의 대립 관계'를 고려하여, 아래 표의 빈칸에 적절한 국어 모음과 그에 대응되는 국제 음성 기호를 넣으시오.(각각 10개)

혀의 위치 / 혀의 높이	전 설 모 음		후 설 모 음	
	평 순	원 순	평 순	원 순
고 모 음				
중 모 음				
저 모 음				

〈표 2〉 모음 음소의 체계

(나) 다음은 모음의 분류 기준이다. 위의 〈표 2〉를 참조하여서 각 기준의 개념을 설명하시오.

① 전설 모음, 후설 모음

② 고모음, 중모음, 저모음
③ 평순 모음, 원순 모음

(다) 모음 /ㅓ/의 변이음을 기술하고, 각 변이음이 쓰인 어휘를 예로 제시하시오.

7. 국어의 자음 음소를 아래의 기준에 따라서 제시하시오.

(가) 파열음(9개) : ① 예사소리, ② 된소리, ③ 거센소리
(나) 마찰음(3개) : ① 예사소리, ② 된소리
(다) 파찰음(3개) : ① 예사소리, ② 된소리, ③ 거센소리
(라) 비 음(3개) :
(마) 유 음(1개) :

8. 국어의 자음 음소 체계에 대하여 다음 사항을 기술하시오.

(가) 〈표 1〉의 빈칸에 자음 음소에 대응되는 한글 글자와 국제 음성 부호를 적으시오.

조음 방법 \ 조음 위치			입술소리	잇몸소리	센입천장소리	여린입천장소리	목청소리
			윗입술 아랫입술	윗잇몸 혀끝	센입천장 혓바닥	여린입천장 혀뒤	목청 사이
장애음	파열음	예사소리					
		된 소 리					
		거센소리					
	마찰음	예사소리					
		된 소 리					
	파찰음	예사소리					
		된 소 리					
		거센소리					
공명음	비 음						
	유 음						

〈표 1〉 자음 음소의 체계

(나) 다음은 조음 방법에 관련한 자음의 분류 기준이다. 각 기준의 개념을 설명하시오.

① 장애음, 공명음
② 파열음, 마찰음, 파찰음, 비음, 유음
③ 예사소리, 된소리, 거센소리

9. 국어의 자음 음소인 /ㅂ/, /ㅅ/, /ㅈ/, /ㅎ/, /ㄴ/, /ㄹ/에 대한 변이음을 (보기)처럼 국제 음성 부호와 한글 단어로써 기술하고 음소의 대표음을 지정하시오.

(보기) /ㄱ/ : ① 변이음의 종류 : [k] 곰, 자기 [g], 박 [k˺]
② 대표음 [k]

(가) /ㅂ/ : ① 변이음의 종류 :
② 대표음 :
(나) /ㅅ/ : ① 변이음의 종류 :
② 대표음 :
(다) /ㅈ/ : ① 변이음의 종류 :
② 대표음 :
(라) /ㅎ/ : ① 변이음의 종류 :
② 대표음 :
(마) /ㄴ/ : ① 변이음의 종류 :
② 대표음 :
(바) /ㄴ/ : ① 변이음의 종류 :
② 대표음 :

10. 후두 마찰음인 /ㅎ/ 음소는 예사소리의 특성과 거센소리의 두 가지 특성을 다 가지고 있다. 예사소리와 거센소리로서의 처리하는 근거를 제시하시오.

(가) 예사소리로 처리하는 근거
(나) 거센소리로 처리하는 근거

11. '운소(韻素)'의 개념을 설명하시오.

12. 국어에서 나타나는 운소의 체계를 다음 조건에 맞추어서 설명하시오.

(가) 소리의 길이(중부 방언)
(나) 소리의 높이(동남 방언)
(다) 소리의 억양

2.2. 음절의 체계

13. '음절(音節)'과 관련하여 다음 질문에 답하시오.

(가) '음절'의 개념에 대하여 설명하시오.

(나) 음절을 구성하는 요소로서 '성절음'과 '비성절음'에 대하여 설명하시오.

(다) 국어의 음절은 '(초성)-중성-(종성)'의 구조를 취한다. 이때에 초성, 중성, 종성에 쓰일 수 있는 자음과 모음의 개수를 제시하시오.(단, /ㅟ/와 /ㅚ/는 단모음으로 간주한다.)

① 초성 : [　　]개　　② 중성 : [　　]개　　③ 종성 : [　　]개

(라) 국어의 음절 구조를 (C)V(C)로 설정할 경우에, 설정될 수 있는 음절의 유형을 모두 기술하고, 각각의 유형에 해당하는 음절의 예를 한글로 제시하시오.(자음은 /ㄴ/을 활용하고, 단모음은 /ㅏ/와 /ㅗ/를 활용하고, 이중 모음은 /ㅑ/와 /ㅝ/를 활용할 것.)

① 음절의 유형 :
② 음절의 예시 :

(마) 일부 학자들은 국어 음절의 기본 구조에서, 이중 모음을 활음(滑音, glide)과 단모음의 구조로 처리한다.(이진호 2012:89)

① 이 경우에는 국어 음절의 기본 구조를 어떻게 표시할 수 있을까?(단, 활음을 'G'로 표기할 것)

② 이 경우에 국어 음절의 유형을 제시하시오.(단, 모음은 /ㅏ/를, 자음은 /ㄴ/을 활용하고, 활음은 /j/와 /w/를 각각 활용할 것. 그리고 이중 모음인 /ㅢ/는 하향식인 /ɨj/로 처리한다.)

③ 위의 이중 모음을 활음과 단모음이 결합된 것으로 처리한다면, 문제 ①에서 설정되는 음절 구조는 기존의 CVC의 구조와 어떤 점에서 차이가 나는가?

{풀이 2}

1. (풀이)

(가) 음성 수준의 분석 :

① 바가지[pagadzi], ② 아버지[abʌdzi], ③ 헝겁[hʌŋgʌp˥]

(나) 음소 수준의 분석 :

① 바가지 /pakatsi/, ② 아버지 /abətsi/, ③ 헝겁 /hʌŋgəp/

2. (풀이)

(가) 소리에 대한 인식 : 사람들은 음소적 차이는 인식한다. '도토리'의 /ㄷ/과 /ㅌ/을 독립된 음소로서 우리나라 사람은 이 두 소리를 분명히 인식할 수 있다.

(나) 단어의 의미 변별 기능 : 음소는 단어의 뜻을 구분하는 힘이 있다.

① '불(火) : 뿔(角) : 풀(草)'의 최소 대립쌍에서 /ㅂ/, /ㅃ/, /ㅍ/의 자음 음소는 단어의 뜻을 분화한다.

② '발(足) : 벌(蜂) : 볼(腮) : 불(火)'의 최소 대립쌍에서 /ㅏ/, /ㅓ/, /ㅗ/, /ㅜ/의 모음 음소는 단어의 뜻을 분화한다.

③ '감(柿) : 간(肝) : 각(各) : 강(江)'의 최소 대립쌍에 /ㅁ/, /ㄴ/, /ㄱ/, /ㅇ/의 자음 음소는 단어의 뜻을 분화한다.

(다) 소리가 실현되는 분포 : 독립된 음소들은 동일한 위치에 실현될 수 있다.

① '불(火) : 뿔(角) : 풀(草)'의 상관쌍에서 /ㅂ/, /ㅃ/, /ㅍ/의 자음 음소는 초성의 위치에 실현될 수가 있다.

② '발(足), 벌(蜂), 불(火)'의 상관쌍에서 /ㅏ/, /ㅓ/, /ㅜ/의 모음 음소는 중성의 위치에 실현될 수가 있다.

③ '감(柿) : 간(肝) : 각(各) : 강(江)'의 상관쌍에서 /ㅁ/, /ㄴ/, /ㄱ/, /ㅇ/의 자음 음소는 종성의 위치에 실현될 수 있다.

3. (풀이)

'불법'에는 /ㅂ/의 음소가 세 개 실현되었는데, 이들 'ㅂ'은 서로 다른 음운론적 환경에서 실현되었다. 이러한 음운론적 환경의 차이 때문에 '불법'의 음성은 [pulbʌp ㄱ]으로 표기된다.

/p/ ─┬─ ① [p] : 단어의 첫머리
　　 ├─ ② [b] : 유성음의 사이
　　 └─ ③ [p˺] : 음절의 끝

자음 음소인 /p/는 ①처럼 단어의 첫머리에서는 무성음인 [p]로, ②처럼 유성음과 유성음 사이에서는 유성음인 [b]로, ③처럼 음절의 끝에서는 무성의 미파음인 [pㄱ]로 발음된다. 따라서 '불법'에 실현된 'ㅂ'은 /p/ 음소의 변이음으로서, [p], [b], [pㄱ]의 음성이 실현되어 있다.

4. (풀이)

(가) 음향 : 인간의 언어를 구성하는 음성을 제외한 자연계의 모든 소리로서, 자음과 모음으로 구분되지 않는 '비분절적 소리'이다.

(나) 음성 : 인간의 발음 기관을 통하여 생성되어서 인간의 언어를 구성하는 소리로서, 자음과 모음으로 쪼개어질 수 있는 '분절적인 소리'이다.

(다) 음운 : 사람들이 머릿속에서 같은 소리로 인식하는 추상적인 말소리로서, 단어의 의미적인 차이를 가져오는 '소리의 최소 단위'이다.

(라) 음소 : 분절적(分節的)인 성격의 음운으로서, 자음과 모음을 이른다.

(마) 운소 : '장단, 고저, 강세, 억양' 등과 같은 초분절적 성격의 음운을 이른다.

5. (풀이)

(가) 단모음의 개념과 종류 :

① 단모음의 개념 : '단모음'은 발음하는 도중에 입술이나 혀가 고정되어서 움직이지 않는 모음이다.

② 단모음의 종류 : /ㅣ/, /ㅔ/, /ㅐ/, /ㅟ/, /ㅚ/ ; /ㅡ/, /ㅓ/, /ㅏ/ ; /ㅜ/, /ㅗ/

(나) 이중모음의 개념과 종류

① 이중 모음의 개념 : '이중 모음'은 발음하는 도중에 혀가 일정한 자리에서 시작하여 다른 자리로 옮겨 가는 모음이다.

② 이중 모음의 종류 : /ㅖ/, /ㅒ/, /ㅕ/, /ㅑ/, /ㅠ/, /ㅛ/ ; /ㅟ/, /ㅞ/, /ㅙ/, /ㅝ/, /ㅘ/ ; /ㅢ/

6. (풀이)

(가)

혀의 위치 / 혀의 높이	전설 모음		후설 모음	
	평 순	원 순	평 순	원 순
고 모 음	ㅣ /i/	ㅟ /y/	ㅡ /ɨ/	ㅜ /u/
중 모 음	ㅔ /e/	ㅚ /ø/	ㅓ /ə/	ㅗ /o/
저 모 음	ㅐ /ɛ/		ㅏ /a/	

(나) 단모음의 음소는 다음과 같은 기준으로 분류한다.

① **전설 모음, 후설 모음** : 혀의 최고점의 전후 위치에 따라서 '전설 모음'과 '후설 모음'으로 분류된다. 첫째, **'전설 모음'**은 혀의 최고점이 입 안의 앞쪽에 위치하여 발음되는 모음이다. 둘째, **'후설 모음'**은 혀의 최고점이 입 안의 뒤쪽에 위치하여 발음되는 모음이다.

② **고모음, 중모음, 저모음** : 혀의 최고점의 높낮이 따라서 '고모음, 중모음, 저모음'으로 분류된다. 첫째, **'고모음'**은 입을 조금 열고, 혀의 최고점의 위치를 높여서 발음하는 모음이다. 둘째, **'중모음'**은 입을 보통으로 열고, 혀의 최고점의 위치를 중간으로 하여 발음하는 모음이다. 셋째, **'저모음'**은 입을 크게 벌리고, 혀의 최고점의 위치를 가장 낮추어서 발음하는 모음이다.

③ **평순 모음, 원순 모음** : 입술의 모양에 따라서 '평순 모음'과 '원순 모음'으로 분류된다. 첫째, **'평순 모음'**은 입술을 둥글게 오므리지 않고 내는 모음이다. 둘째, **'원순 모음'**은 입술 모양을 둥글게 하여 내는 모음이다.

(다) /ㅓ/의 변이음으로는 [ʌ]와 [əː]가 있다.

① [ʌ] : [거리], [어머니], [머거], [너], [머리], [더욱]

② [əː] : [널ː], [딸ː기], [밀ː다], [멀ː다], [넘ː다], [덥ː다]

7. (풀이)

(가) **파열음** : /ㅂ/, /ㄷ/, /ㄱ/ ; /ㅃ/, /ㄸ/, /ㄲ/ ; /ㅍ/, /ㅌ/, /ㅋ/

(나) **마찰음** : /ㅅ/, /ㅆ/, /ㅎ/

(다) 파찰음 : /ㅈ/, /ㅉ/, /ㅊ/

(라) 비 음 : /ㅁ/, /ㄴ/, /ㅇ/

(마) 유 음 : /ㄹ/

8. (풀이)

(가)

조음 방법 \ 조음 위치			입술소리	잇몸소리	센입천장소리	여린입천장소리	목청소리
			윗입술 아랫입술	윗잇몸 혀끝	센입천장 혓바닥	여린입천장 혀뒤	목청 사이
장애음	파열음	예사소리	ㅂ /p/	ㄷ /t/		ㄱ /k/	
		된 소 리	ㅃ /p'/	ㄸ /t'/		ㄲ /k'/	
		거센소리	ㅍ /pʰ/	ㅌ /tʰ/		ㅋ /kʰ/	
	마찰음	예사소리		ㅅ /s/			ㅎ /h/
		된 소 리		ㅆ /s'/			
	파찰음	예사소리			ㅈ /tɕ/		
		된 소 리			ㅉ /tɕ'/		
		거센소리			ㅊ /tɕʰ/		
공명음	비 음		ㅁ /m/	ㄴ /n/		ㅇ /ŋ/	
	유 음			ㄹ /l/			

(나)

① '장애음'과 '공명음'은 조음할 때에 입안에서 일어나는 폐쇄나 마찰의 유무로써 자음을 분류하는 기준이다.

㉠ '장애음'은 구강 통로가 폐쇄되거나 마찰이 생겨서 나는 소리인데, 일반적으로 장애의 정도가 큰 '파열음, 마찰음, 파찰음'을 이른다.

㉡ '공명음'은 성대를 떨게 한 공기가 구강이나 비강으로 흘러 나갈 때 덜 막혀 울리는 소리이다. 장애음에 상대하여 이르는 말로 '모음, 반모음, 유음, 비음'을 이른다.

② '파열음, 마찰음, 파찰음, 비음, 유음'은 조음의 방법으로 자음을 분류하는 기준이다.

㉠ '파열음' : 폐에서 나오는 공기를 일단 막았다가 그 막은 자리를 터뜨리면서

내는 자음이다.

㉡ '마찰음' : 입 안이나 목청 따위의 조음 기관이 좁혀진 사이로 공기가 비집고 나오면서 마찰하여 내는 자음이다.

㉢ '파찰음' : 공기의 흐름을 막았다가 완전히 파열하지 않고 조금씩 개방해서 좁은 틈의 사이로 공기를 통과시키면서 내는 자음이다.

㉣ '비음' : 혀로써 입 안의 통로를 막고 코로 공기를 내보내면서 내는 자음이다.

㉤ '유음' : 혀끝을 잇몸에 가볍게 대었다가 떼거나, 잇몸에 댄 채 공기를 그 양옆으로 흘려 보내면서 내는 자음이다.

③ '예사소리, 된소리, 거센소리'는 후두의 긴장와 기식의 정도로써, 자음을 분류하는 기준이다.

㉠ '예사소리' : 구강 내부의 기압이나 발음 기관의 긴장도가 낮아서 약하게 파열되는 장애음이다.

㉡ '된소리' : 후두 근육을 긴장하면서 기식이 거의 없이 내는 장애음이다.

㉢ '거센소리' : 공기를 세게 내뿜어 거세게 나오는 장애음이다.

9. (풀이)

(가) /ㅂ/ : ① 변이음 : 보리 [p], 우비 [b], 입 [p˺]
② 대표음 : [p]

(나) /ㅅ/ : ① 변이음 : 소리 [s], 실 [ɕ]
② 대표음 : [s]

(다) /ㅈ/ : ① 변이음 : 자다 [tɕ], 가지 [dʑ]
② 대표음 : [tɕ]

(라) /ㅎ/ : ① 변이음 : 호박 [h], 영향 [ɦ], 힘 [ç], 휘파람 [ɸ]
② 대표음 : [h]

(마) /ㄴ/ : ① 변이음 : 나라 [n], 작년 [ɲ]
② 대표음 : [n]

(바) /ㄹ/ : ① 변이음 : 달 [l], 우리 [ɾ], 달력 [ʎ]
② 대표음 : [l]

10. (풀이)

(가) 예사소리로 처리하는 근거 :

(보기 1) ㄱ. 좋은[조은], 놓아서[노아서] ; 영향[영양], 담합[다맙]
ㄴ. 허파[허파], 사탄[사탄], 조카[조카], 마차[마차]

/ㅎ/ 자체는 다른 자음 음소에 비해서 유기성이 약하여, (ㄱ)처럼 유성음과 유성음 사이에서는 음소로서의 자격을 잃어버린다. 반면에 /ㅍ, ㅌ, ㅋ, ㅊ/와 같은 거센소리는 (ㄴ)처럼 유성음 사이에서 탈락하지 않는다. 이러한 점에 근거하면 /ㅎ/은 예사소리의 특성을 가진다고 할 수 있다.

(나) 거센소리로 처리하는 근거 :
/ㅎ/은 예사소리인 /ㅂ, ㄷ, ㅈ, ㄱ/ 등과 결합하여 거센소리인 /ㅍ, ㅌ, ㅊ, ㅋ/로 변동한다.

(보기 2) 입학[이팍], 닫히다[닫티다→다치다], 앉히다[안치다], 각하[가카]

첫째, 만일 /ㅎ/이 예사소리라면, (보기 2)의 변동 현상을 예사소리와 예사소리가 합쳐져서 거센소리가 된다고 설명해야 한다. 그러나 예사소리와 예사소리가 합쳐서서 거센소리로 된다는 것은 음운론의 이론상 인정하기가 어렵다. 둘째, 음성학적으로 보면 /ㅎ/은 /ㅂ, ㄷ, ㅅ, ㅈ, ㄱ/ 등의 예사소리보다 유기성이 강하고, /ㅍ, ㅌ, ㅊ, ㅋ/ 등의 거센소리보다 유기성이 약하다. 따라서 /ㅎ/은 예사소리가 아니라 거센소리로 처리한다.

11. (풀이)

단어의 뜻을 분화하는 기능을 하는 소리의 단위를 **'음운'**이라고 하는데, 음운은 분절성의 유무에 따라서 '음소'와 '운소'로 구분된다. 먼저 **'음소'**는 분절적인 소리로서 단어의 뜻을 분화하는 기능을 할 수 있는데, 자음과 모음이 음소에 속한다. 반면에 소리의 장단, 고저, 강세 유무, 억양과 같은 비분절적인 소리도 단어의 뜻을 분화하는 기능을 할 수 있는데, 이러한 소리를 **'운소(韻素)'**라고 한다. 운소인 '소리의 장단, 강약, 고저' 등은 절대적인 소릿값을 가지지 않고 모음에 얹혀서 실현된다.

12. (풀이)

단어의 뜻이나 문법적인 뜻을 분화하는 데에 관여하는 운소의 종류로는 소리의 '길이, 높이), 억양(抑揚)' 등이 있다.

(가) **길이** : 모음의 '길이(長短, length)'는 하나의 모음을 소리를 내는 때에 걸리는 시간이다. 현대 국어의 표준어에서는 말의 뜻을 분화하는 데에 중요한 구실을 할 수 있다. (보기) 말(馬) / 말 : (言), 솔(松) / 솔 : (刷)

(나) **높이** : 한 단어 안에서 나타나는 소리의 높낮이(高低)를 이르는데, 이러한 소리의 높낮이도 단어의 뜻을 분화할 수 있다. 현대 국어의 동남(경상) 방언에서는 소리의 높이가 운소로 기능하고 있다.

	L	M	H
(1) /말/ :	말(言) /	말(斗) /	말(馬)
/손/ :	손(孫) /	손(手) /	손(客)
/배/ :	배(倍) /	배(腹) /	배(梨)

(다) **억양** : 소리의 높이가 문장에 실현되어서 통사적인 표현에 이용되는 것을 이른다. 억양은 대체로 문장의 끝에서 서술어로 표현되는 단어에 얹혀서 나타나는데, 문장의 종결 형식을 나타내는 구실을 한다.

(보) ㄱ. 밥을 먹어↓ (하강조 : 평서문, 명령문)
ㄴ. 밥을 먹어↑ (상승조 : 의문문)
ㄷ. 밥을 먹어→ (수평조 : 이어진 문장의 앞절)

13. (풀이)

(가) **음절**(音節, syllable)**의 개념** : 음절은 발음할 때에 한 번에 소리를 낼 수 있는 소리의 단위, 혹은 한 뭉치로 이루어진 소리의 낱덩이이다. 자음과 모음이 결합하거나 모음 단독으로 음절을 이룰 수가 있다.

(보기) ㄱ. 문장 : 범이 토끼를 잡았다.
ㄴ. 음절 : /버/, /미/ /토/, /끼/, /를/ /자/, /받/, /따/

(나) ① **성절음**(成節音, syllabic sound) : 하나의 음절은 음소가 나타나는 위치에 따라서 '초성, 중성, 종성'으로 나뉘는데, 중성의 자리에 나타나는 모음은 음절을 이루는 핵심적 요소이다. 곧 모음이 없으면 음절이 이루어질 수 없으므로, 이러한 특징 때문에 모음을 단독으로 음절을 구성할 수 있는 소리로 보아서, '성절음'이라고 한다.

② **비성절음**(非成節音, non-syllabic sound) : 이에 비해서 자음은 초성과 종성의 자리에 실현되는데 반드시 중성인 모음에 결합하여서 음절을 구성하는 요소가 된다. 곧 자음 단독으로는 음절을 구성하지 못하기 때문에 이를 '비성절음'이라고 한다.

(다) ① 초성 : [18] 개

[참고] 국어의 자음 음소의 수는 모두 19개인데, 이중에서 /ㅇ/(/ŋ/)은 초성으로 쓰일 수가 없다. 따라서 18개의 자음이 초성으로 쓰일 수가 있다.

② 중성 : [21] 개

[참고] 모음은 모두 중성으로 쓰일 수가 있는데, 〈표준 발음법〉에 따르면 단모음 10개와 이중 모음 11개가 있다.

③ 종성 : [7] 개

[참고] 종성으로 쓰일 수 있는 자음은 /ㄱ, ㄴ, ㄷ, ㄹ, ㅁ, ㅂ, ㅇ/이다.

(라) 국어 음절의 유형과 실제 예는 다음과 같다.

① 음절의 유형 : V형, CV형, VC형, CVC형

② 음절의 예시 :

	단모음	이중 모음
ⓐ V형	: /아/, /오/	; /여/, /워/
ⓑ CV형	: /나/, /너/	: /녀/, /눠/
ⓒ VC형	: /안/, /언/	; /연/, /원/
ⓓ CVC형	: /난/, /넌/	; /년/, /뉜/

(마) ① CGVC 형

② ⓐ V 형 : /아/
ⓑ CV 형 : /나/
ⓒ GV 형 : /야/, /와/
ⓓ VC 형 : /안/
ⓔ VG 형 : /의/
ⓕ CGV 형 : /냐/, /놔/
ⓖ CVC 형 : /난/
ⓗ GVC 형 : /얀/, /완/
ⓘ CGVC형 : /냔/, /놘/

③ 국어의 음절 구조를 CVC 구조로 처리하면 초성에 하나의 자음만 실현된 것으로 처리된다. 반면에 CGVC의 구조로 처리하게 되면, 초성으로 C와 G의 두 개의 자음이 실현된 것으로 처리하게 된다.

[단원 정리 문제 3]

(제3장 음운의 변동 — 변동의 개념)

3.1. 음운 변동의 개념

1. 형태소의 음운 변동과 관련하여, 다음 (가)~(마)의 용어에 대한 개념을 (보기)의 ⓐ~ⓒ를 이용하여 간략히 설명하시오.

(1) 값 → ⓐ 값 + -이 [갑시], ⓑ 값 + -도 [갑또], ⓒ 값 + -만 [감만]

(가) 형태소 :
(나) 형태 :
(다) 변이 형태 :
(라) 기본 형태 :
(마) 비기본 형태 :

2. '기본 형태'와 '비기본 형태'의 용어를 사용해서, 형태소의 '음운 변동'에 대한 개념을 기술하시오.(아래의 예를 이용할 것.)

(2) {값}
ㄱ. 값+이 : [갑시]
ㄴ. 값+도 : [갑또]
ㄷ. 값+만 : [감만]

3. 국어의 음운 변동의 현상의 유형을 '교체(대치), 탈락, 첨가, 축약'으로 분류할 수가 있다. (3)의 ⓐ~ⓙ에 제시된 단어가 [　　　] 안의 형태로 발음되었을 때에, ⓐ~ⓙ에 적용된 변동의 유형을 '교체, 탈락, 첨가, 축약'으로 분류하여, (A)~(D)에 쓰시오.

(3) ⓐ 먹- + -고 [먹꼬]　　ⓑ 괴- + -어 [괘 :]
ⓒ 국+물 [궁물]　　ⓓ 되- + -어서 [되여서]
ⓔ 부엌# [부억]　　ⓕ 삯# [삭]
ⓖ 솜 + 이불 [솜니불]　　ⓗ 잃- + -다 [일타]

ⓘ 칼+날　　[칼랄]　　　　ⓙ 크- + -어　[커]

(A) 교체 : [　　　　　　　　　　　　　　　]
(B) 탈락 : [　　　　　　　　　　　　　　　]
(C) 첨가 : [　　　　　　　　　　　　　　　]
(D) 축약 : [　　　　　　　　　　　　　　　]

4. 다음의 ⓐ~ⓛ에는 2가지 이상의 음운 변동의 유형('교체, 탈락, 첨가, 축약')이 적용되었다. 이들 음운 변동 유형을 모두 쓰시오.

(4) ⓐ 값 + -도　　[갑또]　　[　　　　　　　　]
ⓑ 꽃-잎　　[꼰닙]　　[　　　　　　　　]
ⓒ 나무 + 잎　　[나문닙]　　[　　　　　　　　]
ⓓ 놓- + -아서　　[놔 : 서]　　[　　　　　　　　]
ⓔ 닮- + -는- + -다　　[달른다]　　[　　　　　　　　]

ⓕ 독+립　　[동닙]　　[　　　　　　　　]
ⓖ 밤윷　　[밤 : 뉻]　　[　　　　　　　　]
ⓗ 배 +사람　　[밷싸람]　　[　　　　　　　　]
ⓘ 베+었다　　[벧 : 따]　　[　　　　　　　　]
ⓙ 앓- + -브- + -다　　[아프다]　　[　　　　　　　　]
ⓚ 잡- + -히- + -어　　[자피여]　　[　　　　　　　　]
ⓛ 없- + -느냐　　[엄느냐]　　[　　　　　　　　]

{풀이 3}

1. (풀이)

(가) **형태소** : 의미와 음운을 갖춘 언어 형식 중에서 최소의 단위이다. 형태소인 '값'은 그것이 놓인 환경에 따라서 ⓐ, ⓑ, ⓒ처럼 다른 형태로 실현된다.

(나) **형태** : 형태소가 언어적 환경에 따라서 달리 실현된 각각의 꼴이다. 형태소는 [값], [갑], [감]으로 실현되는데, 이때 개개의 [값], [갑], [감]을 형태라고 한다.

(다) 변이 형태 : 하나의 형태소가 언어적 환경에서 실현된 형태들의 집합이다. {값, 갑, 감}으로 표시할 수 있다.

(라) 기본 형태 : 변이 형태에 속하는 둘 이상의 형태 중에서 표준이 되는 형태로서, 형태소를 대표한다. (보기)에서 {값, 갑, 감} 중에서 '값'를 기본 형태로 처리한다.

(마) 비기본 형태 : 변이 형태에 속하는 둘 이상의 형태 중에서, 표준이 되지 않는 형태이다. (보기)에서 '갑', '갑'은 비기본 형태이다.

2. (풀이)

형태소의 음운(형태)이 언어 환경에 실현될 때에, 다른 음운(형태)로 바뀌는 현상을 '음운의 변동'이라고 한다.

예를 들어서 형태소인 '값'이 구체적인 언어적 환경에서 { /값/, /갑/, /감/ }으로 실현될 수가 있는데, 기본 형태인 '값'에서 비기본 형태인 /갑/, /감/으로 교체되는 현상을 형태소의 음운 변동이라고 한다.

3. (풀이)

(A) 교체 : [ⓐ(된소리되기), ⓒ(비음화), ⓔ (평파열음화), ⓘ(유음화)]

(B) 탈락 : [ⓕ(자음군 단순화), ⓙ ('ㅡ' 탈락)]

(C) 첨가 : [ⓓ('j' 첨가), ⓖ('ㄴ' 첨가)]

(D) 축약 : [ⓑ(모음 축약), ⓗ(자음 축약)]

4. (풀이)

ⓐ 값 + -도	[교체, 탈락]	ⓑ 꽃 + 잎	[교체, 첨가]
ⓒ 나무 + 잎	[첨가, 교체]	ⓓ 놓- + -아서	[탈락, 교체]
ⓔ 닭- + -는- + -다	[교체, 탈락]	ⓕ 독 + 립	[교체]
ⓖ 밤 + 윷	[교체, 첨가]	ⓗ 배 +사람	[첨가, 교체]
ⓘ 베+었다	[탈락, 교체]	ⓙ 앓- + -브- + -다	[축약, 탈락]
ⓚ 잡- + -히- + -어	[축약, 첨가]	ⓛ 없- + -느냐	[교체, 탈락]

[단원 정리 문제 4]

(제3장 음운의 변동 — 교체 1)

3.2.1. 음운의 교체 1

(가) 동화 교체

1. 동화의 유형과 관련하여, (보기) ⓐ~ⓕ의 단어에서 일어난 동화의 유형을 ①과 ②, ③과 ④, ⑤와 ⑥의 대립 관계로 분류하여 정리하시오. (ⓐ~ⓕ의 기호를 적을 것.)

ⓐ 밥물 [밤물] ⓑ 칼날 [칼랄] ⓒ 남루 [남누]
ⓓ 속눈썹 [송눈썹] ⓔ 호랑이 [호랭이] ⓕ 굳이 [구지]

(가) ① 완전 동화 :
② 부분 동화 :

(나) ① 순행 동화 :
② 역행 동화 :

(다) ① 인접 동화 :
② 간극 동화 :

2. 다음의 (가)와 (나)의 물음에 답하시오.

(가) 다음 단어의 표준 발음을 한글로 적으시오.

ⓐ 값나가다 [ ] ⓑ 공권력 [ ]
ⓒ 놓는다 [ ] ⓓ 담력 [ ]
ⓔ 대관령 [ ] ⓕ 막내 [ ]
ⓖ 맏며느리 [ ] ⓗ 몇 리 [ ]
ⓘ 밥 먹다 [ ] ⓙ 백리 [ ]
ⓚ 산림 [ ] ⓛ 설날 [ ]
ⓜ 종로 [ ] ⓝ 칼날 [ ]
ⓞ 할는지 [ ] ⓟ 핥네 [ ]
ⓠ 협력 [ ] ⓡ 흙내 [ ]

(나) 위의 단어에서 일어나는 변동의 최종 결과를 중심으로 '파열음의 비음화'와 '유음의 비음화'와 '비음의 유음화'로 하위 분류하시오.(ⓐ~ⓡ로 적을 것.)

(A) 파열음의 비음화 :
(B) 유음의 비음화 :
(C) 비음의 유음화 :

(다) '유음화'와 관련이 있는 '음운의 제약'으로는 다음의 제약이 있다.(이진호 2012:99)

> (A) **음소 배열의 제약** : /ㄹ/의 뒤에는 /ㄴ/이 올 수 없다. (이 제약을 어기면, 뒤 음소의 /ㄴ/이 /ㄹ/로 교체되거나 앞 음소의 /ㄹ/이 탈락한다.)
> (B) **음절 배열의 제약** : 뒤 음절의 /ㄹ/의 앞에 올 수 있는 자음은 /ㄹ/뿐이다. (이 제약을 어기면, 앞 음절의 자음이 유음으로 교체되거나 뒤 음절의 /ㄹ/이 /ㄴ/으로 교체된다.)

○ 문제 (가)의 단어 중에서 (A)와 (B)의 음운의 제약이 반영된 단어를 고르시오.

- (A)의 음소 배열의 제약 :
- (B)의 음절 배열의 제약 :

(다) 위의 (나)에서 제시된 최종 변동 결과가 도출되기 이전에, 다음과 같은 음운 변동을 앞서서 적용해야 하는 것을 ⓐ~ⓡ 중에서 고르시오.

(A) 자음군 단순화 :
(B) 평파열음화 :
(C) 비음화 :

3. 다음의 단어에서 음운 변동이 적용되는 형태를 단계별로 제시하고, 각 변동의 명칭을 기술하시오. (①의 괄호에는 표준 발음을 적고, ②에는 변동의 명칭을 단계별로 쓰시오.)

(가) ① '섭리' → [ ] → [ ]
② 변동의 과정 :

(나) ① '몇 리' → [ ] → [ ] → [ ]
② 변동의 과정 :

(다) ① '백로' → [ ] → [ ]

② 변동의 과정 :

(라) ① '읊는다' → [ ] → [ ] → [ ]

② 변동의 과정 :

(마) ① '끓는' → [ ] → [ ]

② 변동의 과정 :

4. 위의 문제에서 '섭리(攝理)', '백로(白鷺)', '몇 리'의 변동 결과를 설명하기 위하여, 중간 단계를 설정하였다. 이러한 중간 단계를 설정하는 근거를 다음의 '음절 제약' 규칙으로 설명하시오.(이진호 2012:99 이하의 내용을 참조)

> **(음절 배열의 제약 A)** : 뒤 음절의 /ㄹ/의 앞에 올 수 있는 자음은 /ㄹ/뿐이다. (이 제약을 어기면, 앞 음절의 자음이 유음으로 교체되거나, 뒤 음절의 /ㄹ/이 /ㄴ/으로 교체된다.)
>
> **(음절 배열의 제약 B)** : 뒤 음절의 비음 앞에는 장애음인 /ㅂ/, /ㄷ/, /ㄱ/이 올 수 없다. (이 제약을 어기면, 장애음이 비음으로 바뀐다.)

(A) 제1차적 변동 :

(B) 제2차적 변동 :

5. 아래의 보기를 이용하여 현대 국어의 공시태에서 일어나는 '**구개음화**' 현상의 개념을 설명하시오.

(보기) ① 굳이, 해돋이, 붙이다, 닫히다

② 저 밭이 크오. 저것은 솥이다.

6. (A)와 (B)의 단어에서 '구개음화'가 일어나지 않는 이유를 통시태와 공시태의 차원에서 설명하시오.

(A) 통시태 : 느티나무, 마디, 잔디, 티끌 ; 더디다(遲), 버티다, 견디다

(B) 공시태 : 홑이불[혼니불], 홑잎[혼닙], 밭이랑[반니랑], 홑잎[혼닙], 맏형[마텽]

7. '자음의 위치 동화'와 관련해서 다음 물음에 답하시오.

(가) 다음의 (보기)에 제시된 단어에서 '자음의 위치 동화'가 일어나는 조건을 '자음의 강도(세기)'와 관련하여서 설명하시오.

(보기) ㄱ. 듣보다 [듭뽀다], 신발 [심발], 신문 [심문]
ㄴ. 벗기다 [벅끼다], 손가락 [송까락]
ㄷ. 밥그릇 [박끄륻], 감기 [강기]

(나) 〈표준 발음법〉에서 '자음의 위치 동화'를 어떻게 처리하고 있는지 밝히시오.

8. 현대 국어에서 일어나는 '모음 조화'에 대하여 다음의 물음에 답하시오.

(가) '음상(音相)'과 '모음 조화(母音調和) 현상의 개념을 설명하시오.
(나) 현대 국어에서 '모음 조화'가 적용된 예를 들고, 모음 조화가 적용되는 형태 · 음운론적인 환경에 대하여 설명하시오.

9. 15세기 국어에서 엄격하게 지켜졌던 모음 조화가 현대 국어에서는 매우 국한된 범위에서만 실현된다. 이와 관련하여 다음 물음에 답하시오.

(가) '곱다'와 '아름답다'에 연결 어미인 '-아서/-어서'를 붙인 활용 형태를 발음해 보고, 이들 활용형에서 모음 조화가 적용되는 여부를 확인하시오.

(나) 모음 조화가 허물어지게 된 국어사적인 이유를 'ᄀᆞᅀᆞᆯ>가을'의 예로써 설명하시오.

10. 아래 (보기)에 나타난 '모음 동화'에 대하여 다음 물음에 답하시오.

(보) 뜯기다 [띋끼다], 먹이다 [메기다], 속이다 [쇠기다], 아비 [애비], 죽이다 [쥐기다]

(가) (보기)에 제시된 단어를 이용하여 '모음 동화'의 규칙을 설정하시오.

(나) '구개음화'와 '모음 동화'의 사이에 나타나는 차이점을 '동화주'와 '피동화주'의 인접성(隣接性) 여부로써 설명하시오. (보기 : 굳이[구지], 아비[애비])

11. 〈표준어 규정〉에서는 일반적으로 '호랑이[*호랭이], 먹이[*메기], 어미[*에미], 벗기다[*벧끼다]'와 같은 '모음 동화'에 따른 발음을 표준어로 인정하지 않는다. 그러나 〈표준 발음법〉에서는 몇몇 단어에 대하여는 예외적으로 모음 동화를 인정하고 있는데, 그러한 단어를 〈표준어 규정〉에서 찾아서 제시하시오.

12. (보기)의 단어에 나타나는 변동 현상을 설명하고, 〈표준 발음법〉에서 이들 변동 현상을 어떻게 처리하고 있는지 설명하시오.

(보) ㄱ. 기어 [기여], 먹이었다 [머기였다], 오시오 [오시요]
ㄴ. 되어 [되여], 피어 [피여], 책이오 [채기요], 아니오 [아니요]

{풀이 4}

1. (풀이)

(가) ① 완전 동화 : ⓐ 밥물, ⓑ 칼날
② 부분 동화 : ⓒ 남루, ⓓ 속눈썹, ⓔ 호랑이, ⓕ 굳이

(나) ① 순행 동화 : ⓑ 칼날, ⓒ 남루
② 역행 동화 : ⓐ 밥물, ⓓ 속눈썹, ⓔ 호랑이, ⓕ 굳이

(다) ① 인접 동화 : ⓐ 밥물, ⓑ 칼날, ⓒ 남루, ⓓ 속눈썹, ⓕ 굳이
② 간극 동화 : ⓔ 호랑이

2. (풀이)

(가) ⓐ 값나가다 [(갑나가다) → 감나가다]
ⓑ 공권력 [공권녁]
ⓒ 놓는다 [(논는다) → 논는다]
ⓓ 담력 [담녁]
ⓔ 대관령 [대괄령]
ⓕ 막내 [망내]
ⓖ 맏며느리 [만며느리]

ⓗ 몇 리　　[(멷 리) → (멷니) → 면니]
ⓘ 밥 먹다　　[밤 먹따]
ⓙ 백리　　[(백니)→ 뱅니]
ⓚ 산림　　[살림]
ⓛ 설날　　[설랄]
ⓜ 종로　　[종노]
ⓝ 칼날　　[칼랄]
ⓞ 할는지　　[할른지]
ⓟ 훑네　　[(할네) → 할레]
ⓠ 협력　　[(협녁)→ 혐녁]
ⓡ 흙내　　[(흑내) → 흥내]

(나) ① 파열음의 비음화 : ⓐ, ⓒ, ⓕ, ⓖ, ⓘ, ⓙ, ⓜ, ⓠ, ⓡ
② 유　음의 비음화 : ⓑ, ⓓ, ⓗ, ⓠ
③ 비　음의 유음화 : ⓔ, ⓚ, ⓛ, ⓝ, ⓞ, ⓟ

(다) (A)의 음소 배열의 제약(순행적 유음화) : ⓛ, ⓝ, ⓞ, ⓟ
(B)의 음절 배열의 제약(역행적 유음화) : ⓔ, ⓚ

(라) ① 자음군 단순화 : ⓐ, ⓟ, ⓡ
② 평파열음화 : ⓒ, ⓗ
③ 비음화 : ⓗ, ⓙ, ⓠ

3. (풀이)

(가) ① '섭리' → [/섭니/] → [/섬니/]
② 변동의 과정 : 유음의 비음화 → 파열음의 비음화

(나) ① '몇 리' → [/멷 니/] → [/면니/] → [/면니 /]
② 변동의 과정 : 평파열음화 → 파열음의 비음화 → 유음의 비음화

(다) ① '백로' → [/백노/] → [/뱅노/]
② 변동의 과정 : 유음의 비음화 → 파열음의 비음화

(라) ① '읊는다' → [/읖는다/]→[/읍는다/]→[/음는다/]

② 변동의 과정 : 자음군 단순화 → 평파열음화 → 파열음의 비음화

(마) ① '끓는' → [/끌는/]→[/끌른/]

② 변동의 과정 : 자음군 단순화 → 비음의 유음화

4. (풀이)

(가) 제1차적 변동 : '백로', '섭리', '몇 리'는 뒤 음절의 초성이 /ㄹ/이므로, '음절 배열 제약 (A)'에 따라서 뒤 음절의 /ㄹ/이 /ㄴ/으로 교체된다.

(변동의 예) 백로→/백노/, 섭리→/섭니/, 멷리→멷니)

(나) 제2차적 변동 : 뒤 음절의 /ㄴ/의 앞에 장애음인 /ㅂ/, /ㄷ/. /ㄱ/이 올 수가 없으므로, '음절 배열의 제약 (A)'에 따라서 앞 음절의 장애음이 비음으로 교체된다.

(변동의 예) /백노/→/뱅노/, /섭니/→/섬니/, /멷니/→/면니/

5. (풀이)

'구개음화(口蓋音化)'는 끝소리가 /ㄷ, ㅌ/인 형태소가 모음 /ㅣ/나 이중 모음인 /ㅑ, ㅕ, ㅛ, ㅠ/로 시작되는 형식 형태소와 만날 때에, /ㄷ, ㅌ/이 센입천장소리인 /ㅈ, ㅊ/으로 바뀌는 변동 현상이다.

(보기) ① '굳이' : /구지/, '해돋이' : /해도지/, 붙이다 : /부치다/, '닫히다' /다치다/

② '밭이' : /바치/, '솥이다' : /소치다/

여기서 말하는 형식 형태소 'ㅣ'는 /ㅣ/로 소리 나는 ①처럼 파생 접미사나, ②처럼 서술격 조사인 '-이다'의 어간이다.

6. (풀이)

(가) 하나의 형태소 내부에서는 /ㄷ, ㅌ/의 뒤에 /ㅣ/나 /j/가 이어지더라도 구개음화 현상이 일어나지 않는다. 보기의 단어들인 '느티나무, 마디, 잔디, 티끌 ; 더디다(遲), 버티다, 견디다' 등에서는 /디/와 /티/가 하나의 형태소 안에서 실현되었으므로, 구개음화가 일어나지 않았다. 이렇게 현대 국어에서 한 형태소 내부에서 구개음화가 일어나지 않는 단어는, 구개음화가 진행되던 17 · 18세기에는 구개음화가 일어날 수 없는 음운적인 환경에 있었던 것으로 추정할 수 있다.

(나) /ㄷ, ㅌ/의 뒤에 /ㅣ/나 /j/가 이어지더라도, 뒤의 형태소가 실질 형태소(어근)이면 구개음화가 일어나지 않는다. '홑이불', '홑잎', '밭이랑', '홑잎', '맏형'은 각각 /혼니불/, /혼닙/, /반니랑/, /혼닙/, /마텽/으로 발음되었다. 이들 단어들은 모두 실질 형태소의 뒤에 실질 형태소가 이어지는 과정에서는 구개음화가 일어나지 않았다.

7. (풀이)

(가) '잇몸(/ㄷ, ㄴ/)－입술(/ㅂ, ㅁ/)－여린입천장(/ㄱ/)'에서 발음되는 자음이 이와 같은 차례로 '끝소리－첫소리'로 이어서 날 때에, 앞 소리가 뒤 소리의 자리로 옮기는 변동 현상을 '자음의 위치 동화'라고 한다.

(보기 1) ㄱ. 듣보다 [듭뽀다], 신발 [심발], 신문 [심문]] (잇몸 → 입술)
ㄴ. 벗기다 [벅끼다], 손가락 [송까락] (잇몸 → 여린입천장)
ㄷ. 밥그릇 [박끄름], 감기 [강기] (입술 → 여립입천장)

(나) (보기)의 단어들은 현실 발음에서 말하는 이의 발음 습관에 따라서 원래대로 발음될 수도 있고 자음의 위치 동화가 일어난 형태로 발음될 수도 있다. 그러나 〈표준 발음법〉에서는 동화가 일어나지 않는 형태만을 표준 발음으로 인정하고, 동화가 일어난 발음을 '임의적 변동'으로 보아서 표준 발음으로 인정하지 않는다.

8. (풀이)

(가) 국어의 일부 단어에 실현된 모음들은 같은 음상을 나타내는 모음끼리 어울리려는 경향이 있다. 곧 의성어와 의태어의 내부 형태나 일부 용언이 활용할 때에, 모음 중에서 양성 모음인 /ㅏ, ㅗ/는 /ㅏ, ㅗ/끼리, 음성 모음인 /ㅓ, ㅜ, ㅡ, ㅣ/는 /ㅓ, ㅜ, ㅡ, ㅣ/끼리 어울리는 현상을 '모음 조화(母音調和, vowel harmony)'라고 한다.

(나) 현대 국어에 나타나는 모음 조화의 예를 제시하면 다음과 같다.

(1) ㄱ. 사각사각/서걱서걱, 소곤소곤/수군수군, 종알종알/중얼중얼
ㄴ. 반짝반짝/번쩍번쩍, 달싹달싹/들썩들썩, 꼼지락꼼지락/꿈지럭꿈지럭

(2) 파랗다/퍼렇다, 노랗다/누렇다, 까맣다/꺼멓다, 하얗다/허옇다

(3) 막았다/먹었다, 막아라/먹어라, 막아(서)/먹어(서), 막아도/먹어도, 막아야/먹어야

(1)은 음성 상징어에서 나타나는 모음 조화의 예인데, (ㄱ)은 의성어(擬聲語)에서 나타나는 모음 조화의 예이며 (ㄴ)은 의태어(擬態語)에서 나타나는 모음 조화의 예이다. 그리고 (2)는 감각 형용사의 어간에서 나타나는 모음 조화의 예이며, (3)은 용언에서 어간에 어미가 붙어서 활용할 때에 일어나는 모음 조화의 예이다.

9. (풀이)

(가) 'ㅂ' 불규칙 용언인 '곱다'와 '아름답다'의 어간에 연결 어미인 '-아(서)/-어(서)'를 붙여 보면 다음과 활용한다.

(1) ㄱ. 고와서(곱다), 도와라(돕다), 더워서(덥다)
ㄴ. 아름다워(아름답다), 차가워(차갑다), 날카로워(날카롭다), 놀라워(놀랍다)

(1)은 'ㅂ' 불규칙 용언이 활용한 예이다. (ㄱ)처럼 어간이 단음절인 용언이 활용할 때에는 모음 조화가 지켜진다. 그러나 (ㄴ)처럼 어간이 두 음절 이상인 용언이 활용할 때에는 모음 조화가 지켜지지 않는다.

(나) 모음 조화는 15세기의 국어에서는 엄격하게 지켜졌다. 그러나 16세기부터 단어의 둘째 음절 이하에서 양성 모음이던 /ㆍ/가 소멸하고 음성 모음인 /ㅡ/로 변하였고, 18세기 후반에는 단어의 첫 음절에 실현되는 /ㆍ/가 /ㅏ/로 변화하였다. 예를 들어서 'ᄀᆞᅀᆞᆯ>ᄀᆞ을>가을'로 형태가 바뀌었다. 곧, 15세기에는 'ᄀᆞᅀᆞᆯ'의 형태로 단어 내부에서 모음 조화가 지켜졌으나, 18세기 말이 되면 '가을'로 바뀜에 따라서 모음 조화가 지켜지지 않았다. 그리고 15세기 국어에서 중성 모음이던 /ㅣ/가 근대 국어와 현대 국어에서는 음성 모음화하면서 현대 국어에서는 모음 조화가 적용되지 않는 예가 많이 생겼다.

10. (풀이)

(가) 보기에서는 '뜯기다'가 [띧끼다]로, '먹이다'가 [메기다]로, '속이다'가 [쇠기다]로, '아비'가 [애비]로, '죽이다'가 [쥐기다]로 변동하였다. 이 현상은 앞 음절의 후설 모음인 /ㅏ, ㅓ, ㅗ, ㅜ, ㅡ/가 뒤 음절의 전설 고모음인 /ㅣ/에 동화되어서, 같은 높이의 전설 모음인 /ㅐ, ㅔ, ㅚ, ㅟ, ㅣ/로 바뀌는 역행 동화의 변동 현상이다. 이러한 음운 변동 현상을 '모음 동화(母音同化)'라고 한다.

(나) '굳이'가 [구지]로 변동한 '구개음화'는 인접 동화에 해당한다. 곧, /ㄷ/과 /ㅣ/처럼 나란히 있는 두 소리(음소) 사이에서 일어나는 '인접 동화'이다. 그러나 '아비'가 [애비]로 변동하는 '모음 동화'는 /ㅏ/와 /ㅣ/처럼 서로 떨어져 있는 두 소리 사이에서 일어나는 '원격 동화'이다.

11. (풀이)

〈표준어 규정〉에서는 모음 동화에 따른 발음 변동을 일부 노년층이나 지방 언중들이 개별적으로 쓰는 발음으로 간주하여 원칙적으로 표준 발음으로 인정하지 않는다.
그러나 다음과 같은 단어는 모음 동화에 따라서 발음이 변한 말이지만, 예외적으로 표준어로 인정한다.(표준어 사정 원칙 제9항)

(보기) 냄비(<남비), 서울내기(<서울나기), 시골내기(<시골나기), 풋내기(<풋나기), 신출내기(<신출나기) ; 멋쟁이(<멋장이), 소금쟁이(<소금장이), 담쟁이(<담장이), 골목쟁이(<골목장이), 발목쟁이(<발목장이) ; 댕기다(<당기다), 동댕이치다(<동당이치다)

모음 동화가 적용된 '냄비, 멋쟁이, 댕기다' 등은 과거의 어느 때에 모음 동화를 겪어서 현재 널리 쓰이는 반면에, 원래의 '남비, 멋장이, 당기다' 등은 쓰이지 않게 되었다. 이에 따라서 현행의 '표준어 규정'에서는 모음 동화가 일어난 '냄비, 멋쟁이, 댕기다'의 단어를 표준어로 인정하고 있다.

12. (풀이)

보기 (ㄱ)에서 '기어[*기여]'와 '[*머기엳따]'는 앞의 /ㅣ/에 그 뒤의 모음인 /ㅓ, ㅗ/가 닮아서 /ㅕ, ㅛ/로 바꾸어서 발음되는 경우도 있는데, 고등학교 문법(2010 :69)에서는 이러한 발음을 인정하지 않고 동화가 일어나지 않은 [기어]와 [머기얻따]의 발음만 인정한다. 그러나 보기 (ㄴ)의 '되다, 피다, -이다, 아니다'의 단어는 어간의 끝 모음 /ㅣ/ 뒤에 후설 모음인 /ㅓ, ㅗ/가 오면, 원칙적으로는 /ㅓ, ㅗ/로 발음하되 /ㅕ, ㅛ/로 발음하는 것을 허용한다.(고등학교 문법 2010:69, 표준 발음법 제22항)

[단원 정리 문제 5]

(제3장 음운의 변동 — 교체 2)

3.2.1. 음운의 교체 2

(나) 비동화 교체

1. 평파열음화(음절의 끝소리 규칙)와 관련해서 (가)~(라)의 과제를 해결하시오.

(가) 다음에 제시된 단어의 발음을 한글로 적으시오.

ⓐ 잎 [ ] ⓑ 꽂 [ ] ⓒ 낮 [ ]
ⓓ 바깥 [ ] ⓔ 옷 [ ] ⓕ 있고 [ ]
ⓖ 밖 [ ] ⓗ 부엌 [ ] ⓘ 놓는 [ ]

㉠ 맛있다 [ ] ㉡ 멋있다[ ] ㉢ 젖어미 [ ]
㉣ 팥알 [ ] ㉤ 옆얼굴[ ]

(나) ⓐ~ⓖ의 단어를 이용하여 '평파열음화'의 개념을 기술하시오.(단, 종성의 조음 위치와 관련하여서 음운 교체의 양상을 기술할 것.)

(다) ㉠~㉤의 합성어의 내부에서도 평파열음화가 성립하는 이유를 설명하시오.

(라) 일부 학자들은 〈학교 문법〉에서 이르는 '음절의 끝소리 규칙'을 '평파열음화(平破裂音化)'로 부르는데, 이에 대한 근거를 제시하시오.

2. 장애음의 뒤에서 '된소리되기'가 적용되는 단어를 다음과 같이 제시하였다.

ⓐ 값도	ⓑ 갔소	ⓒ 국밥	ⓓ 깎다
ⓔ 넓죽하다	ⓕ 독사	ⓖ 밥보	ⓗ 밥솥
ⓘ 밭갈이	ⓙ 뻗대다	ⓚ 읊고	ⓛ 학교

(가) 위에 제시된 ⓐ~ⓛ의 단어를 소리나는 대로 적으시오.

ⓐ 값도	[ ]	ⓑ 갔소	[ ]
ⓒ 국밥	[ ]	ⓓ 깍다	[ ]
ⓔ 넓죽하다	[ ]	ⓕ 독사	[ ]
ⓖ 밥보	[ ]	ⓗ 밥솥	[ ]
ⓘ 밭갈이	[ ]	ⓙ 뻗대다	[ ]
ⓚ 읊고	[ ]	ⓛ 학교	[ ]

(나) 된소리되기에 의해서 변동된 후의 발음을 기준으로 ⓐ~ⓛ의 단어들을 정리하려고 한다. 아래 표의 빈칸에 ⓐ~ⓛ의 단어를 넣으시오.

변동 후		문제 (가)의 예시 번호를 적을 것. (ⓐ~ⓛ)
앞 형태소의 종성	뒤 형태소의 초성	
/ㅂ/	/ㅃ, ㄸ, ㄲ, ㅆ, ㅉ/	[ ]
/ㄷ/	/ㄸ, ㄲ, ㅆ/	[ ]
/ㄱ/	/ㅃ, ㄸ, ㄲ, ㅆ/	[ ]

(다) 아래의 ⓐ의 '넓지[널찌]'와 ⓑ의 '핥다[할따]'에서 된소리되기가 일어나는 과정을 다음과 같이 설정하였을 때에, ⓐ와 ⓑ의 괄호에 들어갈 형태를 쓰시오.

(A) 넓-지 → ⓐ [ ] → ⓑ [널찌]

(B) 핥-다 → ⓐ [ ] → ⓑ [ ] → ⓒ [할따]

(라) 위의 문제 (다)에서 (B)의 '핥다'가 [할따]로 변동하는 과정에서 일어나는 음운 변동 현상의 명칭을 쓰시오.

ⓐ ( ) ⓑ ( ) ⓒ ( )

3. 다음의 밑줄을 친 단어는 앞 형태소의 끝 종성이 /ㄴ/, /ㅁ/이고, 뒤 형태소의 첫 초성이 예사소리이다. 이들 단어에서 된소리되기가 일어나는 조건을 기술하시오.

(A) 철수는 자리에 ⓐ 앉다가 동전을 주웠다.

(B) 찬장에는 물을 마실 ⓑ 잔도 없었다.

(C) 어머니는 반찬통에 김치도 ⓒ 담고 소세지도 담았다.

(D) 예로부터 ⓓ 웅담과 녹용은 귀한 한약재로 취급받았다.

4. '한자어 복합어'의 내부에서, 앞 어근이 /ㄹ/ 종성으로 끝나는 환경에서 어근의 첫 예사소리가 된소리로 교체될 수 있다. 이러한 한자어 복합어의 예를 제시하시오.

(A) /ㄷ/이 /ㄸ/으로 교체된 예 :

(B) /ㅅ/이 /ㅆ/으로 교체된 예 :

(C) /ㅈ/이 /ㅉ/으로 교체된 예 :

5. 관형사형 어미인 '-(으)ㄹ' 뒤에 실현된 체언의 예사소리가 된소리로 교체될 수가 있다. 이에 대한 예를 제시하시오.

(A) /ㅂ/이 /ㅃ/으로 교체 :

(B) /ㄷ/이 /ㄸ/으로 교체 :

(C) /ㄱ/이 /ㄲ/으로 교체 :

(D) /ㅅ/이 /ㅆ/으로 교체 :

(E) /ㅈ/이 /ㅉ/으로 교체 :

6. 이른바 "'ㄹ' 두음 법칙'에 대하여 다음의 물음에 답하시오.

(가) 'ㄹ' 두음 법칙의 개념을 예를 들어서 설명하시오.

(나) 'ㄹ' 두음 법칙을 '교체'와 '탈락'의 음운 현상으로 구분할 수 있는데, '교체'와 '탈락'의 음운론적 조건을 설명하시오.

7. 다음의 음운 변동에 대하여 단모음이 반모음의 교체되는 현상이 있다.

(보) ㄱ. 피- + -어서 → 펴서, 붐비- + -었다 → 붐볐다
ㄴ. 보- + -아서 → 봐서, 부수- + -었다 → 부숴다

(가) 보기의 변동 현상을 '음절의 축약'으로 볼 근거를 기술하시오.

(나) 보기의 변동 현상을 '음운의 교체'로 볼 근거를 기술하시오.

{풀이 5}

1. (풀이)

(가)

ⓐ 잎 [/입/]　ⓑ 꽃 [/꼳/]　ⓒ 낮 [/낟/]
ⓓ 바깥 [/바깓/]　ⓔ 옷 [/옫/]　ⓕ 있고 [/읻꼬/]
ⓖ 밖 [/박/]　ⓗ 부엌 [/부억/]　ⓘ 놓는 [/녿는/→(/논는/)]

㉠ 맛있다 [/마딛따/]　㉡ 멋있다[/머딛따/]　㉢ 젖어미[/저더미/]
㉣ 팥알 [/파달/]　㉤ 옆얼굴[/여벌굴/]

(나) 국어에서 음절의 종성으로 발음되는 자음은 /ㄱ, ㄴ, ㄷ, ㄹ, ㅁ, ㅂ, ㅇ/의 일곱 개뿐이다. 이에 따라서 일곱 개 이외의 자음이 음절의 종성에 올 적에는, 동일한 조음 위치에서 발음되는 일곱 자음 중의 하나로 바뀌어서 발음된다.

	(초성)	(종성)	
(보기)	ㄱ. /ㅍ/	→ /ㅂ/	(보기) 잎[입]
	ㄴ. /ㅋ, ㄲ/	→ /ㄱ/	(보기) 부엌[부억], 밖[박]
	ㄷ. /ㅌ, ㅅ, ㅆ ; ㅈ, ㅊ ; ㅎ/	→ /ㄷ/	(보기) 바깥[바깓], 옷[옫], 있고[읻꼬], 낮[낟], 꽃[꼳],놓는[녿는 → 논는]

이들은 모두 된소리나 거센소리의 파열음이나 마찰음, 파찰음 등이 동일한 조음 위치에서 발음되는 예사소리의 파열음(평파열음)으로 바뀌는 현상이다.

(다) 합성어 속에서 앞 어근의 받침 뒤에 모음으로 시작하는 어근이 실현될 때에도, '평파열음화'의 변동 규칙이 적용됨을 알 수 있다.

㉠ 맛있다[맏 + 읻따 → 마딛따]　㉡ 멋있다[먿 + 읻따 → 머딛따]
㉢ 젖어미[젇 + 어미 → 저더미]　㉣ 팥알 [팓 + 알 → 파달]
㉤ 옆얼굴[엽 + 얼굴 → 여벌굴]

(다) 어떤 형태소에서 된소리(경음)나 거센소리(격음)으로 나는 파열음은 음절의 종성의 위치에서 예사소리(평음)의 파열음인 /ㅂ/, /ㄷ/, /ㄱ/으로 바뀌는 변동이다.

이러한 변동의 특성으로 인하여 〈학교 문법〉의 '음절의 끝소리 규칙'을 **'평파열음화'**로 부르기도 한다.(이문규 2013:162, 이진호 2012:119, 양순임 2011:188 참조.)

2. (풀이)

(가)

ⓐ 값도 [갑또]	ⓑ 갔소 [갇쏘/가쏘]
ⓒ 국밥 [국빱]	ⓓ 깍다 [깍따]
ⓔ 넓죽하다 [넙쭈카다]	ⓕ 독사 [독싸]
ⓖ 밥보 [밥뽀]	ⓗ 밥솥 [밥쏟]
ⓘ 밭갈이 [받까리]	ⓙ 뻗대다 [뻗때다]
ⓚ 읊고 [읍꼬]	ⓛ 학교 [학꾜]

(나)

변동 후		문제 (가)의 예시 번호 (ⓐ~ⓛ)
앞 형태소의 종성	뒤 형태소의 초성	
/ㅂ/	/ㅃ, ㄸ, ㄲ, ㅆ, ㅉ/	[ⓖ, ⓐ, ⓚ, ⓗ, ⓔ]
/ㄷ/	/ㄸ, ㄲ, ㅆ/	[ⓙ, ⓘ, ⓑ]
/ㄱ/	/ㅃ, ㄸ, ㄲ, ㅆ/	[ⓒ, ⓓ, ⓛ, ⓕ]

(다) ① 넓지 → ⓐ [넙지] → [넙찌]
② 핥다 → ⓐ [핥다] → ⓑ [핥따] → [할따]

(라) ⓐ (평파열음화), ⓑ (된소리되기), ⓒ (자음군 단순화)

[참고] '핥다'와 같이 종성이 /ㄾ/일 때에는 원칙적으로 /ㄹ/로 단순화된다.(종성의 자음군인 /ㄹ/과 /ㄷ/ 중에서 공명도가 큰 /ㄹ/로 단순화되는 것이 원칙이다.) 이렇게 되면 /할다/의 형태가 되는데, 종성의 /ㄹ/ 뒤에는 된소리되기가 일어나지 않는다.(만들-다, 갈-고, 달-다가) 따라서 /할따/는 /핥다/의 형태에서 /ㄷ/의 뒤에서 된소리되기가 적용된 것으로 처리한다.

3. (풀이)

ⓐ의 '앉다가'와 ⓒ의 '담고'처럼 용언의 어간과 어미가 결합할 때에는, 어미의 예사

소리가 된소리로 교체되었다. 반면에 ⓑ의 '잔도'와 ⓓ의 '웅담과'처럼 체언에 조사가 결합한 때에는, 된소리되기가 일어나지 않는다. 따라서 용언이 활용할 때에, 앞 형태소의 종성이 /ㄴ/, /ㄷ/인 경우에 어미의 예사소리가 된소리로 교체된다.

4. (풀이)

(A) /ㄸ/으로 교체 : 일등(一等) [일뜽], 발달(發達) [발딸]
(B) /ㅆ/으로 교체 : 몰수(沒收) [몰쑤], 별수(別數) [별쑤]
(C) /ㅉ/으로 교체 : 발전(發展) [발쩐], 날조(捏造) [날쪼]

5. (풀이)

(A) /ㅃ/으로 교체된 예 : 먹을 밥[빱], 갈밖에[갈빠께]
(B) /ㄸ/으로 교체된 예 : 쓸 돈[똔], 갈 데를[떼를]
(C) /ㄲ/으로 교체된 예 : 줄 것[껃], 갈걸[갈껄]
(D) /ㅆ/으로 교체된 예 : 못할 소리[쏘리], 갈수록[갈쑤록]
(E) /ㅉ/으로 교체된 예 : 읽을 줄[쭐], 갈지언정[갈찌언정]

6. (풀이)

(가) 한자음 중에서 초성이 /ㄹ/이던 것이 어두(단어의 첫머리)에 올 적에는 그 /ㄹ/이 탈락하거나 /ㄴ/으로 변하게 된다. 이러한 현상을 ''ㄹ' 두음 법칙'이라고 한다.

(나)

① /ㄹ/이 어두에서 /ㄴ/으로 교체되는 조건 : 초성이 /ㄹ/인 한자음이 어두에서 <u>/i/나 /j/ 이외의 모음 앞</u>에 쓰일 때에는 /ㄴ/으로 교체된다. 곧, /라, 로, 루, 르, 래, 뢰/인 한자음이 어두에 쓰일 때에, 각각 /나, 노, 누, 느, 내, 뇌/로 교체된다.

(1) ㄱ. 열락(悅樂), 근로(勤勞), 고루(高樓), 태릉(泰陵), 미래(未來), 낙뢰(落雷)
ㄴ. 낙원(樂園), 노동(勞動), 누각(樓閣), 능묘(陵墓), 내일(來日), 뇌성(雷聲)

② /ㄹ/이 어두에서 탈락하는 조건 : 초성이 /ㄹ/인 한자음이 어두에서 <u>/i/나 /j/의 모음 앞</u>에 쓰일 때에는 /ㄹ/이 탈락한다. 곧, /니, 냐, 녀, 뇨, 뉴/의 한자음은 어두에서 /ㄴ/이 탈락하여 /이, 야, 여, 요, 유/로 실현된다.

(2) ㄱ. 도리(道理), 괴력(怪力), 하류(下流), 사례(謝禮)
ㄴ. 이유(理由), 역도(力道), 유수(流水), 예의(禮儀)

7. (풀이)

(가) (ㄱ)에서는 /이어/가 /여/로 변동하였고, (ㄴ)에서 /오아/가 /와/로, /우어/가 /워/로 변동하였다. 이들 변동은 모두 두 음절이 한 음절로 축약된 것으로 볼 수 있다.

(나) (ㄱ)에서 /iə/가 /jə/로 변동하였으므로 /i/가 /j/로 교체된 것으로 볼 수 있고, (ㄴ)에서 /uə/가 /wə/로 변동하였으므로 /u/가 /w/로 교체된 것으로 볼 수 있다.

[참고] 현행의 〈학교 문법〉에서는 (ㄱ)과 (ㄴ)의 변동을 단모음인 /i/와 /u/가 이 반모음(활음)인 /j/와 /w/로 교체된 것으로 처리하였다.

[단원 정리 문제 6]

(제3장 음운의 변동 — 탈락)

3.2.2. 음운의 탈락

(가) 자음의 탈락

1. '자음의 탈락'과 관련하여 다음의 (가)와 (나)의 과제를 해결하시오.

(가) 다음에 제시된 단어의 발음을 한글로 적으시오.

ⓐ 몫 [ ] ⓑ 앉고 [ ] ⓒ 많네 [ ]
ⓓ 밟게 [ ] ⓔ 외곬 [ ] ⓕ 핥다 [ ]
ⓖ 끓는 [ ] ⓗ 없고 [ ]

㉠ 맑다 [ ] ㉡ 묽다 [ ] ㉢ 맑고 [ ]
㉣ 밝게 [ ] ㉤ 여덟 [ ] ㉥ 넓고 [ ]

(나) '자음군 단순화'의 개념과 원리에 대하여 설명하시오.

(A) '자음군 단순화'의 개념을 기술하시오.

(B) '자음군 단순화'의 원리를 자음의 강도와 공명도의 차이로써 설명하시오.(단, '밟게'와 '핥다'를 예로 들어서 설명할 것.)

2. 다음의 ⓐ~ⓛ의 복합어의 발음과 관련하여 다음의 과제를 해결하시오.

(보) ⓐ [솔 + 나무] ⓑ [물 + 난리] ⓒ [불 + 삽] ⓓ [울- + 짖다]
ⓔ [이틀 + 날] ⓕ [철 + 새] ⓖ [풀 + 소] ⓗ [달 + 달 + 이]
ⓘ [잘- + 주름] ⓙ [설 + 달] ⓚ [물 + 지게] ⓛ [발 + 등]

(가) 위에서 제시된 복합어 ⓐ~ⓛ의 표준 발음을 적으시오.

(나) 위의 복합어에서 앞 어근의 종성인 /ㄹ/이 실현되는 양상을 세 가지의 유형으로

정리해 보시오.

3. 다음의 단어에서 나타나는 'ㄹ'의 탈락 현상과 관련하여, (가)와 (나)의 과제를 해결하시오.

(1) ⓐ [버들 + 나무] ⓑ [울- + -느냐] ⓒ [만들- + -ㄴ]
ⓓ [열- + 닫이] ⓔ [매달- + -소] ⓕ [활 + 살]
ⓖ [바늘 + -질] ⓗ [알- + -신다]

(가) 'ㄹ'의 탈락이 일어난 ⓐ~ⓗ의 단어를 문법적 형식에 따라서 두 가지 유형으로 분류하시오.

'(A) 형식' :
'(B) 형식' :

(나) 위의 (A)의 형식과 (B)의 형식에서 'ㄹ' 탈락이 일어나는 음운론적 조건을 다음과 같이 기술할 때에, ⓐ~ⓓ에 들어갈 자음 음소를 쓰시오.

① '(A) 형식'에서는 앞 형태소의 /ㄹ/이 뒤 형태소의 초성인 ⓐ [ ], ⓑ [ ], ⓒ [ ], ⓓ [ ]의 앞에서 탈락한다.

② '(B) 형식'에서는 앞 형태소의 /ㄹ/이 뒤 형태소의 초성인 ⓐ [ ], ⓑ [ ]의 앞에서 탈락한다.

4. '낳다, 놓다, 넣다'와 '파랗다, 노랗다, 퍼렇다'의 어간에 '-으면', '-으니', '-은'의 어미를 결합하면, (보기)의 (ㄱ)형과 (ㄴ)의 형태로 활용한다. 이와 관련하여 (가)와 (나)의 과제를 수행하시오.

(1) ㄱ. 낳-으면 [나으면] 놓-으니 [노으니] 넣은 [너은]
ㄴ. 파랗-으면[파라면] 노랗-으니[노라니] 퍼렇-은[퍼런]

(가) (ㄱ)과 (ㄴ)에 속하는 단어의 활용 방식에 나타나는 차이점을 '음운의 탈락'과 관련하여 기술하시오.

(나) 활용의 '규칙성'과 '불규칙성'의 관점에서, (ㄱ)과 (ㄴ)의 차이를 기술하시오.

5. 국어에는 /ㄹ/이나 /ㄴ/이 어두(語頭)에서 제약되는 '단어 구조의 제약'이 있다. 아래 글상자의 (1)에 일어난 변동을 아래와 같이 설명할 때에, [ ] 속에 들어갈 자음과 모음을 쓰시오.

> (1) ㄱ. 도리(道理), 괴력(怪力), 하류(下流), 사례(謝禮)
>   ㄴ. 이유(理由), 역도(力道), 유수(流水), 예의(禮儀)
>
> (1ㄴ)에 적용된 탈락 현상은 음운 현상이 두 번 적용된 것으로 해석할 수도 있다. 첫 번째로 ⓐ[ ]의 자음이 단어의 첫머리에서 ⓑ[ ]의 자음으로 교체되었다. 두 번째로 ⓑ[ ]의 자음이 모음인 ㉠[ ]나 ㉡[ ]로 시작하는 형태소 앞에서 탈락한 것으로 볼 수 있다.

6. 'ㄹ' 두음 법칙과 'ㄴ' 두음 법칙을 공시적인 음운 변동 현상으로 볼 수가 없다고 할 때, 그 근거를 제시하시오.

(나) 모음의 탈락

7 '모음의 탈락'과 관련하여서, 아래의 과제 (가), (나), (다)를 해결하시오.

(가) '크다', '가다', '깨다'의 어간에 '-아서/-어서'가 결합하여 생긴 음운 변동의 결과를 ⓐ~ⓓ의 괄호 안에 적으시오.

(1) ㄱ. 크- + -어서 → ⓐ[ ]
   ㄴ. 가- + -아서 → ⓑ[ ]
   ㄷ. 깨- + -어서 → ⓒ[ ] / ⓓ[ ]

(나) (1)의 단어가 활용할 때에 일어난 변동의 양상을 기술하시오.

(ㄱ)의 변동 양상 :

(ㄴ)의 변동 양상 :

(ㄷ)의 변동 양상 :

(다) '낳다'와 '낫다'의 어간에 연결 어미인 '-아서'가 결합하여 생긴 음운의 변동 결과를 (1ㄴ)의 예와 비교하여서 그 차이점을 설명하시오.

(3) ㄱ. 낳(生)- + -아서 → [나아서]
ㄴ. 낫(勝)- + -아서 → [나아서]

8. 다음의 단어에서 '으'가 탈락하는 유형을 문법 형태를 기준으로 3가지로 정리하시오. (단, 어미나 조사 중에서 매개 모음이 붙은 형태를 기본 형태로 처리한다.)

ⓐ 뜨- + -어서 [떠서]
ⓑ 가- + -으니 [가니]
ⓒ 칼- + -으로 [칼로]
ⓓ 국수 + -으로 [국수로]
ⓔ 담그- + -어서 [담가서]
ⓕ 뛰- + -으면 [뛰면]

{풀이 6}

1. (풀이)

(가)

ⓐ 몫 [목]	ⓑ 앉고 [안꼬]	ⓒ 많네 [만네]
ⓓ 밟게 [밥게]	ⓔ 외곬 [외골]	ⓕ 핥다 [할따]
ⓖ 끓는 [끌는]	ⓗ 없고 [업꼬]	
㉠ 맑다 [막다]	㉡ 묽다 [묵따]	㉢ 맑고 [말꼬]
㉣ 밝게 [발께]	㉤ 여덟 [여덜]	㉥ 넓고 [널꼬]

(나)

(A) 특정한 형태소의 중에는 종성이 자음군(겹받침)으로 실현되는 것이 있다. 이들 자음군은 자음 앞이나 휴지 앞에서 하나의 자음으로 단순화한다. 이러한 현상은 근본적으로 국어의 음절은 첫소리나 끝소리의 위치에 자음이 하나

만 올 수 있는 제약이 있기 때문이다.(음절의 구조 제약)

[참고] 조음 위치에 따른 자음의 강도는 /ㄱ/(여린입천장소리) 〉/ㅂ/(입술소리) 〉/ㄷ/(잇몸소리)의 순이다. 종성의 자음군에서는 강도가 높은 자음이 남고 강도가 낮은 자음은 탈락한다. 그리고 강도가 동일한 자음군에서는 공명도가 낮은 자음이 탈락하여, 공명도가 높은 자음으로 단순화한다.

Ⓑ 첫째, '밟게[밥께]'에서 입술소리 /ㅂ/은 잇몸소리인 /ㄹ/보다 자음의 강도가 높으므로, 종성의 자음군이 /ㅂ/으로 단순화한다. 둘째, '핥다[할따]'에서 /ㄹ/과 /ㄷ/은 둘 다 잇몸소리로서 자음의 강도가 동일하지만, /ㄹ/의 공명도가 /ㄷ/보다 크므로, /ㄷ/이 탈락하여 /ㄹ/로 단순화한다.

2. (풀이)

(가)

ⓐ [소나무] ⓑ [물랄리] ⓒ [부삽] ⓓ [우짇따]
ⓔ [이튿날] ⓕ [철쌔] ⓖ [푿쏘/푸쏘] ⓗ [다달이]
ⓘ [잗쭈름] ⓙ [섣딸] ⓚ [물찌게] ⓛ [발뜽]

(나) 합성어나 접미 파생어가 되는 과정에서 앞 어근의 끝소리 /ㄹ/이 변동하는 양상은 세 가지의 유형으로 나눌 수 있다.

① /ㄹ/이 유지됨 : ⓑ[물랄리], ⓕ[철쌔], ⓚ[물찌게], ⓛ[발뜽],
② /ㄹ/이 탈락함 : ⓐ[소나무], ⓒ[부삽], ⓓ[우짇따], ⓗ[다달이]
③ /ㄹ/이 교체됨 : ⓔ[이튿날→이튼날], ⓖ[푿쏘/푸쏘], ⓘ[섣딸], ⓙ[잗쭈름]

3. (풀이)

(가) 보기 ⓐ~ⓗ의 단어를 문법적 형식에 따라서 두 가지 유형으로 분류하시오.

(A) 형식 : ⓐ, ⓓ, ⓕ, ⓖ의 단어는 복합어를 형성하는 내부 형태소(어근, 파생 접사)에서 앞 형태소의 종성인 /ㄹ/이 탈락한다.

(B) 형식 : ⓑ, ⓒ, ⓔ, ⓗ의 단어는 용언의 어간의 뒤에서 어미가 결합할 때에, 앞 형태소의 종성인 /ㄹ/이 탈락한다.

(나) 위의 (A)의 형식과 (B)의 형식에서 'ㄹ' 탈락이 일어나는 음운론적 조건을 기술하시오.

(A) 형식의 음운론적 조건 : 뒤에 오는 형태소의 초성이 /ㄴ, ㄷ, ㅅ, ㅈ/일 때에, 앞 형태소의 /ㄹ/이 탈락한다.

(B) 형식의 음운론적 조건 : 뒤에 오는 형태소의 초성이 /ㄴ/과 /ㅅ/일 때에, 앞 형태소의 /ㄹ/이 탈락한다.

4. (풀이)

(가) (ㄱ)의 '좋다, 낳다, 놓다, 넣다'와 (ㄴ)의 '파랗다, 노랗다, 퍼렇다'에서 모음으로 시작하는 어미와 결합하면 어간의 끝 소리 /ㅎ/이 탈락한다. 이는 /ㅎ/이 공명음과 모음 사이에서 유성음화하여서 일어나는 현상이다.
그런데 (ㄱ)의 단어들은 매개 모음이 있는 어미와 결합할 때에는, /ㅎ/과 함께 매개 모음이 탈락하지 않는다. 반면에 (ㄴ)의 단어들은 /ㅎ/과 함께 매개 모음이 탈락한다.

(나) 먼저 (ㄱ)의 활용 형태는 비록 /ㅎ/이 탈락하기는 하였으나, 매개 모음을 취하고 있으므로, 규칙 활용으로 처리한다. 이는 /ㅎ/이 모음과 모음 사이에서 유성음화하여 유성의 후두 마찰음인 [ɦ]으로 바뀌더라도 자음으로서의 흔적이 남았으므로, 매개 모음이 유지 되는 것이다. 따라서 (ㄱ)에서 '낳으며, 놓으니, 넣은' 등의 활용 형태는 규칙 활용으로 처리된다. 반면에 (ㄴ)의 활용 형태는 /ㅎ/이 완전히 탈락하였기 때문에, 매개 모음이 개입되지 않는다. 이러한 특성을 감안하여 (ㄴ)에서 '파라면, 노라니, 퍼런'의 활용 형태는 불규칙 활용으로 처리된다.

5. (풀이)

ⓐ /ㄹ/ ⓑ / ㄴ /

㉠ / i / ㉡ / j /

6. (풀이)

'두음 법칙'은 한자음에서만 적용되는데, 이 현상은 현대 국어에서 일어나는 공시적인 변동이 아니다. 이는 중세 국어와 근대 국어 시기를 지나는 동안에 한자어 어두에서 /ㄹ/이 /ㄴ/으로 바뀌거나 /ㄴ/이 탈락한 통시적(通時的)인 변화의 결과이다.

현대 국어의 외래어 중에서 '라디오, 라면, 로즈마리, 레이저, 레즈비언, 로봇, 롱런,

리그, 리듬, 릴리프'에서는 단어의 첫머리에서 /ㄹ/이 유지되고 있고, '뉴스, 뉴질랜드, 니켈, 니코틴'에서는 /ㄴ/이 유지되고 있다. 만일 두음 법칙이 현대 국어의 공시적인 변동 현상이라고 가정하면, 이들 외래어에서도 /ㄹ/과 /ㄴ/이 변동을 겪어야 한다.

결과적으로 현대 국어의 두음 법칙은, 중세 국어 이전의 시대에 들어온 한자어가 통시적인 변화를 겪은 결과이다. 현대 국어에서 일어나는 공시적인 음운 변동 현상은 아니다.

7. (풀이)

(가) ⓐ [커서]　　ⓑ [가서]　　ⓒ [깨어서]/ [깨서]

(나)

(ㄱ)의 변동 양상 : '크다'의 어간인 '크-'에 어미인 '-어서'가 결합하여 활용할 때에, 어간의 끝소리인 /ㅡ/가 탈락하였다. 이와 같은 '/ㅡ/의 탈락'은 두 형태소의 모음과 모음이 이어질 때에, 앞의 모음인 /ㅡ/가 필연적으로 탈락하는 현상이다.

(ㄴ)의 변동 양상 : '가다'의 어간인 '가-'에 어미인 '-아서'가 붙어서 활용할 때에, 어미의 첫소리인 /ㅏ/가 필연적으로 탈락하였다.

(ㄷ)의 변동 양상 : '깨다'의 어간인 '깨-'에 어미인 '-어서'가 붙어서 활용할 때에는 뒤 모음이 탈락되지 않은 형태인 '깨어서[깨어서]'와 탈락된 형태인 '깨서[깨 : 서]'가 수의적으로 교체된다. 이처럼 뒤의 모음이 탈락되면 남은 앞 모음은 긴 소리로 바뀌는 특징이 있다.

(다) (1ㄴ)의 '가서'는 어간의 끝 조성인 /ㅎ/의 탈락이 일어나지 않았다. 이에 반해서 (3)에서 '낳-아서[나아서]'와 '낫-아서[나아서]'는 어간과 어미의 결합 과정에서 어간의 끝 종성인 /ㅎ/과 /ㅅ/이 탈락하였다. 이러한 차이로 인하여 (1ㄴ)의 '가서'에서는 동일 모음이 탈락된 반면에 (3)의 '낳아서'와 '나아서'에서는 동일 모음이 탈락하지 않았다.

8. (풀이)

(A) 어간의 끝 모음인 /—/가 탈락한 예

ⓐ 뜨-어서 [떠서], ⓔ 담그-아서 [담가서]

(B) 어미나 조사의 매개 모음이 탈락한 예

. ① 어간에 어미가 결합할 때에, 어미의 매개 모음인 /—/가 탈락한다.

ⓑ 가-으니 [가니] ⓕ 뛰-으면 [뛰면]

② 체언에 조사가 결합할 때에, 조사의 매개 모음인 /—/가 탈락한다.

ⓒ 칼-으로 [칼로] ⓓ 국수-으로[국수로]

[참고] 조사와 어미에서 매개 모음이 실현된 형태와 매개 모음이 없는 형태 중에서 매개 모음이 있는 형태를 기본 형태로 처리하는 편이 합리적이다.

[단원 정리 문제 7]

(제3장 음운의 변동 — 첨가)

3.2.3. 음운의 첨가

1. "'ㄴ'의 첨가'와 관련하여, (가)~(라)의 과제를 해결하시오.

(1) ⓐ 그런 여자 ⓑ 눈요기 ⓒ 맨입 ⓓ 색연필
ⓔ 솜이불 ⓕ 옷 입다 ⓖ 한여름 ⓗ 헛일 ⓘ 먹은 엿

(가) 위의 ⓐ~ⓗ 단어의 표준 발음을 한글로 적시오.(단, 장단은 고려하지 말 것.)

ⓐ [ ] ⓑ [ ] ⓒ [ ]
ⓓ [ ] ⓔ [ ] ⓕ [ ]
ⓖ [ ] ⓗ [ ] ⓘ [ ]

(나) 위의 ⓐ~ⓗ를 다음의 형태론적 조건에 맞게 분류하시오.

(A) 합성어에 /ㄴ/이 첨가된 예 :
(B) 파생어에 /ㄴ/이 첨가된 예 :
(C) 단어 사이에 /ㄴ/이 첨가된 예 :

(다) "'ㄴ'의 첨가'의 개념을 (나)의 (A)~(C) 조건을 반영하여 한 문장으로 기술하시오.

(라) 다음의 단어에서 결과적으로 일어난 'ㄴ' 첨가 현상은 보기 ⓐ~ⓘ와 어떻게 다른가?

(보) ㉠ 코 + 날 [콘날] ㉡ 이 + 몸 [인몸]

2. 다음은 합성어의 내부에서 /ㄴ/이 첨가된 예이다. ⓐ~ⓗ 단어에 적용된 음운 변동의 과정를 괄호 안의 내용으로 기술한다면, 각 단계에 적용된 음운 변동 규칙을 차례로 기술하시오.(단, ①의 단계에는 두 가지 음운 변동이 적용될 수도 있음.)

ⓐ 구급약 [① 구급냑 → ② 구금냑]
ⓑ 꽃이삭 [① 꼳니삭 → ② 꼰니삭]

ⓒ 늦여름 [①늗녀름 → ②는녀름]

ⓓ 물약 [①물냑 → ②물략]

ⓔ 부엌일 [①부억닐 → ②부엉닐]

ⓕ 불여우 [①불녀우 → ②불려우]

ⓖ 삯일 [①삭닐 → ②상닐]

ⓗ 호박엿 [①호박녇 → ②호방녇]

3. 반모음의 첨가와 관련해서 다음의 과제를 수행하시오.

(가) (보기)에서 변동 전과 변동 후의 음소를 국제 음성 기호(I.P.A)로 표기하시오.

(1) ㄱ. 피-어 [ ] → 피여 [ ]

ㄴ. 개-어서 [ ] → 개여서 [ ]

(나) 위의 (1)에서 변동이 일어난 원인과 변동의 명칭을 설명하시오.

(다) 〈표준 발음법〉의 제22항에서는 반모음 /j/가 첨가된 다음의 발음을 어떻게 처리하고 있는지 설명하시오.

(2) ㄱ. 되어 [되여], 피어 [피여], 기어 [기여], 먹이었다 [머기엳따]

ㄴ. 이것은 책이오 [채기요], 그것이 아니오 [아니요], 어서 오시오 [오시오]

(라) 다음의 비표준 발음이 언어 현실에서 쓰이고 있다. 언어 현실에서 (3)의 변동이 일어날 수 있는 원인을 기술하시오.(단, (1)과 (3)의 공통점과 차이점을 기술할 것.)

ⓐ 보-아라 → [*보와라] ⓑ 주-어서 → [*주워서]

(A) 공통점 :

(B) 차이점 :

{풀이 7}

1. (풀이)

(가) ⓐ [그런 녀자]　ⓑ [눈뇨기]　ⓒ [맨닙]
ⓓ [생년필]　ⓔ [솜니불]　ⓕ [온 닙다]
ⓖ [한녀름]　ⓗ [헌닐]　ⓘ [머근 녇]

(나) (A) ⓑ, ⓓ, ⓔ
(B) ⓒ, ⓖ, ⓗ
(C) ⓐ, ⓕ, ⓘ

(다) "'ㄴ' 첨가'는 주로 합성어나 접두 파생어 그리고 일부 단어와 단어 사이에서, 앞 말이 자음으로 끝나고 뒤의 말이 /ㅣ/나 /j/로 시작할 때에, /ㄴ/이 첨가되는 음운 변동이다.

(라) ㉠ 코 + 날 → [콛날] (/ㄷ/ 첨가) → 콘날(비음화)
㉡ 이 + 몸 → [읻몸] (/ㄷ/ 첨가) → 인몸(비음화)

㉠의 '코+날 [콛날]'과 ㉡의 '이+몸 [읻몸]'은 합성어의 내부에서 앞 어근이 모음으로 끝나고 뒤 어근이 /ㄴ/이나 /ㅁ/으로 시작할 때에, 두 어근의 사이에 /ㄷ/이 첨가된 형태이다. 그 결과 첨가된 /ㄷ/과 뒤 어근의 첫소리 /ㄴ/과 /ㅁ/이 결합하면서 비음화가 일어난 것이다. 따라서 '콧날[콘날]'과 '잇몸[인몸]'은 (가)의 ⓐ~ⓘ에서 나타나는 'ㄴ'의 첨가와는 음운론적 환경이 다르다.

2. (풀이)

(가)
ⓐ 구급약 [구금냑]　ⓑ 꽂이삭 [꼰니삭]　ⓒ 늦여름 [는녀름]
ⓓ 물약 [물략]　ⓔ 부엌일 [부엉닐]　ⓕ 불여우 [불려우]
ⓖ 삯일 [상닐]　ⓗ 호박엿 [호방녇]

(나)
ⓐ 구급약 : ① 'ㄴ'의 첨가 → ② 비음화
ⓑ 꽂이삭 : ① 평파열음화/'ㄴ'의 첨가 → ② 비음화

ⓒ 늦여름 : ① 평파열음화/'ㄴ'의 첨가 → ② 비음화
ⓓ 물약 : ① 'ㄴ'의 첨가 → ② 유음화
ⓔ 부엌일 : ① 평파열음화/'ㄴ'의 첨가 → ② 비음화
ⓕ 불여우 : ① 'ㄴ'의 첨가 → ② 유음화
ⓖ 삯일 : ① 자음군 단순화/'ㄴ'의 첨가 → ② 비음화
ⓗ 호박엿 : ① 'ㄴ'의 첨가/평파열음화 → ② 비음화

3. (풀이)

(가)

(1) ㄱ. 피-어 [/ piə /] → 피여 [/ pijə /]
ㄴ. 개-어서 [/ kɛəsə /] → 개여서 [/ kɛjəsə /]

(나) (1)에서 일어난 변동은 '반모음(활음, /i/)의 첨가에 해당한다. 반모음의 첨가는 형태소와 형태소의 사이에서 일어나는 모음 충돌을 회피하기 위한 방편이다.

(다) (2)처럼 어간과 어미 사이에 모음 충돌을 회피하기 위해서 반모음인 /j/가 첨가되어서 어미의 /ㅓ/와 /ㅗ/가 각각 /ㅕ/와 /ㅛ/로 발음될 수 도 있다. 〈표준 발음법〉의 제22항에서는 변동되지 않은 형태를 원칙으로 하되, /ㅕ/와 /ㅛ/로 발음하는 것도 허용한다.

(라) **(A) 공통점** : (1)과 (2)는 모두 어간과 어미 사이에서 일어나는 모음 충돌을 회피하는 수단으로 어간과 어미 사이에 반모음인 /j/와 /w/가 첨가된 것이다.
(B) 차이점 : (1)의 [피여]와 [개여서]는 어간의 전설 모음의 뒤에서 전설 모음인 /j/가 첨가되었다. 반면에, (2)의 [*보와라]와 [*주워서]는 어간의 후설의 원순 모음인 /ㅗ/와 /ㅜ/ 뒤에서 후설의 원순 반모음인 /w/가 첨가되었다.

[참고] ⓐ 보-아라 [/ poara /] → 보와라 [/ powara /]
ⓑ 주-어서 [/ tɕuəsə /] → 줘서 [/ tɕuwəsə /]

[단원 정리 문제 8]

(제3장 음운의 변동 ― 축약)

3.2.4. 음운의 축약

1. '자음 축약(거센소리되기, 유기음화)'과 관련하여 다음의 과제를 수행하시오.

(가) '입학(入學), 닫히다, 앉히다, 낙하(落下)'의 표준 발음을 적고, 이 단어에서 나타는 '자음 축약'의 개념을 기술하시오.

(A) 표준 발음 :

ⓐ 입학 [ ] ⓑ 닫히다 [ ]

ⓒ 앉히다 [ ] ⓓ 낙하 [ ]

(B) '자음 축약'의 개념을 기술 :

(나) '좋고, 많다, 옳지'에서 일어나는 '자음 축약'이 적용되는 절차를 설명해 보시오.

(다) 동사인 '앓다', '곯다'가 형용사인 '아프다'와 '고프다'로 파생될 때에 적용된 음운 변동 현상을 설명하시오.

2. '트이어'는 '트여'와 '틔어'의 두 가지 준말을 인정한다.(한글 맞춤법 제38항)

(1) 트이어 ― (트 + 이) + 어 → 틔어 [티어]

　　　　　└ 트 + (이 + 어) → 트여 [트여]

(가) 위의 (1)에서 제시된 준말을 감안하여, 아래의 ⓐ~ⓔ와 Ⓐ~Ⓔ에 본디말에 대응되는 준말을 쓰시오.

(2) ㄱ. 까이어 → ⓐ [ ] / Ⓐ [ ]

ㄴ. 보이어 → ⓑ [ ] / Ⓑ [ ]

ㄷ. 쏘이어 → ⓒ [ ] / Ⓒ [ ]

ㄹ. 누이어 → ⓓ [ ] / Ⓓ [ ]

ㅁ. 뜨이어 → ⓔ [　　　　　　] / Ⓔ [　　　　　　]

(나) (2)의 예에서 ⓐ~ⓔ와 Ⓐ~Ⓔ의 음운 변동의 종류를 각각 밝히시오.

3. '고이다, 되다, 뵈다'의 어간에 /ㅓ/로 시작하는 어미인 '-어서'가 붙을 때에, 모음이 축약되는 양상을 설명하시오.

{풀이 8}

1. (풀이)

(가)

(A) ⓐ 입학 [이팍] ⓑ 닫히다 [다치다]

ⓒ 앉히다 [안치다] ⓓ 낙하 [나카]

(B) 두 형태소가 결합하는 과정에서 예사소리인 /ㅂ, ㄷ, ㅈ, ㄱ/과 /ㅎ/이 서로 만나면, 거센소리인 /ㅍ, ㅌ, ㅊ, ㅋ/로 축약된다.

ⓐ /ㅂ/ + /ㅎ/ → /ㅍ/ [입술소리]
ⓑ /ㄷ/ + /ㅎ/ → /ㅌ/ [잇몸소리]
ⓒ /ㅈ/ + /ㅎ/ → /ㅊ/ [경구개음]
ⓓ /ㄱ/ + /ㅎ/ → /ㅋ/ [연구개음]

예를 들어서 '잡히다, 닫히다, 앉히다, 먹히다'에서 앞 형태소의 끝소리인 /ㅂ, ㄷ, ㅈ, ㄱ/과 뒤 형태소의 끝소리인 /ㅎ/이 합쳐져서, 각각 동일한 조음 위치에서 발음되는 /ㅍ, ㅌ, ㅊ, ㅋ/으로 축약된다.

(나) 앞 형태소의 /ㅎ/과 뒤 형태소의 /ㄱ, ㄷ, ㅈ/이 /ㅋ, ㅌ, ㅊ/로 축약될 때에는 다음과 같은 과정을 거친다.

첫째, 축약이 일어나기 전에 '/ㅎ/ + /ㄱ, ㄷ, ㅈ/'에서 '/ㄱ, ㄷ, ㅈ/ + /ㅎ/'으로 'ㅎ 끝소리의 자리 바꾸기'가 먼저 일어난다.

둘째, 앞 형태소의 음소 /ㅎ/와 뒤 형태소의 음소 /ㄱ, ㄷ, ㅈ/가 각각 하나의 음소인 /ㅋ, ㅌ, ㅊ/로 축약되었다.

(다) 동사 어근인 '앓-'과 '곯-'에 형용사 파생 접미사인 '-브-'가 붙어서 된 파생어가 되는 과정에서, 어근의 끝 종성인 /ㅎ/과 /ㅂ/이 /ㅍ/로 축약되었다.

ⓐ [앓- + -브- + -다] → [알프다] → [아프다]
ⓑ [곯- + -브- + -다] → [골프다] → [고프다]

2. (풀이)

(가)

(2) ㄱ. 까이어 → ⓐ [깨어] / Ⓐ [까여]
ㄴ. 보이어 → ⓑ [뵈어] / Ⓑ [보여]
ㄷ. 쏘이어 → ⓒ [쐬어] / Ⓒ [쏘여]
ㄹ. 누이어 → ⓓ [뉘어] / Ⓓ [누여]
ㅁ. 뜨이어 → ⓔ [띄어] / Ⓔ [뜨여]

(나) (ㄱ)에서 ⓐ의 '까이어'가 [깨어]로 변동한 것은 단모음인 /ㅏ/와 /ㅣ/가 하나의 단모음인 /ㅐ/로 축약되었다. 반면에 (ㄱ)에서 '까이어'가 [까여]로 변동한 것은 반모음(활음)인 /j/가 첨가되었다. 이처럼 ⓐ~ⓔ에 일어난 변동은 단모음 두 개가 단모은 한 개로 줄었으므로 '음운의 축약'에 해당한다. 그리고 Ⓐ~Ⓔ에 일어난 변동은 반모음인 /j/가 첨가되었으므로 '음운의 첨가'에 해당한다.

3. (풀이)

'괴다, 되다, 뵈다'의 어간에 연결 어미인 '-어서'가 붙어서 활용하는 양상을 보이면 다음과 같다.

(1) ㄱ. 괴- + -어서 : /괴어서/ → /괘 : 서/
ㄴ. 되- + -어서 : /되어서/ → /돼 : 서/
ㄷ. 뵈- + -어서 : /뵈어서/ → /괘 : 서/

(1)에서 '괴어, 되어, 뵈어'는 어간의 끝 단모음인 /ㅚ/와 어미의 첫 단모음인 /ㅓ/가 하나의 단모음인 /ㅐ/로 축약되었다. 그리고 축약된 단모음인 /ㅐ/는 긴 소리인 /ㅐ : / 로 바뀐다.

[단원 정리 문제 9]

(제3장 음운의 변동 — 사잇소리)

3.2.5. 사잇소리 현상

1. '사잇소리' 현상과 관련하여 다음 물음에 답하시오.

(가) '사잇소리'의 현상에는 된소리되기가 적용된 것이 있다. 이 경우에는 종속적 기능을 가지는 합성 명사에서, 기저에서 어근과 어근 사이에 관형격의 기능을 가지는 'ㅅ'이 첨가되었다고 보는 견해가 있다. 이러한 견해를 수용한다면, 아래의 표의 빈칸에 적절한 단어 형태를 넣으시오.

어근의 결합	기저 형태			표면 형태	표기 형태
	기저 형태 1	⇨	기저 형태 2		
(ㄱ) 초 + 불	ⓐ[ ]	→	ⓑ[ ]	/초뿔/	촛불
(ㄴ) 촌 + 사람	ⓐ[ ]	→	ⓑ[ ]	/촌싸람/	촌사람
(ㄷ) 밤 + 길	ⓐ[ ]	→	ⓑ[ ]	/밤낄/	밤길
(ㄹ) 물 + 독	ⓐ[ ]	→	ⓑ[ ]	/물똑/	물독
(ㅁ) 등 + 불	ⓐ[ ]	→	ⓑ[ ]	/등뿔/	등불
어근 + 어근	/ㅅ/ 첨가	→	평파열음화	된소리되기	

[표 1. 사잇소리 현상의 적용 과정]

(나) 위의 [표 1]에서 'ㅅ'의 첨가 현상을 설정하는 데에 따른 문제점을 현대 국어의 공시태의 관점에서 기술하시오.

(다) 아래의 보기에서 어근과 어근이 결합해서 합성 명사가 될 적에 다음과 같은 음운 변동 과정을 거친다고 할 때에, 각 단계의 변동 현상을 설명하시오.

(1) ㄱ. 대 + 잎 : ⓐ/댓닙/ → ⓑ/댄닙/ → ⓒ/댄닙/
ㄴ. 초 + 불 : ⓐ/촛불/ → ⓑ/촏불/ → ⓒ/초뿔/
ㄷ. 홑 + 이불 : ⓐ/홑니불/ → ⓑ/혼니불/ → ⓒ/혼니불/
ㄹ. 잘 입다 : ⓐ/잘 닙다/ → ⓑ/잘립따/

(라) 〈표준 발음법〉의 제22항과 〈한글 맞춤법〉의 제30항에서는 '코+날'이 /콘날/로 변동한 현상을 /ㄴ/의 첨가로 처리하고 있다. 그러나 '콧날[콘날]'에서 일어나는 변동의 과정을 살펴보면, /ㄴ/의 첨가가 직접적으로 일어나지는 않았다. 여기서 '코 + 날'의 발음이이 최종적으로 /콘날/이 되는 과정을 설명하시오.

2. 어근과 어근이 결합하여 종속적 합성 명사가 형성될 때에, 사잇소리가 실현될 수가 있다. 이와 관련하여 (가), (나), (다)의 과제를 수행하시오.

(1) ⓐ 물(物) + 가(價) → [ ] ⓑ 고(庫) + 간(間) → [ ]
ⓒ 대 + 잎 → [ ] ⓓ 코 + 날 → [ ]
ⓔ 머리 + 방 → [ ] ⓕ 양치(養齒) + 물 → [ ]
ⓖ 봄 + 바람 → [ ] ⓗ 세(貰) + 방(房) → [ ]
ⓘ 솜 + 이불 → [ ] ⓙ 쇠 +조각 → [ ]
ⓚ 수(數) + 자(字) → [ ] ⓛ 앞 + 이마 → [ ]
ⓜ 예사(例事) + 일 → [ ] ⓝ 집 + 일 → [ ]
ⓞ 차(車) + 간(間) → [ ] ⓟ 초(焦) + 점(點) → [ ]
ⓠ 터 + 세 → [ ] ⓡ 퇴(退) + 간(間) → [ ]
ⓢ 회(回) + 수(數) → [ ] ⓣ 후(後) + 날 → [ ]
ⓤ 나무 + 잎 → [ ] ⓥ 비 + 물 → [ ]
ⓦ 전세(傳貰) + 집 → [ ] ⓧ 전세(傳貰)+방(房) → [ ]
ⓨ 사사(私事) + 일 → [ ] ⓩ 대구(對句)+법(法) → [ ]

(가) 위의 (1)에 제시된 합성 명사의 표준 발음을 괄호 안에 적으시오.(단, 장단음은 구분하지 말 것)

(나) 위의 (1)의 단어에서 나는 사잇소리의 유형을 다음과 같이 분류하시오.(ⓐ~ⓩ로 적을 것.)

(A) 앞 어근의 끝소리가 울림소리(유성음)이고 뒷말의 첫소리가 안울림(무성음)의 예사소리이면, 뒤의 예사소리가 된소리로 교체될 수가 있다.

[ ]

(B) 앞 어근이 모음으로 끝나고 뒤의 어근이 /ㄴ, ㅁ/으로 시작되면, 어근 사이에

/ㄴ/ 소리가 첨가될 수가 있다.

[ ]

(C) 뒤의 어근이 /ㅣ/나 반모음 /j/로 시작하면, 어근 사이에 /ㄴ/이 하나 혹은 둘이 첨가될 수가 있다.

㉮ 앞 어근의 자음 뒤에서, /ㄴ/이 첨가됨 : [ ]
㉯ 앞 어근의 모음 뒤에서, /ㄴ/이 첨가됨 : [ ]

(다) 〈한글 맞춤법〉의 제30항에서 설정한 '사이시옷'의 표기 원리에 따라서, (1)의 합성 명사 중에서 사이시옷을 붙여서 표기해야 할 단어를 고르시오.

[ ]

{풀이 9}

1. (풀이)

(가)

(ㄱ) ⓐ [초ㅅ + 불] ⓑ [/초ㄷ + 불/] (ㄴ) ⓐ [촌ㅅ + 사람] ⓑ [/촌ㄷ + 사람/]
(ㄷ) ⓐ [밤ㅅ + 길] ⓑ [/밤ㄷ + 길/] (ㄹ) ⓐ [물ㅅ + 독] ⓑ [/물ㄷ + 독/]
(ㅁ) ⓐ [등ㅅ + 불] ⓑ [/등ㄷ + 불/]

(나) 현대 국어의 공시태에서는 관형격 조사인 '-ㅅ'이 인정되지 않는다. 따라서 사잇소리 현상에서 'ㅅ'의 첨가가 아니라 음소 단위인 /ㄷ/의 첨가로 처리해야 한다. 여기서 'ㅅ'은 종성의 /ㄷ/을 표기한 글자이다.(〈한글 맞춤법〉의 제7항 참조.)

(다)

(1) ㄱ. 대 + 잎 : ⓐ [ㄷ 첨가] → ⓑ [평파열음화] → ⓒ [비음화]
ㄴ. 초 + 불 : ⓐ [ㄷ 첨가] → ⓑ [평파열음화] → ⓒ [된소리되기]
ㄷ. 홑 + 이불 : ⓐ [ㄴ 첨가] → ⓑ [평파열음화] → ⓒ [비음화]
ㄹ. 잘 # 입다 : ⓐ [ㄴ 첨가] → ⓑ [유음화]

(다) 〈표준어 규정〉과 〈한글 맞춤법〉과 에서는 '코 + 날'이 /콘날/이 되는 현상을 사잇소리 현상 중에서 /ㄴ/의 첨가로 설명하고 있다. 그러나 이러한 처리하는 것은 최종적인 표면 형태만 고려한 것이므로 타당성이 떨어진다.

(1) ㄱ. 집 + 일 : /집닐/ → /짐닐/
ㄴ. 코 + 날 : /콛날/(ㄷ 첨가) → /콛날/(평파열음화) → /콘날/(비음화)

(ㄱ)에서 /ㄴ/ 첨가는 앞 어근이 자음으로 끝나고 뒤 어근이 /ㅣ/나 /j/로 시작하는 경우에만 성립한다. 이와는 달리 (ㄴ)의 '콧날[콘날]'은 /ㄴ/의 첨가와는 관련이 없이, 합성어의 어근 사이에 /ㄷ/이 첨가되고 난 다음에 평파열음화나 비음화가 이어서 적용된 결과이다.

2. (풀이)

(가) ⓐ [물까] ⓑ [곧깐]
ⓒ [댄닙] ⓓ [콘날]
ⓔ [머리빵/머릳빵] ⓕ [양친물]
ⓖ [봄빠람] ⓗ [세빵/섿빵]
ⓘ [솜니불] ⓙ [쇠쪼각/쇧쪼각]
ⓚ [수짜/숟짜] ⓛ [암니마]
ⓜ [예산닐] ⓝ [짐닐]
ⓞ [찯깐] ⓟ [초쩜/촏쩜]
ⓠ [터쎄/턷쎄] ⓡ [퇴깐/퇻깐]
ⓢ [회쑤/횓쑤/훼쑤/훧쑤] ⓣ [훈날]
ⓤ [나문닙] ⓥ [빈물]
ⓦ [전세찝/전섿찝] ⓧ [전세빵/전섿빵]
ⓨ [사산닐] ⓩ [대꾸뻡/대꾿뻡]

(나) (A) [ⓐ, ⓑ, ⓔ, ⓖ, ⓗ, ⓙ, ⓚ, ⓞ, ⓟ, ⓠ, ⓡ, ⓢ, ⓦ, ⓧ]
(B) [ⓓ, ⓕ, ⓣ, ⓥ]
(C) ㉮ [ⓒ, ⓛ, ⓝ]
㉯ [ⓘ, ⓜ, ⓤ, ⓨ]

(다) [ⓑ, ⓒ, ⓓ, ⓔ, ⓕ, ⓗ, ⓙ, ⓚ, ⓜ, ⓞ, ⓠ, ⓡ, ⓢ, ⓣ, ⓤ, ⓥ, ⓦ, ⓨ]

[단원 정리 문제 10]

(제3장 음운의 변동 — 변동의 유형)

3.2.6. 음운 변동의 유형

○ 자동적 교체와 비자동적 교체

① 자동적 교체 : 동일한 음운론적 환경에서는 형태소의 형태(음운)이 예외 없이 그리고 반드시 교체되는 변동이다.(보편적 · 필연적 교체)

② 비자동적 교체 : 특정한 음운론적 환경에서 교체가 일어나는지만, 동일한 음운론적 환경에서 교체되지 않는 예외가 있는 변동이다.(한정적, 임의적 교체)

(1) ⓐ 값-도 [갑또] ⓑ 걷(步)-어 [거러]
ⓒ 국-물 [궁물] ⓓ 굳- + -이 [구지]
ⓔ 노랗- + -면 [노라면] ⓕ 되- + -어 [되여]
ⓖ 받(受)-는다 [반는다] ⓗ 백로(白鷺) [뱅노]
ⓘ 벗(脫)-기-다 [벅끼다] ⓙ 칼-날 [칼랄]
ⓚ 호랑-이 [호랭이]

1. 위에 있는 글상자 안의 글을 읽고, (가)와 (나)의 과제를 해결하시오.

(가) 글상자의 보기 (1)의 단어에 적용된 음운 변동이나 불규칙 활용의 명칭을 쓰시오.

ⓐ 값-도 [ ] ⓑ 걷(步)-어 [ ]
ⓒ 국-물 [ ] ⓓ 굳- + -이 [ ]
ⓔ 노랗- + -면 [ ] ⓕ 되- + -어 [ ]
ⓖ 받(受)-는다 [ ] ⓗ 백로(白鷺) [ ]
ⓘ 벗(脫)-기-다 [ ] ⓙ 칼-날 [ ]
ⓚ 호랑-이 [ ]

(나) 다음의 단어 교체 현상에서 '자동적 교체'와 '비자동적 교체'에 해당하는 예를 쓰시오. (ⓐ~ⓚ로 쓸 것.)

(A) 자동적 교체 : [ ]

(B) 비자동적 교체 : [ ]

{풀이 10}

(가)

ⓐ 값-도 [갑또], [자음군 단순화, 된소리되기]

ⓑ 걷(步)-어 [거러] [불규칙 활용]

ⓒ 국-물 [궁물] [비음동화]

ⓓ 굳- + -이[구지] [구개음화]

ⓔ 노랗- + -면 [노라면] ['ㅎ' 불규칙 활용]

ⓕ 되- + -어[되여] ['j' 첨가]

ⓖ 받(受)-는다 [반는다], [비음동화]

ⓗ 백로[뱅노] [비음화]

ⓘ 벗(脫)-기-다 [벅끼다] [자음의 위치 동화]

ⓙ 칼-날 [칼랄] [비음의 유음화]

ⓚ 호랑-이 [호랭이] [모음 동화]

(나)

(A) 자동적 교체 : ⓐ, ⓒ, ⓖ, ⓗ, ⓙ

(B) 비자동적 교체 : ⓑ, ⓓ, ⓔ, ⓕ, ⓘ, ⓚ

[단원 정리 문제 11]

(제3장 음운의 변동 — 음운 변동의 종합 문제)

3.2.7. 음운 변동의 종합 문제

1. 다음 단어의 변동된 발음을 참조하여, 이 단어에 적용된 음운 변동 규칙을 쓰시오.

(1) 강 + 론	[강 : 논]	(2) 격 + 년	[경년]
(3) 국 + 물	[궁물]	(4) 금 + 리	[금니]
(5) 꽂 + -과	[꼳꽈]	(6) 끓- + -이- + 다	[끼리다]
(7) 끼- + -어	[끼여]	(8) 낮 + -조차	[낟쪼차]
(9) 낳- + -으니	[나으니]	(10) 놓- + -아	[놔 :]
(11) 능 + 력	[능녁]	(12) 닳- + -는	[달른]
(13) 담 + 요	[담뇨]	(14) 보아라	[보와라]
(15) 많- + -지	[만 : 치]	(16) 맨- + 입	[맨닙]
(17) 묻- + -고	[묵꼬]	(18) 바깥 + 사람	[바깓싸람]
(19) 밖 + -도	[박또]	(20) 밟- + -고	[밥 : 꼬]
(21) 밭 + -만	[반만]	(22) 부엌일	[부엉닐]
(23) 삶#	[삼 :]	(24) 숲 + -도	[숩또]
(25) 먹이- + -어	[먹여]	(26) 신- + 여성	[신녀성]
(27) 아래 + 입술	[아랜닙쑬]	(28) 안- + -기- + -다	[앵기다]
(29) 앉- + -고	[안꼬]	(30) 앞 + 잡- + -이	[압째비]
(31) 업 + 무	[엄무]	(32) 옮- + -거든	[옴 : 꺼든]
(33) 오- + -시- + -오	[오시오]	(34) 옷 + -과	[옥꽈]
(35) 울- + -ㄴ	[운 :]	(36) 읊- + -고	[읍꼬]
(37) 잃- + -소	[일쏘]	(38) 쑤- + -어서	[쒀서]
(39) 잡 + 념	[잠념]	(40) 자- + -았- + -다	[잗따]
(41) 좋- + -아	[조 : 와]	(42) 채- + -어라	[채 : 라]
(43) 치- + -어도	[처도]	(44) 코 + 날	[콘날]

(45) 팔- + -니	[파 : 니]	(46) 피- + -어	[피여]
(47) 핥- + -지	[할찌]	(48) 함 + 락	[함낙]
(49) 후(後) + 날	[훈 : 날]	(50) 흙 + -만	[흥만]

{풀이 11}

(1) 강론 [강 : 논] : 유음의 비음화

(2) 격년(隔年) [경년] : 파열음의 비음화

(3) 국물 [궁물] : 파열음의 비음화

(4) 금리 [금니] : 유음의 비음화

(5) 꽃 과 [꼳꽈] : 평파열음화, 된소리되기

(6) 끓이다 [끼리다] : 'ㅎ' 탈락, 모음 동화

(7) 끼어 [끼여] : 'j' 첨가

(8) 낮조차 [낟쪼차] : 평파열음화, 된소리되기

(9) 낳으니 [나으니] : 'ㅎ' 탈락, 매개 모음의 탈락

(10) 놓아 [놔 :] : 'ㅎ' 탈락, 모음 교체('ㅗ'→'w')

(11) 능력 [능녁] : 유음의 비음화

(12) 닳는 [달른] : 자음군 단순화, 유음화

(13) 담요 [담뇨] : 'ㄴ' 첨가

(14) 보아라 [보와라] : 'w' 첨가

(15) 많지[만 : 치] : 자음 축약

(16) 맨입 [맨닙] : 'ㄴ' 첨가

(17) 묻고 [묵꼬] : 된소리되기, 자음의 위치 동화

(18) 바깥사람 [바깓싸람] : 평파열음화, 된소리되기

(19) 밖도 [박또] : 평파열음화, 된소리되기

(20) 밟고 [밥 : 꼬] : 자음군 단순화, 된소리되기

(21) 밭만 [반만] : 평파열음화, 파열음의 비음화

(22) 부엌일[부엉닐] : 평파열음화, 'ㄴ' 첨가, 파열음의 비음화

(23) 삶[삼 :] : 자음군 단순화

(24) 숲도[숩또] : 평파열음화, 된소리되기

(25) 먹이어 [먹여] : 모음 교체('i'→'j')

(26) 신여성 [신녀성] : 'ㄴ' 첨가

(27) 아랫입술 [아랜닙쑬] : 'ㄷ' 첨가, 'ㄴ' 첨가, 파열음의 비음화, 된소리되기

(28) 안기다 [앵기다] : 모음 동화, 자음의 위치 동화

(29) 앉고 [안꼬] : (?평파열음화)[1], 자음군 단순화, 된소리되기

(30) 앞잡이 [압짜비] : 평파열음화, 된소리되기, 모음 동화

(31) 업무 [엄무] : 파열음의 비음화

(32) 옮거든 [옴 : 꺼든] : 자음군 단순화, 된소리되기

(33) 오시오 [오시요] : 'j' 첨가

(34) 옷과[옥꽈] : 평파열음화, 된소리되기, 자음의 위치 동화

(35) 울-ㄴ [운 :] : 'ㄹ' 탈락(자음군 단순화)

(36) 읊고 [읍꼬]/[윽꼬] : 평파열음화, 된소리되기, 자음군 단순화/자음의 위치 동화

(37) 잃소 [일쏘] : 평파열음화, 된소리되기, 자음군 단순화

(38) 쑤어서 [쒀서] : 모음 교체('ㅜ'→'w')

(39) 잡념 [잠념] : 파열음의 비음화

(40) 잤다 [잔따] : 'ㅏ' 탈락, 평파열음화, 된소리되기

(41) 좋아 [조 : 와] : 'ㅎ' 탈락, 'w' 첨가

(42) 채어라 [채 : 라] : 모음 탈락

(43) 치어도 [쳐도] : 모음 교체('i'→ 'j')

(44) 콧날 [콘날] : 'ㄷ' 첨가, 파열음의 비음화

(45) 팔-니 [파 : 니] : 'ㄹ' 탈락

(46) 피어 [피어]/[피여] : 반모음 첨가

(47) 핥지 [할찌] : 평파열음화, 된소리되기, 자음군 단순화

(48) 함락 [함낙] : 유음의 비음화

(49) 훗날 [훈 : 날] : 'ㄷ' 첨가, 평파열음화, 파열음의 비음화

(50) 흙만 [흥만] : 파열음의 비음화, 자음군 단순화

---

1) 이진호(2024:247)에서는 "음운 규칙은 적용 조건을 만족하는 한 일관되게 적용한다."는 음운 변동 규칙의 원칙을 설정하였다. 곧, 평파열음화가 일어날 가능성이 있는 음운론적 환경에서는, 실제 실현 여부와 관계없이 평파열음화를 일률적으로 적용하였다. 이에 따르면 (29)의 '앉고'가 [안꼬]로 변동하는 것은 '평파열음화, 된소리되기, 자음군 단순화'가 적용된 결과이다. 반면에 실제의 음운 변동만 반영하면 '자음군 단순화'와 '된소리되기'만 적용된 것으로 처리해야 한다. 이 책에서는 두 가지의 관점을 반영하되, 이진호(2024)에 따라서 설정한 평파열음화는 (?평파열음화)로 표시한다.

제2부 <표준 발음법>의 단원 정리

[단원 정리 문제 12]

(제2부 〈표준 발음법〉의 종합 문제)

1. 다음 단어 중에서 괄호 안에 〈표준 발음법〉에 따른 발음을 적으시오.(긴소리는 [:]로 표기하며, 허용된 발음은 표준어의 발음으로 간주한다.)

	단어	표준 발음	단어	표준 발음
(가)	① 6·25	[ ]	② 가져	[ ]
	③ 감-기	[ ]	④ 값-을	[ ]
	⑤ 공권-력	[ ]	⑥ 긁-는	[ ]
	⑦ 금-융	[ ]	⑧ 꼬-이-다	[ ]
	⑨ 꽃-을	[ ]	⑩ 꽃-길	[ ]
(나)	⑪ 냇-가	[ ]	⑫ 넋-과	[ ]
	⑬ 넓-죽-하다	[ ]	⑭ 두-어→둬	[ ]
	⑮ 디귿-에	[ ]	⑯ 땀-받-이	[ ]
	⑰ 떫-지	[ ]	⑱ 맑-다	[ ]
	⑲ 먹-히-다	[ ]	⑳ 멀-리	[ ]
(다)	㉑ 몰-상식	[ ]	㉒ 무늬	[ ]
	㉓ 문-고리	[ ]	㉔ 물난리	[ ]
	㉕ 물-동이	[ ]	㉖ 묽-고	[ ]
	㉗ 밀-물	[ ]	㉘ 밟-소	[ ]
	㉙ 밟-히-다	[ ]	㉚ 밤-윷	[ ]
(라)	㉛ 베갯-잇	[ ]	㉜ 색-연필	[ ]
	㉝ 서울-역	[ ]	㉞ 손-가락	[ ]
	㉟ 손-재주	[ ]	㊱ 솔-잎	[ ]

	㊲ 솜-이불	[ ]	㊳ 신(着)-고	[ ]
	㊴ 신(着)-어	[ ]	㊵ 신-라(新羅)	[ ]
(마)	㊶ 싫-소	[ ]	㊷ 쪽-밤	[ ]
	㊸ 쌓-네	[ ]	㊹ 쌓-이-다	[ ]
	㊺ 쌓-지	[ ]	㊻ 아침-밥	[ ]
	㊼ 안-기-다	[ ]	㊽ 옆-집	[ ]
	㊾ 옷 입-다	[ ]	㊿ 옷 한 벌	[ ]
(바)	(51) 우리-의	[ ]	(52) 있-다	[ ]
	(53) 잘 입-다	[ ]	(54) 젖-어미	[ ]
	(55) 지혜	[ ]	(56) 초승-달	[ ]
	(57) 하-여→해	[ ]	(58) 한 일	[ ]
	(59) 할 것-을	[ ]	(60) 할 적-에	[ ]

2. 다음에 제시한 단어의 표준 발음을 적고, 이들 단어에서 일어난 음운 변동의 양상을 아래의 [보기]처럼 기술하시오.

[보기]

① 제시 단어 : 베갯잇
② 표준 발음 : [베갠닏]
③ 음운 변동 : 사잇소리('ㄷ' 첨가, 'ㄴ' 첨가, 평파열음화, 파열음의 비음화
④ 음운 변동의 종류를 제시할 때에는 다음의 용어를 사용할 것.
파열음의 비음화, 유음의 비음화, 비음의 유음화, 평파열음화, 된소리되기, 구개음화, 'j' 교체, 'w' 교체, 자음군 단순화, 'ㄹ' 탈락, 'ㅅ' 첨가, 'ㄴ' 첨가, 'j' 첨가, 'w' 첨가, 자음 축약, 모음 축약,

제시된 단어	표준 발음	음운 변동의 종류
갈-등		
갈-증		
값-매기다		

값-있는		
광한-루		
굳-히-다		
깻-잎		
꽃-잎		
나뭇-잎		
넓-게		
넓-둥글다		
닭-장		
더듬-지		
되-어		
뒷-윷		
땀-받-이		
뚫-는		
막-론		
만날 사람		
몫-몫-이		
물-엿		
바람-결		
밤-윷		
뱃-전		
손-재주		
솔-잎		
쌓-네		
쌓-이-다		
쌓-지		
아니-오		
아랫-니		
아침-밥		

앉-다		
얹-다		
얽-거나		
웃-다		
읊-조리-다		
입원-료		
있-던		
잘 입다		
젖-멍울		
쫓-는		
쫓-아		
침-략		
콧-등		
툇-마루		
한-여름		
할-는지		
할-지라도		
핥-네		
핥-아		
햇-살		
헛-웃음		
훑-소		

{ 풀이 12 }

1. (풀이)

(가) ① 6·25 [유기오] ② 가져 [가저]

③ 감-기 [감기] ④ 값-을 [갑쓸]

	단어	발음	단어	발음
	⑤ 공권-력	[공꿘녁]	⑥ 긁-는	[긍는]
	⑦ 금융	[금늉/그뮹]	⑧ 꾀-다	[꾀ː다/꿰ː다]
	⑨ 꽃-을	[꼬츨]	⑩ 꽃-길	[꼳낄]
(나)	⑪ 냇-가	[내ː까/낻ː까]	⑫ 넋-과	[넉꽈]
	⑬ 넓-죽하다	[넙쭈카다]	⑭ 두-어→둬	[둬ː]
	⑮ 디귿-에	[디그세]	⑯ 땀-받-이	[땀바지]
	⑰ 떫-지	[떨ː찌]	⑱ 맑-다	[막따]
	⑲ 먹-히-다	[머키다]	⑳ 멀-리	[멀ː리]
(다)	㉑ 몰-상식	[몰쌍식]	㉒ 무늬	[무니]
	㉓ 문-고리	[문꼬리]	㉔ 물-난리	[물랄리]
	㉕ 물-동이	[물똥이]	㉖ 묽-고	[물꼬]
	㉗ 밀-물	[밀물]	㉘ 밟-소	[밥ː쏘]
	㉙ 밟-히-다	[발피다]	㉚ 밤-윷	[밤ː늍]
(라)	㉛ 베갯-잇	[베갠닏]	㉜ 색-연필	[생년필]
	㉝ 서울-역	[서울력]	㉞ 손-가락	[손까락]
	㉟ 손-재주	[손째주]	㊱ 솔-잎	[솔립]
	㊲ 솜-이불	[솜ː니불]	㊳ 신-고	[신ː꼬]
	㊴ 신-어	[시너]	㊵ 신-라	[新羅, 실라]
(마)	㊶ 싫-소	[실쏘]	㊷ 쪽-밤	[쪽빰]
	㊸ 쌓-네	[싼네]	㊹ 쌓-이-다	[싸이다]
	㊺ 쌓-지	[싼찌/싸찌]	㊻ 아침-밥	[아침밥]
	㊼ 안-기-다	[안기다]	㊽ 옆-집	[엽찝]
	㊾ 옷 입-다	[온닙따]	㊿ 옷 한 벌	[오탄벌]
(바)	51 우리-의	[우리의/우리에]	52 있-다	[읻따]
	53 잘 입-다	[잘립따]	54 젖-어미	[저더미]
	55 지-혜	[지혜/지혜]	56 초승-달	[초승딸]
	57 하 -여→해	[해ː]	58 한 일	[한닐]
	59 할 것-을	[할꺼슬]	60 할 적-에	[할쩌게]

2. 풀이

단어	표준 발음	음운 변동의 종류
갈-등	[갈뜽]	된소리되기
갈-증	[갈쯩]	된소리되기
값 매기다	[감 매기다]	자음군 단순화, 파열음의 비음화
값-있-는	[가빈는]	자음군 단순화, 평파열음화, 연음 규칙, 파열음의 비음화
광한-루	[광ː할루]	유음화
굳-히-다	[구치다]	자음 축약, 구개음화
깻-잎	[깬닙]	‘ㄷ’ 첨가, ‘ㄴ’ 첨가, 파열음의 비음화
꽃-잎	[꼰닙]	‘ㄷ’ 첨가, ‘ㄴ’ 첨가, 파열음의 비음화
나뭇-잎	[나문닙]	‘ㄷ’ 첨가, ‘ㄴ’ 첨가, 파열음의 비음화
넓-게	[널께]	된소리되기, 자음군 단순화
넓-둥글-다	[넙뚱글다]	된소리되기, 자음군 단순화
닭-장	[닥짱]	된소리되기, 자음군 단순화
더듬-지	[더듬찌]	된소리되기
되-어	[되여]	‘j’ 첨가
뒷-윷	[뒨ː뉻]	‘ㄷ’ 첨가, ‘ㄴ’ 첨가
땀-받-이	[땀바지]	연음 규칙, 구개음화
뚫-는	[뚤른]	(?평파열음화), 자음군 단순화, 유음화
막-론	[망논]	유음의 비음화, 파열음의 비음화
만날 사람	[만날 싸람]	된소리되기
몫-몫-이	[몽목씨]	(?평파열음화), 자음군 단순화, 파열음의 비음화, 연음 규칙, 된소리되기
물-엿	[물렫]	평파열음화, ‘ㄴ’ 첨가, 유음화
바람-결	[바람껼]	‘ㄷ’ 첨가, 된소리되기
밤-윷	[밤ː뉻]	평파열음화, ‘ㄴ’ 첨가
뱃-전	[밴쩐]	‘ㄷ’ 첨가, 된소리되기
손-재주	[손째주]	‘ㄷ’ 첨가, 된소리되기
솔-잎	[솔립]	평파열음화, ‘ㄴ’ 첨가, 유음화
쌓-네	[싼네]	평파열음화, 파열음의 비음화

쌓이-다	[싸이다]	'ㅎ' 탈락
쌓-지	[싸치]	자음 축약
아니-오	[아니오/아니요]	'j' 첨가
아랫-니	[아랜니]	'ㄷ' 첨가, 'ㄴ' 첨가, 파열음의 비음화
아침-밥	[아침빱]	'ㄷ 첨가, 된소리되기
앉-다	[안따]	(?평파열음화), 자음군 단순화, 된소리되기
얹-다	[언따]	(?평파열음화), 자음군 단순화, 된소리되기
얽-거나	[얼꺼나]	된소리되기, 자음군 단순화
웃-다	[운 : 따]	평파열음화, 된소리되기
읊-조리-다	[읍쪼리다]	평파열음화, 된소리되기, 자음군 단순화
입원-료	[이붠뇨]	연음 규칙, 유음의 비음화
있-던	[읻떤]	평파열음화, 된소리되기
잘 입-다	[잘립따]	'ㄴ' 첨가, 유음화, 된소리되기
젖-멍울	[전멍울]	평파열음화, 파열음의 비음화
쫓-는	[쫀는]	평파열음화, 파열음의 비음화
쫓-아	[쪼차]	연음 규칙
침-략	[침냑]	유음의 비음화
콧-등	[콛뜽]	'ㄷ' 첨가, 된소리되기
툇-마루	[퇸마루]	'ㄷ' 첨가, 파열음의 비음화
한-여름	[한녀름]	'ㄴ' 첨가
할-는지	[할른지]	유음화
할-지라도	[할찌라도]	된소리되기
핥-네	[할레]	(?평파열음화), 자음군 단순화, 유음화
핥-아	[할타]	연음 규칙
햇-살	[핻쌀]	'ㄷ' 첨가, 된소리되기
헛-웃음	[허두슴]	연음 규칙('헛-'은 원래의 발음이 /헏/이다. /ㄷ/을 'ㅅ'으로 표기한 것은 〈한글 맞춤법〉의 제7항에 따른 표기이다.)
훑-소	[훌쏘]	평파열음화, 된소리되기, 자음군 단순화

참고 문헌

강옥미(2003), 『국어 음운론 연구』, 태학사.

강창석(1984), 『국어의 음절 구조와 음운현상』, 국어학 13, 국어학회.

고영근(1991), 『표준 중세 국어 문법론』, 탑출판사.

고영근 · 남기심(1996), 『표준 국어 문법론』, 탑출판사.

교육부(2022), 『2022개정 교육과정에 따른 교과용 도서 개발을 위한 편수자료 II』. 화신문화.

구현옥(2010), 『국어 음운학의 이해』, 개정판, 한국문화사.

권경근(2005), 「국어의 음운적 세기에 대하여」, 한글 270호, 한글학회.

권성미(2017), 『한국어 발음 교육론』, 한글파크.

교육인적자원부(2010), 『고등 학교 교사용 지도서 문법』, (주)교학사

교육인적자원부(2010), 『고등 학교 문법』, (주)교학사.

구현정 · 전영옥(2005), 『의사 소통의 기법』, 박이정.

국립국어연구원(1999), 『표준 국어 대사전』, 동아출판사.

국립국어연구원(2001), 『국어연구원에 물어보았어요』 -일반용-.

국어연구소(1988), 『한글 맞춤법 해설』.

권종성(1987), 『문자학』, 과학 백과사전 출판사.

김문창(1984), 『문자 표기론』, 세계문학사.

김문창(1994), 「정서법 연구 서설」, 인하어문연구 1, 인하대 국어국문학과.

김영선(2001), 「음운현상에서의 통시성과 공시성」, 국어국문학 19, 동아대.

김영송(1963), 『방언 - 음운, 경상남도지 중권』, 경상남도지 편찬위원회.

김완진(1971), 『국어 음운 체계의 연구』, 일조각.

김유범(2007), 『중세국어 문법형태소의 형태론과 음운론』, 도서출판 월인.

김정태(1996), 『국어 과도음 연구』, 박이정.

김주필(2015), 『구개음화의 통시성과 역동성』, 태학사.

김태경(1999), 「국어 자음의 변동 원리와 제약」, 한양대 대학원, 박사학위 논문.

나진석(1963), 『방언 - 어법, 경상남도지 중권』, 경상남도지 편찬위원회.

나찬연(2010), 『언어 · 국어 · 문화』, 도서출판 월인.
나찬연(2019), 『국어 어문 규정의 이해』, 도서출판 월인.
나찬연(2020), 『중세 국어의 이해』, 경진출판.
나찬연 · 나벼리(2015), 『고등학교 국어 문법』, 경진출판.
문화체육관광부(2012), 『국어 어문 규정집』, 대한교과서(주).
민병곤 외(2025), 『고등학교 화법과 언어』, 미래앤.
민현식(1999), 『국어 정서법 연구』, 태학사.
민현식(1999), 「방송언어론」, 화법연구 1집, 한국화법학회.
배영환(2005), 「'ㅎ'- 말음 어간의 재구조화 연구」, 충남대 대학원, 박사학위 논문.
배주채(2003), 『한국어의 발음』, 삼경문화사.
서 혁 외(2025), 『고등학교 화법과 언어』, 지학사.
신성철(2018), 『ㄹ 두음법칙의 통시적 고찰』, 국어학 85, 국어학회.
신지영(2000), 『말소리의 이해』, 한국문화사.
양순임(2011), 『말소리』 제3판, 도서출판 월인.
양정호 외(2025), 『고등학교 화법과 언어』, 동아출판.
연규동(1998), 『통일시대의 한글 맞춤법』, 박이정
안병섭(2010), 『한국어 운율과 음운론』, 도서출판 월인.
오정란(1995), 『비음화와 비음동화』, 국어학 25, 국어학회.
원영섭(1997), 『예문으로 배우는 한글 맞춤법』, 세창출판사.
이관규 외(2025), 『고등학교 화법과 언어』, 비상교육.
이광호 · 한재영 · 장소원(1998), 『국어 정서법』, 한국방송대학교 출판부.
이근열(1996), 「우리말의 올바른 표현」, 한국어의 이해, 우리말 연구회.
이기문(1977), 『국어 음운사 연구』, 탑출판사.
이문규(2013), 『국어 교육을 위한 현대 국어 음운론』, 한국문화사.
이오덕(1997), 『우리글 바로쓰기』, 한길사.
이은정(1988), 『개정한 한글 맞춤법·표준어 해설』, 대제각.
이진호(2008), 『통시적 음운 변화의 공시적 기술』, 삼경문화사.
이진호(2010), 「국어 최소대립쌍의 설정에 대하여」, 어문학 107, 한국어문학회.
이진호(2012), 『국어 음운론 강의』, 삼경문화사.
이진호(2020), 「한국어 파열음 체계의 언어 유형론적 고찰」, 『어문연구』 186호, 한국어문교육연구회.
이진호(2024), 『국어 음운론 강의』(개정 증보판), 집문당.

이현복(2000), 『한국어의 표준 발음』, 개정판, 교육과학사.
이호영(1996), 『국어음성학』, 태학사.
이홍식 · 이은경(2017), 『교체의 분류에 대하여』, 국어학 43, 국어학회.
이희승 · 안병희(1995), 『한글 맞춤법 강의』, 고침판, 신구문화사.
임지룡(1993), 『국어 의미론』, 탑출판사.
임홍빈(1997), 「외래어의 개념과 그 표기법의 형성과 원리」, 한글 맞춤법 무엇이 문제인가, 태학사.
정경일 외(2000), 『한국어의 탐구와 이해』, 박이정.
정연찬(1997), 『한국어 음운론』, 개정판, 한국문화사
정　철(1962), 「국어 음소 배열의 연구」, 석사학위 논문, 경북대학교.
정희원(1997), 「역대 주요 로마자 표기법 비교」, 새국어생활 제7권 제2호, 국립국어연구원.
주시경(1914), 『말의 소리』, 역대문법대계. 탑출판사.
차현실 외(1998), 『현대 국어의 사용 실태 연구』, 태학사.
최현배(1980), 『우리말본』, 깁고 고침, 정음사.
하호빈(2008), 『음절 구조와 공명도를 통한 국어 자음 동화 연구』, 석사학위 논문, 홍익대학교 대학원.
한수정(2014), 「불규칙 용언의 활용형 연구」, 부산대 대학원 박사학위 논문.
한영균(1997), 모음의 변화, 『국어사 연구』, 태학사.
허　웅(1975), 『우리 옛말본』, 샘문화사.
허　웅(1981), 『언어학』, 샘문화사.
허　웅(1984), 『국어학』, 샘문화사.
허　웅(1986), 『국어 음운학』, 샘문화사.

河野六郎(1945), 朝鮮方言學試攷 - 「鋏」語考, 京城帝國大學校文學會論聚 第十一輯, 京城 : 東都書籍株式會社 京城支店.
Daniel Jones(1960), “an outline of English phonetics”, Nine editions. Cambridge. W. Heffer & Sons LTD.
Denes & Pinson(1970), “The Speech Chain”, Seventh printing. Bell Telephone Laboratories.

찾아보기

*지은이 **나찬연**은 1960년 부산에서 태어났다. 부산대학교 국어국문학과를 나오고(1986), 같은 학교 대학원에서 문학 석사(1993)와 문학 박사(1997) 학위를 받았다. 지금은 경성대학교 인문문화학부 국어국문학전공에서 교수로 재직하고 있으면서 국어학 분야의 강의를 맡고 있다.

주요 논저

우리말 이음에서의 삭제와 생략 연구(1993), 우리말 의미중복 표현의 통어·의미 연구(1997), 우리말 잉여 표현 연구(2004), 옛글 읽기(2011), 벼리 한국어 회화 초급 1, 2(2011), 벼리 한국어 읽기 초급 1, 2(2011), 제2판 언어·국어·문화(2013), 제2판 훈민정음의 이해(2013), 근대 국어 문법의 이해−강독편(2013), 표준 발음법의 이해(2013), 제5판 현대 국어 문법의 이해(2017), 쉽게 읽는 월인석보 서, 1, 2, 4, 7, 8, 9, 10, 11, 12(2017~2022), 쉽게 읽는 석보상절 3, 6, 9, 11, 13, 19(2017~2019), 제2판 학교 문법의 이해 1, 2(2018), 한국 시사 읽기(2019), 한국 문화 읽기(2019), 국어 어문 규정의 이해(2019), 현대 국어 의미론의 이해(2019), 국어 교사를 위한 고등학교 문법』(2020), 중세 국어의 이해(2020), 중세 국어 강독(2020), 근대 국어 강독(2020), 길라잡이 현대 국어 문법(2021), 길라잡이 국어 어문 규정(2021), 중세 국어 서답형 문제집(2022), 현대 국어 문법(2023), 국어 교육을 위한 학교 문법 1, 2(2024), 대학 수학능력시험을 위한 고등학교 국어 문법-이론편(2025, 공저)

*지은이 **나벼리**는 1990년 부산에서 태어났다. 건국대학교 국어국문학과를 나오고(1986), 고려대학교 교육대학원에서 교육학 석사(2019)와 부산대학교에서 문학 박사(2014) 학위를 받았다.

주요 논저

탐구학습을 활용한 '이다'의 교수−학습 방법 연구(석사학위 논문, 2019), 중세 국어의 '리'와 '니' 종결문의 생략 현상(2020), 중세 한국어 '이샤'의 문법적 성격과 실현 양상(2021), 중세국어 문법상 체계의 변화 연구(박사학위 논문, 2024), 훈민정음 'ㅣ' 상합 글자 교육의 개선 방안(2024), 문법 교육을 위한 품사와 문장성분의 연계 교육 방안(2024), 대학 수학능력시험을 위한 고등학교 국어 문법−이론편(2025, 공저)

* '학교 문법 교실(http://scammar.com)'에서는 이 책의 내용과 관련한 학습 자료를 제공합니다. '강의실'에서는 이 책의 주요 내용에 대하여 동영상 강의를 제공하며, '문답방'을 통하여 독자들의 질문에 대하여 지은이가 직접 피드백을 합니다. 아울러서 이 책에서 다룬 '중세 국어'와 '근대 국어'의 예문에 대한 주해서를 자료실에서 내려받을 수 있습니다.

[학교 문법 중심]

국어의 음운 이론과 표준 발음법

1판 1쇄 인쇄_2026년 01월 10일
1판 1쇄 발행_2026년 01월 20일

지은이_나찬연 · 나벼리
펴낸이_양정섭

펴낸곳_경진출판
등록_제2010-000004호
이메일_mykyungjin@daum.net
사업장주소_서울특별시 금천구 시흥대로57길 17(시흥동, 영광빌딩), 203호
전화_070-7550-7776 팩스_02-806-7282

값 19,000원
ISBN 979-11-24168-04-2 93710